W0063194

E. HAIDER · VERLORENES WIEN

EDGARD HAIDER

VERLORENES WIEN

Adelspaläste vergangener Tage

BÖHLAU VERLAG WIEN · KÖLN · WEIMAR

CIP Kurztitelaufnahme der Deutschen Bibliothek

Haider, Edgard:
Verlorenes Wien: Adelspaläste vergangener Tage / Edgard Haider. —
Wien ; Köln ; Graz : Böhlau, 1984
ISBN 3-205-07220-0

Alle Rechte vorbehalten
ISBN 2-205-07220-0
Copyright © 1984 by Hermann Böhlaus Nachf. Gesellschaft m.b.H., Graz · Wien
Satz: inter-letter, Wien
Druck und Bindung: Tiskarna Ljudske pravice, Ljubljana

Für HELGA
PATRICK und PHILIPP

Inhaltsverzeichnis

Vorwort

„In unserer Welt hat die Schönheit seit geraumer Zeit keinen Platz mehr; weder als Wert noch als philosophischer Begriff noch als politische Kategorie genießt sie das geringste Ansehen."[1]

Diese lakonische Feststellung aus der Feder eines Wiener Stadtrates mag auf den ersten Blick verblüffen und zum Widerspruch reizen. Das soll ausgerechnet auf Wien zutreffen, dessen architektonische Schönheit weltberühmt ist und jährlich Hunderttausende Touristen anlockt? Sind nicht die Reiseführer randvoll mit Beschreibungen all der Sehenswürdigkeiten, die Wien trotz aller Verheerungen der Kriegsfurie auch heute noch sein unverwechselbares Gepräge geben? Und ist nicht gerade in jüngster Zeit mit Hilfe von Schutzzonen und Altstadterhaltungsfonds viel geschehen, um das historische Erbe zu bewahren? Dies trifft sicherlich alles zu! Aber gerade die noch vorhandene Fülle an architektonischer Schönheit verleitet nur allzu leicht dazu, über den Verlust, den diese Stadt erlitten hat, bewußt oder unbewußt hinwegzusehen. Die gängige Wien-Literatur schweigt im allgemeinen dar-

über. Es war daher meist purer Zufall, wenn ich — Angehöriger der Nachkriegsgeneration — gelegentlich entdeckte, daß sich an dieser oder jener Stelle, an der heute ein Wohn- oder Bürohaus steht, ein wertvolles Gebäude befand.

Meine Neugierde war geweckt, und so begab ich mich auf die Suche nach dem verlorenen Wien. Ein Thema von ungeheurer Vielfalt! Vor allem die verschwundenen Paläste reizten mich. Was ich im Laufe der Zeit über sie herausfand, schien mir so interessant, daß es einer Gesamtdarstellung wert sei. Denn das Wissen um diese schönen Bauten ist in der Öffentlichkeit bis auf wenige Ausnahmen nicht vorhanden, und selbst bei den Palais, die erst in der Nachkriegszeit verschwunden sind, versinkt bereits ihre Existenz am Horizont des Bewußtseins. Wenn von ihnen schon kein Stein auf dem anderen geblieben ist, so soll ihnen wenigstens das Schicksal erspart werden, gänzlich vergessen zu sein: Das ist das Anliegen meines Buches. Der Anblick der Bilder jener endgültig verlorenen Erlesenheit in Stein und Interieur mag Beweis genug sein, daß Wien hier einen enormen Substanzverlust hinnehmen mußte, besonders wenn man vergleicht, was sich heute an diesen Stellen meist an Ausdruckslosigkeit und brutaler Häß-

lichkeit breit macht. Es wäre freilich ungerecht, dieses Phänomen einzig unserer Zeit anzulasten. So wie das Barock eben nicht zimperlich mit den Werken der Gotik umging, so wenig hielten sich die Epochen von Josephinismus und Gründerzeit in der Behandlung barocker Kunst zurück. Dies ist auch der Grund dafür, warum sich dieses Buch nicht nur mit den „Opfern" unserer Tage, sondern auch mit den Bausünden vergangener Epochen beschäftigt. Eine zeitliche Eingrenzung soll es ganz bewußt nicht geben! Einzig die Zahl der Objekte macht es erforderlich, das Buch auf die inneren Bezirke Wiens zu beschränken. Und auch hier war es notwendig, nur die wichtigsten Paläste zu berücksichtigen. Wir wären bei manchem der angeführten Objekte heute stolz und froh, hätten rücksichtloses Profitdenken und Verständnislosigkeit gegenüber den Leistungen vergangener Generationen nicht den Sieg davongetragen vor dem in der Bundeshymne offiziell besungenen „Volk begnadet für das Schöne". In dieser Hinsicht will sich das Buch auch nicht als larmoyante Auseinandersetzung mit unwiederbringlich Verlorenem verstanden wissen, sondern als Beitrag zu der Hoffnung, daß Schönheit den ihr zustehenden Stellenwert — gerade hinsichtlich

---

[1] Presse vom 7./8. Jänner 1984, Jörg Mauthe, Die Wiederkehr des Schönen.

9

des jetzt so viel strapazierten Begriffs Lebensqualität — wieder einnimmt.

Die Vergleichsfotos, die zeigen, was sich heute anstelle der alten Paläste befindet, wurden nur in jenen Fällen gemacht, in denen sich der Neubau genau an derselben Stelle erhebt, auf der früher der Vorgängerbau stand. Im anderen Fall — bei „Ineinanderverbauung" oder nicht mehr vergleichbarer Ausgangssituation — wurde darauf verzichtet.

Für Beratung und freundliches Entgegenkommen danke ich den Damen und Herren der Österreichischen Nationalbibliothek, des Bildarchivs der Österreichischen Nationalbibliothek, des Archives der Stadt Wien, des Historischen Museums der Stadt Wien, des Bundesdenkmalamtes, der verschiedenen Bezirksmuseen und der ORF-Bibliothek. Besonderer Dank gilt meinem Freund Dr. Michael Salvator Habsburg-Lothringen, für manch hilfreichen Rat und für seine Unterstützung bei der Herstellung von Kontakten zu Privatpersonen. Für Auskünfte und Bilder, die für dieses Buch zur Verfügung gestellt wurden, danke ich folgenden Personen: *Anton Salvator Habsburg-Lothringen, Dipl.-Ing. Hans Hoyos, Mrs. Bettina Looram-Rothschild, Franz Albrecht Metternich-Ratibor, Dipl.-Ing. Georg Miller-Aichholz, Oskar Miller-Aichholz, Luise Roth, Dr. Thomas Stonborough, Dr. Christian Witt-Dörring, Heinz Wittgenstein.*

Für maschinschriftliche Arbeiten danke ich Frau *Renata Kern.*

Wien, im September 1984   *Edgard Haider*

Die Innere Stadt

Reichshaupt- und Residenzstadt lautet bis 1918 die Bezeichnung Wiens. Dahinter steckt eine jahrhundertelange Entwicklung, die noch heute das Bild dieser Stadt entscheidend prägt. Denn als Residenz der Habsburger und nicht als freie Reichsstadt mit Bürgerautonomie ist der Werdegang Wiens in sozialer und architektonischer Weise bestimmt worden. Am Beginn des 16. Jahrhunderts werden die Weichen gestellt. Die Habsburger bestimmen Wien zur Residenz ihrer deutschen Linie und geben der Stadt ein landesfürstliches Statut. Versuche, Wien die Autonomie einer freien Reichsstadt zu erringen, werden blutig im Keim erstickt.

Die auf Dauer eingerichtete Hofhaltung der habsburgischen Kaiser in Wien benötigt einen umfangreichen Apparat für die Hof- und Staatsverwaltung. Den hohen und niederen Adel zieht es mit dieser Entwicklung in die Residenzstadt, denn hier bieten sich die größten Chancen, gesellschaftlich und politisch Karriere von Kaisers Gnaden zu machen. Das bisher tonangebende bürgerliche Patriziat aus Kaufleuten und Gewerbetreibenden tritt in den Schatten. Und es dauert nicht lange, bis sich die soziale Umschichtung auch im Stadtbild bemerkbar macht. Der Hofadel braucht

Platz für seine Paläste innerhalb der Stadtmauern. Verschiedentlich kaufen die adeligen Herren mehrere nebeneinanderliegende Bürgerhäuser auf, um hier ihre städtische Residenz zu errichten. Die volle Entfaltung dieser Tendenz wird aber noch durch die ständige Bedrohung durch die Heere des Osmanischen Reiches behindert. Erst mit dem Sieg von 1683 und der Verdrängung der Osmanen aus Mitteleuropa fällt die letzte Fessel, und die Residenzstadt erblüht zu einer Stadt der Paläste. Die unglaubliche Euphorie im Zuge des Aufstiegs Österreichs zur Großmacht in der europäischen Mitte drückt sich in der Baulust der Barockzeit aus. Als glanzvoller Mittelpunkt eines Großstaates, befreit von der bedrohlichen Grenzlage, wird Wien zum Schauplatz des adeligen Wetteiferns um formschöne Stadtresidenzen. Wien wandelt sich aus einer von gotischen Giebelhäusern bestimmten Stadt zur Stadt der barocken Adelspaläste. Die Kaufleute und Gewerbetreibenden ziehen in die Vorstädte. 1730 gibt es in der Inneren Stadt 930 Bürgerhäuser und 248 (!) adelige Paläste und Herrschaftshäuser. Das ist mehr als ein Viertel des gesamten Baubestandes. Doch die Welt der barocken Paläste trägt bereits den Keim des Niederganges in sich. Der

absolutistische Staat, und erst recht jener der „aufgeklärten" Variante, benötigt einen immer größeren bürokratischen Aufwand, der in den beengten Verhältnissen innerhalb der Festungsmauern schwer untergebracht werden kann. Daher ist man gezwungen, auf vorhandene repräsentative Bauten zurückzugreifen. Den Anfang macht das Winterpalais des Prinzen Eugen in der Himmelpfortgasse, das Kaiserin Maria Theresia für staatliche Zwecke kaufen läßt und in dem später das Finanzministerium untergebracht wird.

Im 19. Jahrhundert setzt dann diese Entwicklung voll ein. Wirtschaftliches Wachstum, soziale Veränderungen und technischer Fortschritt führen zu einem Sterben der Paläste. Die Herrengasse ist dafür ein gutes Beispiel. Paläste werden für Zweckbauten geopfert, wenn sie sich für Geschäfts- oder Verwaltungsangelegenheiten nicht verwenden lassen. Die Verlagerung des wirtschaftlichen Schwerpunktes vom Adel auf das Bürgertum läßt immer mehr Büros und Geschäfte, Banken und Aktiengesellschaften die Bedeutung der Paläste verringern. Der Verlust der Grundherrlichkeit des Adels tut ein übriges, um diesen Prozeß zu beschleunigen. Der Adel, der sich durch sinkende Einnahmen Stadtpaläste vielfach nicht mehr leisten kann, muß sich stärker um seinen Bodenbesitz kümmern. Überflüssiges und nicht mehr Tragbares werden abgestoßen. Die Wirtschafts- und Finanzkapitäne greifen zu — wo sie nicht an einem Palais interessiert sind, so doch an dem Grundstück in der Innenstadt.

Dazu kommt noch die Wandlung Wiens zur modernen Großstadt. Die Basteien fallen. Mit ihnen verschwinden einige Paläste, die dort ihren Standort haben, wie zum Beispiel auf der Wasserkunst-Bastei, der Löwel- und der Mölker Bastei. Die neuen Paläste der Ringstraße sind bereits eine andere Welt. Dort herrscht das vielfach nobilierte und nicht selten jüdische Großbürgertum. Altadelige Bauherren auf der Ringstraße bleiben Ausnahmen. Bis kurz vor dem Ersten Weltkrieg werden viele Paläste der Innenstadt, darunter auch bedeutende wie das Liechtenstein-Palais und das Schwarzenberg-Palais, rücksichtslos demoliert. Mit dem Jahr 1918, das Wien wieder in die Situation der Grenzlage zurückversetzt, ist nur äußerlich eine Zäsur vollzogen. Die Welt der Paläste war lange schon tot.

Palais Abensberg-Traun

I, Herrengasse Nr. 14

„Nicht mit Unrecht nennt man diese Straße Herrengasse, denn sie ist in Wahrheit die Straße der vornehmsten Herren des Adels, und fast ein halbes Jahrtausend waren hier die alten Adelsgeschlechter seßhaft. Noch heute erheben sich hier die stolzen fürstlichen Paläste der Liechtensteine, Clary, Trauttmansdorff, Kinsky, der Grafen Wilczek, Herberstein, Traun, Stadion und Batthyany, der bereits ausgestorbenen Puchheim, Rosenberg, Oettinger, Kufsteiner und Mollards gar nicht zu gedenken, und noch heute trägt dieses ganze Stadtviertel jenen vornehm ruhigen Charakter zur Schau, der noch überdies durch seine grandiosen Bauten, durch die Abgeschiedenheit des Ortes und durch den gänzlichen Mangel an Kaufmannsläden und Gewölben in seiner vornehmen Ruhe nur noch mehr gehoben wird."[1]

Wilhelm Kisch hat mit dieser Schilderung der Herrengasse vor hundert Jahren die Stimmung gut getroffen, es mit der historischen Wahrheit aber nicht ganz genau genommen. Denn zu seiner Zeit war bereits ein bedeutender Ein-

bruch in dieses einst blaublütige Exklusivviertel abgeschlossen. Die von ihm unter anderen aufgezählten Traun (gemeint sind die Grafen Abensberg-Traun) besaßen schon längst kein Palais mehr in der Herrengasse. 1855 hatten sie ihren Besitz hier aufgegeben, damit auf diesen Gründen die k. k. privilegierte Nationalbank ihr neues Domizil errichten konnte. Dieser Neubau von *Heinrich*

Ferstel war im Wien des Nachmärz eine Sensation an Neuerungen, sowohl was den Stil als auch die technischen Lösungen betraf. Als mittlerweile fast vollständig renoviertes „Ferstel-Palais" ist dieser Bau uns heute ein Begriff. Aber wer weiß heute noch, daß dem Bank- und Börsengebäude Ferstels ein Barockpalais weichen mußte, das zu den schönsten Palästen aus dieser Epoche zählte?

„Prospekt des Hoch-Gräfflichen Traunischen Gebäudes in der Herrengasse", Stich nach Salomon Kleiner 1737

[1] Kisch (1883) 468.

Das Grundstück Herrengasse 14 (alte Nr. 240) war im Mittelalter noch geteilt. Bereits 1401 kauften die *Herren von Traun* hier ein Haus dem *Hanns Westenberger* ab. Das zweite Haus kam 1651 durch Graf *Ernst von Abensberg und Traun* in den Besitz dieser uralten Adelsfamilie. Der Graf hatte von Anfang an die Absicht, hier ein Stadtpalais nach der damals modernsten Art zu errichten. Bereits im Jahr nach dem Erwerb des zweiten Hauses installierte der Hofbaumeister *Peter Chonchartz* hier eine Hauswasserleitung, was zu dieser Zeit einen epochalen Fortschritt bedeutete. 1660 erwarb Graf Abensberg-Traun noch das sogenannte Muschinger-Haus (alte Nr. 241) Ecke Strauchgasse-Herrengasse hinzu. Für alle drei alten Häuser suchte er um Quartierfreiheit an und gab als Begründung den geplanten Abbruch und die Neubebauung der Grundstücke an. Auch ein Gesuch um Steuerfreiheit reichte der Graf ein, denn er wollte dem geplanten Neubau eine „in diesem Lande rare Fazata" geben, was eben auch damals schon eine Menge Geld kostete.

Dann begannen die Bauarbeiten. Das Palais entstand auf den beiden zuerst erworbenen Grundstücken. Pläne, auch den Grund des Muschinger-Hauses für den Palast-Bau zu nutzen, wurden nicht realisiert.

Das fertiggestellte Palais war zehn Fensterachsen breit und wies eine imposante Fassade auf. „Über einem gebänderten hohen Sockel, der bereits die Riesenpilaster-Ordnung hervortreten läßt, erheben sich zwei in Höhe und Dekor fast gleiche Stockwerke und ein mezzaninartig niederes drittes Obergeschoß. Die Riesenpilaster, nur durch eine leichte Nutung am Rand geziert, laufen durch. Die Fenster der Hauptge-

schosse sind durch die Parapete miteinander verbunden, was den Eindruck der Überhöhung verstärkt. Das niedere Obergeschoß über einem schmalen Gesimsband nimmt den Vertikalismus der Hauptfassade auf und führt ihn bis in den Triglyphen-Fries hinein. Die Fassade wird durch einen lebhaften Wechsel der Fensterbekrönungen, Dreieck- und Segmentgiebel, belebt. Die etwas verschobene Mittelachse betont ein von Atlantenhermen getragener Portalvorbau, über dem ein mit Balustersäulchen verzierter flacher Balkon vorragt. Über dem Mittelfenster im ersten Geschoß findet sich das Traunsche Wappen."[2]

Über den Architekten wissen wir heute nichts. Ähnlichkeiten bei den Fassaden anderer Innenstadtpalais lassen vermuten, daß *Giovanni Pietro Tencala* der Schöpfer dieses Meisterwerkes war, zumal von seinem Verwandten Carpoforo Tencala die Fresken im Traunschen Schloß Petronell an der Donau stammen. Zweifel an der Tencala-Hypothese kommen allerdings wieder durch einen Rechnungsbeleg für *Filiberto Lucchese* auf, sodaß auch dieser Architekt für das Traun-Palais in Frage kommt.

Über die Mitwirkenden an der Innenausstattung sind wir dagegen gut unterrichtet. Als Stukkateure arbeiteten Simon Allio, Hans Angerer, Joann Castelli, Jörg Imer, Domenico Lucchese und Wolf Werner. Die Malereien stammten von Carpoforo Tencala, die Bildhauerarbeiten von Johann Pernegger.

Zu Beginn der Türkenbelagerung im Juli 1683 wütete eine Feuersbrunst auf der Freyung. Der Brand erfaßte auch das Palais Traun, dessen Stallungen sich auf

der Seite der Freyung befanden, und richtete vor allem im Inneren des Gebäudes Schäden an, die später wieder behoben wurden.

Ein Stich von Salomon Kleiner zeigt uns das Palais im Jahr 1737. Es weist nur geringe Veränderungen gegenüber einer Zeichnung von Prämer von 1678 auf. Bei Kleiner ist die Herrengasse vor dem Palais Traun mit einer typisch barocken Szene belebt. Man sieht eine kirchliche Prozession, an der lauter vermummte Personen teilnehmen. Kisch vermutet, daß sie der Armen-Sünder-Bruderschaft angehören, „die diese Larven vor dem Gesichte trugen, wie es die Richter des Vehm-Gerichtes zu thun pflegten".[3]

Das Palais, das den Grafen Abensberg-Traun als Majoratshaus diente, erregte auch noch im 19. Jahrhundert wegen seiner Schönheit Bewunderung. So liest man in Realis' Memorabilien- und Curiositäten-Lexikon aus dem Jahr 1846:

„Die schöne Fronte dieses herrschaftlichen Hauses gegen die Herrengasse besitzt in seinen, den Balkon tragenden Atlanten oder lasttragenden Simsfiguren eine artistische Merkwürdigkeit und Curiosität, die unseres Erachtens die geringe Beachtung, welche die Vorübergehenden ihnen erweisen, nicht verdienen. Diese Atlanten sind sechs kräftige, alte, orientalische Männer in mehr als natürlicher Größe, mit kahlen Köpfen und tüchtigen Zwickelbärten und in halber oberer Körpergestalt. Sie sind in zwei Gruppen, je zu drei Figuren, symmetrisch verteilt, und enden in zwei Fußsäulen. Die Stellung der Köpfe und ihrer mit Polstern belegten Hälse ist der Situation gemäß gebückt, und Mienen und

---

[2] Feuchtmüller (Herrengasse) 90.

[3] Kisch (1883) 479.

Muskeln zeigen die Schwere der Last, welche sie ewig zu tragen verurtheilt sind... Der Haarbüschel, der den Scheitel eines jeden dieser übrigens kahlköpfigen Simsträger ziert, gab bei ihrer Aufdeckung im Anfange des 18. Jahrhunderts dem stets regen Wiener Volkswitze Gelegenheit, sie die ‚sechs alten Schüppel‘ zu nennen."[4]

Zur Zeit von Realis Beschreibung hatte sich aber bereits eine Entwicklung angebahnt, die in späterer Folge auch das Palais Traun erfassen und zerstören sollte. Im Frühbiedermeier mußten bereits drei kleinere Stadtpalais der Familien Auersperg, Kinsky und Gillei weichen, damit dort der Neubau der k. k. privilegierten Nationalbank von Karl von Moreau entstehen konnte.

Damit war der Grundstein für die Entstehung eines Bankviertels in der Herrengasse gelegt. Dieses Bankgebäude erwies sich aber schon bald als zu klein.

Der wirtschaftliche Aufschwung nach der Revolution machte einen Neubau für Nationalbank und Börse notwendig. 1855 kaufte die Nationalbank das Palais und das ebenfalls zum Traunbesitz gehörende Eckhaus Strauchgasse (damals Gasthof „Zum Engländer" mit einem vielbesuchten Bierlokal), damit — wie Finanzminister Baron Bruck es wünschte — in nächster Nähe zum alten Bankgebäude ein würdiger Neubau für den öffentlichen Handelsverkehr entstehen konnte.

---

[4] Realis Bd. 1, 5.

15

Palais Dietrichstein-Herberstein

I, Ecke Schauflergasse Nr. 2 — Herrengasse Nr. 1

Vor hundert Jahren hat der Michaeler Platz bedeutend anders ausgesehen. Außer dem Ensemble der Kirche mit den beiden anschließenden Häusern hat sich seitdem alles verändert. Noch stand damals das alte Burgtheater, angelehnt an das Eck der Winterreitschule. Auf der gegenüberliegenden Seite ragten das zweistöckige Palais Herberstein und das fünfgeschossige Dreilaufer-Haus weit in die heutige Platzfläche hinein und bildeten den Beginn der damals noch engeren Herrengasse. Die Sicht auf das Palais war aber durch das „Stöckl", eine dreieckige Häusergruppe vor der Schauflergasse, versperrt. Dann übersiedelte das Burgtheater in das neue Haus am Ring. Damit begann sich in rascher Folge das Platzgefüge zu ändern. Das alte, wegen seiner intimen Atmosphäre so geschätzte Burgtheater wurde abgerissen. Kaiser Franz Joseph ließ auf dem freigewordenen Gelände bis hinüber zur Schauflergasse den alten Plan Fischer von Erlachs aus der Barockzeit verwirklichen und den Michaelertrakt mit seiner imperialen kuppelgekrönten Fassade bauen. Der neue Teil der Hofburg überragte mächtig das nun freistehende Palais Herberstein Ecke Schauflergasse — Herrengasse. Mit seiner schlichten, doch so eleganten Fassade aus der Empire-Zeit schien es nicht mehr neben der neuen Prachtentfaltung bestehen zu können. Dies und wohl auch neue Pläne, den Platz räumlich zu erweitern, dürften maßgeblich gewesen sein, den Bau mit dem legendären Cafe Griensteidl 1897 der Spitzhacke zu opfern.

Was dann an dieser Stelle errichtet worden ist, läßt einen auch heute noch bedauern, daß das alte Palais nicht mehr steht. Denn das neue von den *Grafen*

Palais Herberstein, Café Griensteidl Ecke Herrengasse, demoliert 1897, Aufnahme 1896

16

Herberstein gebaute Palais fiel als ausgesprochener Protzbau aus, der es der Hofburg gleichtun wollte. Der Neubau war ein typisches Produkt einer Gesinnung, gegen die die progressiven Kräfte im Kunstleben bereits Sturm zu laufen begannen. Für das alte Palais aber war es zu spät.

Auf dem Grundstück standen im 17. Jahrhundert zwei Häuser, die *Graf Gundacker von Dietrichstein* im Abstand von 26 Jahren erwarb. An Stelle eines Renaissance-Stadthauses, das vermutlich zweistöckig war und einen mit einem

Türmchen verzierten Erker besaß, ließ Dietrichstein in der Herrengasse ein barockes Palais errichten. Es war dreigeschossig und dreizehn Fensterachsen lang. Zu seinen auffälligsten Merkmalen gehörten das rustizierte Rundbogenportal in der Mitte, ein niedriger, gebänderter Sockel mit quadratischen Fenstern und Eckrustizierungen. Die Fenster im ersten Stock waren abwechselnd mit Segment- und Dreiecksgiebeln gekrönt. Fruchtgehänge zierten die Konsolen unter dem Dachgesims. Ein Rastersystem von Bänderungen sowie vertiefte Felder

sorgten für eine lebhafte und doch zurückhaltende Gliederung der Fassade. Das Palais und das Nachbarhaus waren Teil des Fideikommisses, das Fürst Gundacker Dietrichstein (von der österreichisch-Hollenburger Linie) mit kaiserlicher Zustimmung 1689 gebildet hatte.

1764 kam in diesem Palais *Joseph Carl von Dietrichstein* zur Welt. Er gelangte im Laufe seines Lebens zu einflußreichen Ämtern, wurde Präsident der k. k. Landwirtschafts-Gesellschaft, Landmarschall von Niederösterreich und erster Gouverneur der 1816 gegründeten k. k. privilegierten Nationalbank. Sein Palais ließ er mit dem angrenzenden Haus in der Schauflergasse so umbauen, daß daraus ein einheitlicher Bau entstand. Die frühbarocke Fassade blieb in wesentlichen Teilen aber erhalten. Mit dem Tode Joseph Carls erlosch 1825 die Hollenburger Linie des Hauses Dietrichstein. Das Majorat ging an *Graf Johann Dietrichstein*, den ältesten Bruder des Fürsten Franz Joseph Dietrichstein, über. Nach Johann erbte schließlich dessen Bruder *Moritz Dietrichstein* das Palais. Moritz sollte der letzte Besitzer aus dieser Familie und zugleich der letzte männliche Sproß dieses einst mächtigen Geschlechtes sein.

Am Kaiserhof war Graf Moritz Dietrichstein mit wichtigen und auch recht heiklen Ämtern betraut. Kaiser Franz wählte ihn als Erzieher des Herzogs von Reichstadt aus. In dieser Funktion fiel ihm die Aufgabe zu, aus dem Sohn Napoleons, dem bei seiner Geburt der Titel eines Königs von Rom verliehen worden war und der nominell nach Abdankung seines Vaters sogar als Napoleon II. wenige Tage regiert hatte, einen durch und ·durch österreichischen Prinzen zu machen. Dietrichstein wußte, was man „hö-

Neues Palais Herberstein

heren Ortes" von ihm erwartete. „Es ist notwendig, alles auszuschalten, was ihn an das Dasein erinnern kann, das er bis jetzt geführt hat. Es scheint mir, daß der Prinz... als Österreicher der Abstammung nach betrachtet und auf deutsche Art erzogen werden muß."[1]

Leicht hat es Dietrichstein mit diesem Auftrag und mit seinem Schützling nicht gehabt. Als korrekter, aber eher humorloser, pedantischer Charakter erkannte er zwar die hervorragenden Gaben des Prinzen, ärgerte sich aber über dessen immer wieder hervorbrechende Eigenwilligkeit. Der Widerstand des Kindes gegen jede Art von Zwang führte bei Dietrichstein dazu, in seiner Beurteilung auch die Wendung „grenzenlos faul" zu verwenden. Streiche gegenüber Dietrichstein und anderen Erziehern, Ausreden und mangelnde Konzentration waren keine Seltenheit. Ja Dietrichstein glaubte seinen Ohren nicht zu trauen, als er auf seine Ermahnung hin das Wort „Scheiße" aus dem Munde des Prinzen vernahm. Zur Strafe wurde der Übeltäter eingesperrt. Der Druck, Napoleons Sohn alles „Napoleonische" zu nehmen, lastete schwer auf Dietrichstein, führte sogar einmal zu einem Weinkrampf. „Ich habe ihn geliebt wie einen Sohn", schrieb Dietrichstein an Marie-Luise, nachdem sein Schützling im Alter von 21 Jahren an der Tuberkulose gestorben war.

Im Kulturleben spielte der letzte Dietrichstein eine erhebliche Rolle. Als „Hofmusikgraf" leitete er alle musikalischen Aufführungen bei Hof. Er zählte zu den Gönnern Ludwig van Beethovens, Franz Schubert widmete ihm seinen berühmten „Erlkönig".

Noch vor Dietrichsteins Tod ging das Palais in der Herrengasse 1861 in den Besitz der *Gräfin Theresia Herberstein* über. Das alte Palais erlangte indirekt Berühmtheit, weil im Erdgeschoß Ecke Michaeler Platz seit 1847 das Café Griensteidl etabliert war. Es war ein Vorläufer der nicht minder legendären Cafés „Central" und „Herrenhof". Hier hatten die Literaten, Theaterleute und Politiker, sei es liberaler oder sozialdemokratischer Richtung, ihren Stammtisch. Unzählig sind die Anekdoten und Beschreibungen über das Griensteidl, die ein eigenes Buch füllen würden. In der Nacht vom 20. zum 21. Jänner 1897 nahmen die Stammgäste mit einer Feier Abschied von ihrem geliebten Café.

Dann entstand das neue Palais Herberstein nach Plänen des Architekten *Carl König*. Auf der um etwa fünfhundert Quadratmeter verringerten Baufläche machte sich Schwelgerei in wuchtigem Neobarock mit Pilastern, Balkonen, bombastischer Wappenallegorie und einer wuchtigen Kuppel breit. Die Kritiker waren in der Minderheit. Hans Tietze bemängelte 1910: „1897 wurde das von der Burg durch die Schauflergasse getrennte Herbersteinsche Haus, ein Bau von wohltuender Einfachheit und bürgerlicher Schlichtheit, neu gebaut und der alte Charakter des Platzes dadurch ganz zerstört; denn der Architekt hat nicht die Übereinstimmung mit der Kirche und den übrigen Häusern des Platzes, sondern mit der Burg für anstrebenswert gehalten. Diese Lösung ist charakteristisch für eine Zeit, der die Formen an sich schön erschienen, die skrupellos auf ein Wohnhaus übertrug, was eine Kaiserburg zieren durfte! Das Haus nimmt die Ordnung des ungeheuren Repräsentationsbaues auf, kann sich aber den Luxus des kolossalen Hauptgeschosses natürlich nicht leisten, muß es also in zwei Stockwerke zerlegen und das Obergeschoß ziemlich unmotiviert über einem Gesimse wiederholen; endlich ist auch noch eine Kuppel aufgesetzt, die die Wirkung derer am Burgbau abschwächt. Denn bei diesem wird die Symmetrie gestört, die Feierlichkeit der außerordentlichen Motive entwürdigt, da sie gleich daneben an einem Wohnhaus vorkommen, dessen künstlerischer Wert hier nicht diskutiert werden soll, dessen Mangel an Bescheidung gerade an dieser Stelle den früheren Kontrast zwischen Straße und Kaiserburg empfindlich stört und diese parodiert."[2]

Doch die Wiener waren gewöhnt an die hohle Pracht dieser Baugesinnung. Aufregung gab es vielmehr einige Jahre später, als *Adolf Loos* sein Haus gegenüber dem neuen Palais Herberstein errichtete — ohne aufgeklebten Dekor! Lediglich mit Säulen als Pendant zum Eingang der Michaelerkirche. Erst später fiel die Kritik an der „Pracht" der Jahrhundertwende auf fruchtbaren Boden. 1936 ließen die Grafen Herberstein die Kuppel und andere Dachaufbauten sowie die Balustergitter entfernen, um dem Bau wenigstens etwas von seiner Theatralik zu nehmen. Die Familie Herberstein blieb noch bis 1951 im Besitz ihres neuen Palais. Dann ging es an die *Genossenschaftliche Zentralbank* über.

[1] Schiel 367.

[2] Feuchtmüller (Herrengasse) 35f.

Palais Liechtenstein

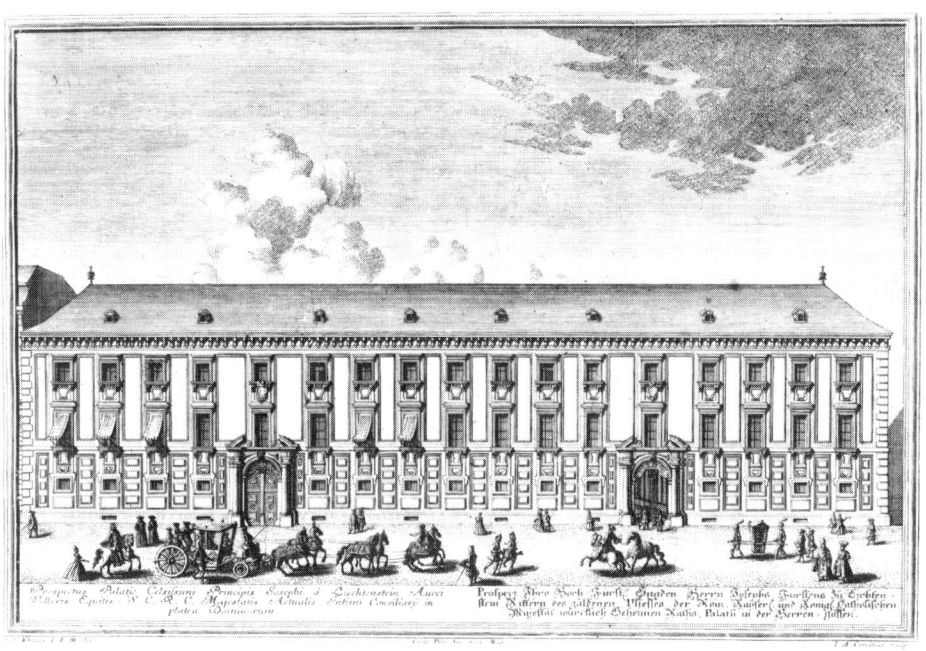

Palais Liechtenstein, Ansicht um 1720, Stich nach Salomon Kleiner

I, Herrengasse Nr. 6—Nr. 8

Manch älterer Wiener wird sich noch an die große Baulücke in der Herrengasse erinnern können. Die unverbaute Fläche, von Bretterwänden abgedeckt und von Stadtkindern als willkommener Spielplatz benützt, gehört zu den Erinnerungen an das Wien der Zwischenkriegszeit. 1913 hatte niemand geahnt, daß nach dem Abbruch des Palais Liechtenstein und seiner Nebenhäuser dieser Zustand zwanzig Jahre andauern würde. Man hatte es wieder einmal sehr eilig gehabt mit dem Demolieren! Dann kam der Weltkrieg und mit ihm eine neue, noterfüllte Zeit. Die Bebauung der Gründe in der Herrengasse war eine sekundäre Frage. Daß aber einmal eine städtebauliche Lösung in diesem geschichtsträchtigen Viertel kommen mußte, war klar. Erst in den dreißiger Jahren war es dann so weit. Das erste Hochhaus Wiens wuchs hier empor. Eine Sensation im Städtebau, die sogar ein Luigi Casimir künstlerisch festgehalten hat. Groß war wiederum die Aufregung über den seltsamen Bau, der sich nicht ganz getraut, voll in die Höhe zu schießen und nur in Abstufungen seinen höchsten Punkt erreicht. Heute ist das längst alles vergessen. Das Hochhaus ge-

Situation vor dem Abbruch 1912

19

hört mittlerweile selbst schon zu den älteren Bauten.

Es ist kaum mehr vorstellbar, wie anders es in dieser Gegend vor dem Ersten Weltkrieg ausgesehen hat. Die Fahnengasse gab es noch nicht, sie entstand erst durch das Hochhaus und den Neubau auf Nummer 10. Die Verbindung zwischen Herrengasse und Wallnerstraße stellte an anderer Stelle die Brunngasse her. Sie führte zwischen dem eigentlichen Palais (Nr. 8, alte Nr. 251) und dem Richtung Michaeler Platz gelegenen Kanzleihaus (Nr. 6, alte Nr. 252) als überbaute Passage beginnend und sich dann erst zu einer echten Gasse erweiternd zur Wallnerstraße. Brunngasse

Nr. 1 — Wallnerstraße Nr. 5 (alte Nr. 264) stand das sogenannte Kleine Liechtensteinhaus, das auch die Bezeichnung Benefiziatenhaus trug.

Unmittelbar an das Palais schloß sich Richtung Strauchgasse das Haus Nr. 10 (alte Nr. 250) an, das ebenfalls 1913 mit den Liechtensteinhäusern demoliert wurde und damit Platz für einen heute freistehenden Bau (Haus der Niederösterreichischen Handelskammer) an der neugeschaffenen Fahnengasse machte. Das ganze war ein durch Jahrhunderte gewachsenes Häuserkonglomerat.

Begonnen hat die Entwicklung mit dem Jahr 1443, als *Christoph von Liechtenstein* hier ein Haus erwarb, das durch

Zukäufe vergrößert wurde. Die Grundbucheintragung von 1497 besagt nämlich: „Das Haus, so 1458 Ambros Wiesunt innegehabt und jetzt zum Landmarschall'schen Haus abgebrochen ist."[1] und an anderer Stelle: „Das Haus, so auf der Hochstraße nächst den Badstuben gelegen, gegen der Wallnerstraße als ein Freieigen mit sambt dem Caplanhaus, Capelle und Garten."[2]

Von dieser ältesten Zeit des Liechtensteinbesitzes in der Herrengasse stammt auch die Erzählung von der „Weißen Frau". Berta von Liechtenstein soll hier nach ihrem Tod im Jahr 1476 immer wieder als Weiße Frau erschienen sein, um ihren Nachkommen bevorstehende Glücks- oder Unglücksereignisse anzukündigen. Das Weiß ihrer Erscheinung soll auf die weiße Witwentracht zurückzuführen gewesen sein, die Berta nach spätgotischem Brauch nach dem Tod ihres Mannes trug. Wo sie wohl heute spuken mag?

Im 17. Jahrhundert erweiterten die Liechtenstein ihren Besitz in der Herrengasse durch Ankauf von drei Bürgerhäusern. Damit war die Grundvoraussetzung für den Bau einer weitläufigen Palastanlage geschaffen. Der Stich von Salomon Kleiner zeigt uns einen dreistöckigen, siebzehn Fensterachsen breiten Palast mit zwei Toren, die jeweils in der fünften Fensterachse von außen liegen.

Johann Basilius Küchelbecker gibt in seiner „Allerneuesten Nachricht vom Römisch-Kayserlichen Hofe" aus dem Jahr 1732 diesem Palais den Vorzug vor allen anderen Liechtensteinpalästen:

Bösendorfersaal, Gemälde von Leo Delitz

[1] Kisch (1883) 480.
[2] Kisch ebenda.

„...Allein es ist dasjenige, so in der Herrengasse gelegen, das prächtigste, welches in der Höhe drey Stockwerk, und ein Etagebâtard hat, und mit einem schönen Fronton, an welchem die Corinthische Ordnung angebracht worden ist, pranget. Der Marmor ist an solchen in Überfluß, der Saal und Gemächer sind groß, und wohlangeleget, in welchen schöne bas-reliefs, und unvergleichliche Schildereeyen anzutreffen...“[3]

1792 führte *Josef Hardtmuth,* der als Erfinder der Bleistiftminen aus Graphit auch heute noch bekannt ist, im Auftrag des *Fürsten Alois Liechtenstein* einen Umbau des Palastes durch. „Die neue Gliederung ist durchaus beachtenswert. Die Fassade des breitgelagerten Baues folgte in einer leichten Krümmung und durch zwei dreiteilige Risalite rhythmisiert dem Verlauf der Herrengasse; vier Radabweiser betonten die Ecken. In der Mitte des gebänderten Sockels lag das Tor, rechts und links davon befanden sich hohe Fenster. Auf diesem Sockel ruhten vier gekoppelte Halbsäulen-Paare mit Komposit-Kapitellen, die das leicht vorragende Dachgesims mit Balustrade, Inschrift-Tafel und Wappenallegorien trugen. Zwischen Hauptgeschoß und niedrigerem Obergeschoß waren figurale Reliefs eingespannt, die Mittelachse war etwas zurückgesetzt und schuf Raum für einen Balkon mit einer klassizistischen, schmiedeeisernen Brüstung. Die Fassade war mit Doppelpilastern und Komposit-Kapitellen instrumentiert, das Hauptgeschoß durch schwer schattende dreieckige Fenstergiebel betont, die Fenster des Obergeschosses an das Dachgesims gebunden.“[4]

[3] Küchelbecker 664.
[4] Feuchtmüller (Herrengasse) 48 f.

Die Wappenallegorien stammten von Johann Martin Fischer und trugen die Inschrift
ALOYSIUS JOSEPHUS P(RINCIPES) A. LIECHTENSTEIN RE-AEDIFICAVIT. H(AS) AE(DES) MDCCXCII. (1792)

Die größten Umgestaltungen betrafen aber das Kanzleihaus (Nr. 6), in dem die Hofkanzlei des Fürstentums, die Bibliothek und die Reitschule (später Bösendorfer Saal) untergebracht waren. „Im Erdgeschoß waren Geschäftsräume, darüber zwei gleichgestaltete Hauptgeschosse mit einfachen, geraden Fensterverdachungen und ein niedrigeres Obergeschoß; das hohe Dach war ausgebaut,

es wies zwei Reihen von Dachfenstern auf. Auch dieses Gebäude hatte, ähnlich dem Palast, zwei mit vier schlanken Riesenpilastern gegliederte schwach vortretende Risalite. Dort befanden sich die Tore, deren rundbogiges Portal mit Girlanden geschmückt war. Die linke Toreinfahrt führte in den Hof zu den Stallungen und der Reitschule, in der später der Bösendorfer Saal eingerichtet wurde; darüber lag die Bibliothek.“[5]

Der Umbau wurde allgemein als gelungen betrachtet. Hardtmuth avancierte auf Grund seiner Leistung zum

[5] Feuchtmüller (Herrengasse) 47 f.

Bibliothek

Abbruchstelle der Häusergruppe Nr. 6—10, Aufnahme 1913

Hausarchitekten des Fürsten. Ernst Moritz Arndt gab dem Palast in seinen Wien-Schilderungen den Vorzug vor allen anderen profanen Prachtbauten.

Ein Juwel besonderer Art war die Bibliothek. Der große Saal erhielt seinen Hauptakzent durch die Marmorsäulenpaare, die eine optische Dreiteilung des hohen Raumes bewirkten. Eine abgestimmte Stukkatur und einheitlich gestaltete Bücherwände gaben der Bibliothek klassizistisches Gepräge. An den großen Raum schlossen sich noch drei kleinere Zimmer. Seit 1846 nutzte das „Adelige Casino" diese Räumlichkeiten.

Die Bibliothek enthielt etwa 100.000 Bände, 180 Handschriften und 250 Inkunabeln. Die Bücher und die Einrichtung wurden 1913 vor dem Abbruch in das Sommerpalais Liechtenstein im 9. Bezirk transferiert.

In der Reitschule richtete der Klaviermacher *Ludwig Bösendorfer* 1872 einen Konzertsaal ein. Es war dies ein kleiner, in Weiß-Gold gehaltener Saal, der nur 588 Personen Platz bot. Dafür soll er die beste Akustik besessen haben. Durch 41 Jahre hindurch wurde hier Musikgeschichte gemacht. Endlos ließe sich die Liste der Künstler schreiben, die hier gewirkt haben. Hans von Bülow, Franz Liszt, Johannes Brahms, Anton Rubinstein. Ihre Namen standen in goldenen Lettern auf der Stirnseite des Saales mit der Jahreszahl ihres hiesigen Auftrittes. Der Bösendorfer Saal entwickelte sich bald zur Heimstätte der Wagnerianer in Wien. Die Namen Mottl, Hellmesberger, Epstein, Scaria, Weingartner sind damit verbunden. Das letzte Konzert fand hier am 2. Mai 1913 statt. In seiner „Welt von Gestern" schildert Stefan Zweig diesen letzten Abend.

„An sich war dieser kleine Konzertsaal, der ausschließlich der Kammermusik vorbehalten war, ein ganz unbedeutendes, unkünstlerisches Bauwerk, die frühere Reitschule des Fürsten Liechtenstein, und nur durch eine Holzverschalung völlig prunklos zu musikalischen Zwecken adaptiert. Aber er hatte die Resonanz einer alten Violine, er war den Liebhabern der Musik geheiligte Stätte... und nun sollte er einem neuen Zweckbau weichen; es war unfaßbar für uns, die hier unvergeßlichen Stunden erlebt. Als die letzten Takte Beethovens verklangen, vom Rosé-Quartett herrlicher als jemals gespielt, verließ keiner seinen Platz. Wir lärmten und applaudierten, einige Frauen schluchzten vor Erregung, niemand wollte es wahrhaben, daß es ein Abschied war. Man verlöschte im Saal die Lichter, um uns zu verjagen. Keiner von den vier- oder fünfhundert der Fanatiker wich von seinem Platz. Eine halbe Stunde, eine Stunde blieben wir, als ob wir es erzwingen könnten, durch unsere Gegenwart, daß der alte geheiligte Raum gerettet würde.“[6]

Es nützte nichts. Bald gähnte an dieser historischen Stätte ein riesiges Loch. Und manche mögen im Vorübergehen wie Stefan Zweig gedacht haben: „Jedes dieser Häuser in Wien war wie ein Stück Seele, das man uns aus dem Leibe riß.“[7]

Hochhaus, erbaut Mitte der 1930er Jahre

---

[6] Zweig 37.
[7] Zweig ebenda.

Palais Schwarzenberg

Palais Schwarzenberg, Aquarell 1832 von Rudolf v. Alt

I., Neuer Markt Nr. 8

Drei Häuser bilden heute den südlichen Abschluß des Neuen Marktes, zwei davon sind typische Bauten des „Fin de Siecle" mit hohler Prachtgebärde. Das Eckhaus zur Tegetthoffstraße ist ganz neu. Es hat die Hochgarage der Nach-

kriegszeit ersetzt, die wohl das gräßlichste Gebäude war, das dieser Platz je gesehen hat. Glücklicherweise gehört es bereits der Vergangenheit an. Die Gründerzeit hat auch auf diesem Platz schonungslos ihre Opfer verlangt. Nur die Häuser Nr. 13 bis Nr. 16 haben die Epoche der Erneuerungswut überlebt. Sie geben uns heute eine Vorstellung davon,

wie ausgewogen der frühere Mehlmarkt zusammengesetzt war. Der wohl schmerzlichste Verlust, den die Gründerzeit-Barbaren diesem Platz zugefügt haben, betrifft das Winterpalais Schwarzenberg. Bis 1894 nahm es die gesamte Südfront des Neuen Marktes ein. „Ein sehr weitläufiges Gebäude, aber ohne äußere Zierrathen, und nur drey Geschoß

Situation 1984

Stiegenhaus, Aufnahme 1893

hoch", wie Friedrich Nicolai über seine Reiseeindrücke 1781 schrieb.[1]

Gerade aber diese Merkmale machten den Reiz des Palastes aus.

Joseph Emanuel Fischer von Erlach hat ihn gebaut für den *Fürsten Ferdinand Schwarzenberg.* Den Wienern war dieser Schwarzenberg im 17. Jahrhundert ein Begriff. Er hieß im Volksmund „Pestkönig". Der „Schwarze Tod" forderte 1679 in Wien wieder einmal Tausende Menschenleben. Hof und Adel verließen fluchtartig die Stadt. Ferdinand blieb. Unermüdlich organisierte er Krankentransporte und Totenbestattung, ging unerschrocken in die überfüllten Spitäler und half mit großzügigen Geldspenden.

1688 nach Pest und Türkennot erwarb der Fürst am Mehlmarkt mehrere Häuser aus dem Besitz der Familie *Werdenberg,* um hier ein Stadtpalais zu errichten. Ende des 17. Jahrhunderts begannen die Bauarbeiten. Da starb Ferdinand plötzlich 1703, sodaß sein Sohn *Adam Franz* den Bau fortsetzen mußte. Unter der sachkundigen Hand Joseph Emanuel Fischer von Erlachs wurde das Palais schließlich vollendet. Es ist das einzige Palais im ersten Bezirk, für das der jüngere Fischer als Architekt urkundlich belegbar ist. Sein Vater Johann Bernhard lieferte auch Entwürfe für den Schwarzenberg-Palast, sie kamen jedoch nie zur Ausführung.

Der Bau stand nach allen Seiten hin frei, da damals ein gassenförmiger Durchgang in Verlängerung der Klostergasse (heute Gluckgasse) zur Kärntner Straße existierte. Mit der Rückfront schaute das Schwarzenbergpalais auf das angrenzende Bürgerspital, das später in

---

[1] Nicolai Bd. 2, 637.

ein riesiges Zinshaus verwandelt wurde. Das Winterpalais gehörte gesellschaftlich und von seiner Ausstattung her zu den vornehmsten Häusern Wiens. Glanzvolle Feste, die alle Mitglieder des Hofadels in diesen Räumen versammelten, waren keine Seltenheit. Und auch in die Musikgeschichte ist dieses Haus eingegangen. Hier gelangten Joseph Haydns Oratorien „Die Schöpfung" und „Die Jahreszeiten" zur Uraufführung.

Am 15. April 1771 kam im Schwarzenberg-Palais *Fürst Karl Philipp* zur Welt. Er spielte in der Geschichte Österreichs sowohl diplomatisch als auch militärisch eine große Rolle. Er war als Metternichs Nachfolger Botschafter in Paris am Hofe Napoleons und führte die Verhandlungen über eine Heirat des Korsen mit Erzherzogin Marie-Luise. Seine Pariser Zeit ist durch die Brandkatastrophe bei einem Ball in der österreichischen Botschaft zu Ehren des französischen Kaiserpaares verdunkelt worden. Seine Frau kam damals in den Flammen ums Leben. 1812 befehligte Fürst Schwarzenberg das von Napoleon erzwungene österreichische Hilfskorps im Rußland-Feldzug. Ein Jahr später wurde ihm dann der Oberbefehl über die alliierten Heere im Kampf gegen Napoleon übertragen. Sein Name ist mit der Völkerschlacht bei Leipzig für immer verbunden. Der siegreiche Einzug der Verbündeten in Paris und der damit verbundene Sturz Napoleons wurde auch in Wien mit allem Aufwand gefeiert. Triumphpforten und Festbeleuchtungen drückten die Freude über das Ende der langen Kriegszeit aus. Auch das Schwarzenbergpalais am Neuen Markt erstrahlte 1814 in vollem Glanz. Die ganze Front war „einschließlich des Gesimses und der Verdachungen mit 5.956 Lampen und 300 Tiegeln prachtvoll beleuchtet, sodaß das Ganze einem Feentempel glich und auf dem großen Platz eine imposante Wirkung hervorbrachte".[2]

Während des Wiener Kongresses sah das Palais häufig einen der wichtigsten Teilnehmer in der Runde der Mächtigen als Gast.

„Die Fürsten hatten sich für die wenigen festlosen Tage jeder eine Art Absteigequartier gewählt, wo sie sich von den Strapazen der Unterhaltungen ausruhten. Kaiser Alexander, der stürmische Verehrer der schönen Gabriele Auersperg, verkehrte im Hause seines Onkels (Neuer Markt Nr. 1118), des Fürsten Schwarzenberg, Bruder des Feldmarschalls, wo er jeden freien Abend zubrachte...".[3] schrieb Gräfin Lou Thürheim in ihren Erinnerungen.

---
[2] Rossi Bd. 1, 107.
[3] Spiel 125.

Fürst Joseph Schwarzenberg verwendete sein Stadtpalais auch für soziale Zwecke. Seit 1802 befanden sich hier die Amtsräume der „Wohltätigkeits-Hofkommission". Joseph führte den Vorsitz in dieser Organisation und stellte die Räume kostenlos zur Verfügung. Später, unter *Fürst Adolf* waren hier auch die Kanzleien des Allgemeinen Pensionsinstitutes für Witwen und Waisen und des Militär-Veteranenvereines, der den Namen des Fürsten trug.

Um die Mitte des 19. Jahrhunderts machte *Fürstin Eleonore*, die Gemahlin des Fürsten Adolf, das Palais zum ersten Haus der Wiener Gesellschaft.

„Ein unerschöpflicher Wohltätigkeitssinn, besonders in den verloren gegangenen Kriegen der ersten Regierungszeit Kaiser Franz Josephs für Invalide, Kranke sowie in Bedrängnis geratene Bürger, für die sie großzügig nach ihrem Motto ‚wer schnell hilft und gibt, gibt und hilft

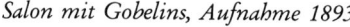

Salon mit Gobelins, Aufnahme 1893

doppelt!' stets zur Stelle war, hatte ihr bei den dankbaren Wienern den Ehrentitel ‚Die Fürstin Lori' eingebracht, dazu die Aufmerksamkeit des Monarchen. Sonst erlaubte sich aber Fürstin Lori ungeniert, nur das zu tun, was ihr gerade paßte. Da sie Name, Reichtum, Stellung und das Wichtigste für eine solche Position, frauliche Talente, Schönheit und Liebenswürdigkeit ihr eigen nennen konnte, nahm ihr sogar der Hof ihre Freiheiten, ihre Originalität nie übel. Im Gegenteil, sie war bis zu ihrem Tod, der 1873 fast mit dem Beginn der philantropischen Tätigkeit ihrer Nachfolgerin, der Fürstin Metternich, zusammenfiel, durch ihre Popularität lange Jahre nahezu die First Lady der Monarchie. Auch ihr Einfluß bei Hof war immer bedeutend. Wer von ihr in der Wiener Gesellschaft eingeführt wurde, war in der Residenz akzeptiert. Als auch stets heitere, geist- und witzvolle Dame hatte sie sich durch eminentes Talent für Geselligkeit einen Salon geschaffen, der bald Mittelpunkt des vornehmen, geistreichen sowie munteren Wiener Tones wurde, in welchem sich unter den ständigen Gästen nicht nur Hofleute, sondern auch viele Mitglieder des Kaiserhauses, besonders bei ihren großen Abenden, gerne einfanden. Ballfeste bei Lori Schwarzenberg waren...berühmt und endeten meist erst am Morgen."[4]

Wer zu ihrem Palais Zutritt bekam, um dieses Problem mußte sich die Fürstin nur indirekt kümmern: „Vor solchen adeligen Häusern standen damals livrierte Portiers. Jener in Schwarzenbergs Diensten, ein Mann mit Kaiserbart, in dunklem, reich goldverziertem, betreßtem Mantel und Zweispitz, in der Hand feierlich einen mit pompöser Silberkugel versehenen Zeremonienstab haltend, hatte vor der Einfahrt wachend, noch eine Sonderaufgabe der Fürstin zu verantworten: Eine Liste! Fuhr man am Mehlmarkt vor, um einen Besuch zu machen, so verschwand das Dekorationsstück von Portier in seiner Loge. Dort studierte er eifrig eine Liste mit den Namen derer, die momentan bei der Fürstin persona grata waren, die er allein bei seiner Herrin zur Anmeldung zulassen durfte. War man nicht auf diesem huldvollen Register, kam er maliziös lächelnd zurück: Euer Gnaden stehen leider nicht auf der Liste! und man war abgewiesen."[5]

Nach dem Tod der Fürstin Lori sorgte ihre de facto Nachfolgerin Fürstin Pauline Metternich für gesellschaftlichen Glanz am Neuen Markt. Mit Erlaubnis des Fürsten Adolf veranstaltete sie im großen Saal Theatervorstellungen, an denen sich die Aristokraten als Schauspieler beteiligten und deren Reinerlös karitativen Zwecken zufloß. Besondere Bekanntheit erlangte das Singspiel „Götterdämmerung in Wien" unter der Regie Franz Jauners und unter der musikalischen Leitung Wilhelm Rabs, des Hauskomponisten Baron Nathaniel Rothschilds. Fürstin Metternich spielte selbst die Hauptrolle als Göttin Juno und als Frau Mode. Drei Aufführungen fanden in dem damals schon elektrisch beleuchteten Palais statt. Bei der zweiten Vorstellung erschien Kaiser Franz Joseph mit seinem ganzen Hof im Palais Schwarzenberg. Er amüsierte sich angeblich außerordentlich gut. Die Stars des Burgtheaters ließen sich überreden, bei den adeligen Inszenierungen mitzumachen. Die Kehrseite der Medaille beschrieb Hugo Thimig, der seinem Tagebuch anvertraute:

„Die aristokratischen Vorstellungen sind nun gottlob zu Ende. So interessant auch der Verkehr mit dem geist- und temperamentvollen Metternich war, so ehrenvoll auch die Auszeichnungen scheinen, mit denen mich die illustre Gesellschaft behandelte, das Ganze bleibt doch eine undankbare Geschichte, und die 17 Proben dieses Dilettantenkrams ekelten mich bis ins Herz hinein an. Das Publikum hat sich, ehrlich gesprochen, bei den Vorstellungen wahnsinnig gemopst. Die herrliche Ausschmückung des Saales mit echten Gobelins, die ganze Sauce hocharistokratischen Anstriches konnte die Leere und das Dürftige der gebotenen Kunstgenüsse nicht bemänteln."[6] Acht Jahre später sah man an dieser Stelle nur mehr eine Baugrube. Ein letztes Mal hatten sich die Räume des Palais für die Goldschmiedeausstellung geöffnet, dann hatten die Demolierer das Wort. Beim Abbruch der alten Mauern entdeckte man noch in einem Raum neben dem Pferdestall ein Deckenfresko im Ausmaß von 15×6 Metern. Das Kunstwerk aus der Zeit des Palaiserbauers Fürst Ferdinand wurde abgenommen und geborgen. Bei den Erdaushebungen stießen die Arbeiter in fünf Meter Tiefe auf einen römischen Sarkophag. Damit endete die ereignisreiche Geschichte dieses Palais. Lediglich eine Tafel am heutigen Haus Nr. 8 erinnert an Fürst Karl Schwarzenberg und das Palais, in dem er zur Welt kam.

---

[4] Baltazzi 61f.

[5] Baltazzi 61.

[6] Hennings (Ringstraßensymphonie III) 22.

Palais Rabutin — Kinsky

Palais Kinsky, Stich nach Salomon Kleiner

Prospectus Palatij Excellentissimi Domini Francisci Ferdinandi Comitis Prospect des Palais Ihro Excell. H. Frantz Ferdinand Kinsky, des H. R.
de Kinskij, &c. Aurei Velleris Equitis et Consiliarij intimi Sacræ Cæsareæ Graffen von Chiniz und Teltaw, Rittern des Goldenen Fliesses, der R. R.
Majestatis. Churfl. geheimen Raths, u. Der Wohlseel.

S. Kleiner I. E. M. del.   Cum Priv. Sac. Cæs. Maj.   I. A. Corvinus sculp.

I., Wollzeile Nr. 1

„Es ist Fasching und ein kalter Februar-Abend des Jahres 1714. Fröstelnd eilen die Menschen durch die schwach erleuchteten Straßen, vereinzelte Masken zeigen sich in ihren buntfarbigen Kostümen und verschwinden im Gasthof ‚Zum großen Christoph‘ auf der Brandstätte. Dichte Schneeflocken fallen wie glitzernde Sterne vom Himmel herab und und beenden ihr kurzes Dasein auf dem schlüpfrigen, holprigen Pflaster. Mattes Licht dringt durch die kleinen Fenster des reichen Bauernfeindschen Bürgerhauses und schallendes fröhliches Gelächter aus Kolschitzkys überfülltem Kaffeeschank — ein ganz neugegründetes Lokal — das sich als ‚Erstes‘ Wiener Kaffeehaus der größten Beliebtheit erfreute. Vom Stephansturme schlägt es sieben und eine Reihe von glänzenden, goldstrotzenden, wappengeschmückten Karossen, Lakaien und Heiducken auf dem Trittbrett, kommen von der Kärntner Straße nur langsam weiter. Vorreiter, Mohren, Fackelträger und Läufer versuchen Platz zu machen und das gaffende Volk auseinander zu drängen. Dazwischen bahnen sich die Sänftenträger nur mühsam ihren Weg. Reich geputzte Damen mit funkelndem Diamantschmuck in den Lockenfrisuren blicken ungeduldig und hochmütig hinter den seidenen Vorhängen ihrer Kutschen und den mit kostbaren Stoffen ausgeschlagenen Sänften hervor.

Alles strömt in die Wollzeile zum Palais Rabutin und die zahlreichen Wagen stauen sich vor dem mächtigen Portal. Heute ist großer Empfang bei der gefeierten geistreichen Gräfin Dorothea Elisabeth Bussy-Rabutin — sie macht großes Haus und ihre regelmäßigen Soireen Sonntag und Donnerstag gelten als le comble de l'élégance. Der Konversationston bei ihr ist ein ungezwungener und unterliegt nicht der strengen spanischen Hofetikette, die damals in den Salons an der Tagesordnung war."[1]

Seit 1696 war *Gräfin Rabutin* Herrin im Palais Wollzeile, Nr. 1. Die gebürtige Prinzessin von Holstein-Wiesenburg muß eine außergewöhnliche Persönlichkeit gewesen sein. Als einzige Tochter des letzten Herzogs von Holstein-Wiesenburg, Philipp Ludwig, der einer Nebenlinie des dänischen Königshauses entstammte, erhielt sie eine besonders sorgfältige Erziehung. Sie sprach fließend deutsch, französisch, italienisch und englisch, war bewandert in der Literatur, der Kunst und den Wissenschaften. Esprit und körperliche Schönheit machten es ihr abgesehen von den Privilegien ihrer Klasse leicht, im Gesellschaftsleben die Aufmerksamkeit auf sich zu ziehen. Nach dem Tode ihres Vaters übersiedelte sie nach Wien, wurde katholisch und heiratete hier den bedeutend älteren Feldmarschall Graf Johann Ludwig Bussy-Rabutin. 1696 erwarb sie schließlich ein zweistöckiges Stadtpalais aus dem Besitz des *Grafen Seyfried Christoph von Bräuner,* Wollzeile Nr. 1 (alte Nr. 771).

„Prinz Eugen von Savoyen war ein Habitué des Salons der Gräfin Bussy-Rabutin und er ließ keinen ihrer Empfangsabende vorübergehen, ohne dabei zu erscheinen. Ihre intimsten Freundinnen waren Gräfin Eleonore Batthyany, geborene Gräfin Strattmann, allgemein die schöne Lorl genannt, Tochter des reichen, mächtigen Hofkanzlers Grafen Theodor Strattmann und Gräfin Marie-Anna Althan, geborene Gräfin Pignatelli aus Spanien, Gemahlin des Grafen Michael Johann Althan. Diese drei Damen waren in jeder Richtung tonangebend. Sie herrschten nicht nur durch ihre Schönheit, ihren Geist und Witz, sondern nahmen auch großen Einfluß auf die Mode, und es wurden Hüte und Coiffuren nach ihren Namen benannt.

Die Soireen der Gräfin Bussy-Rabutin begannen um sieben Uhr und endeten um elf Uhr, und man servierte Schokolade, Eis und Konfitüren und die Gäste erschienen mit oder ohne Maske. Eine prachtvolle, mit kostbaren Teppichen und Blumen geschmückte Treppe führte in die Appartements des ersten Stockwerkes, die in feenhaftem Glanz von zahllosen Wachskerzen erstrahlten. Der auserlesene bekannte Geschmack der Gräfin hatte auch hier gewaltet — alles war auf das prächtigste dekoriert — ohne überladen zu sein. Gräfin Rabutin machte ihren Gästen in unbeschreiblich reizender Weise die Honneurs und die berühmte Reisende Lady Montague, Gemahlin des englischen Botschafters in Konstantinopel kann in ihren Memoiren nicht genug Lob über sie schreiben, wie sie es durch ihren persönlichen Charme, Geist und feinen Takt verstanden hat, die verschiedensten Elemente ihres Salons auf das angenehmste zu verschmelzen.

Diesmal war großer Maskenball und die Gesellschaft gegen neun Uhr fast vollständig versammelt. Ein buntes Getriebe von Herren und Damen in den reichsten Kostümen, mit und ohne Larve, wogte plaudernd und intrigierend durch die lange Enfilade der Salons. Den

---

[1] Fritsche 242 f.

30

Mittelpunkt bildete immer die Frau des Hauses.

Wie Ninon de Lenclos um die Mitte des 17. Jahrhunderts ihren berühmten Salon in Paris hatte, gelang es auch ihr im vorgerückten Alter durch ihre Anmut und ihren Geist die schönsten und jüngsten Frauen in den Schatten zu stellen. Sie trug diesen Abend ein amarantrotes, mit Silber gesticktes Samtkleid, keine Maske und bildete eine Gruppe mit dem Prinzen Eugen, Gräfin Lorl Batthyany-Strattmann, Gräfin Marie-Anna Althan, Gräfin Marie Dietrichstein, Gräfin Colloredo, Gräfin Mollard, Marquis Capece-Rofrano, Marquis Malaspina und den Grafen Starhemberg, Sinzendorf, Palffy, Tarouca, Collalto, Paar, Kinsky, und es wurde auf das eifrigste über eine Wette gesprochen, die diesen Abend ausgetragen werden sollte.

Der reiche, wegen seiner Verschwendungssucht bekannte ungarische Magnat, Graf Markus Czobor hatte mit Mister James Oglethorpe, einem ebenso reichen, jungen Engländer, der als Adjutant des Prinzen Eugen fungierte, die Wette gemacht, wer auf diesem Maskenfeste das reichere und kostbarere Kostüm tragen würde. Alles war in der höchsten Spannung und alle Blicke wendeten sich nach der Eingangstüre, in welcher jetzt Mister Oglethorpe sichtbar wurde. Er trug ein orientalisches Gewand von seltener Pracht, welches über

und über mit Diamanten, Perlen, Saphiren, Smaragden und Rubinen bestickt war, sodaß auch nicht das kleinste Plätzchen frei blieb und das Kostüm einem „Pavé" von Edelsteinen glich, die man auf mehrere Millionen schätzte. Da kam Graf Markus Czobor in ganz einfacher, unscheinbarer Magnatentracht in dunkler Farbe, um die Schultern einen Mantel aus roher Leinwand. Verwundert und fragend lenkten sich die Blicke aller Gäste auf ihn — da schlug er den Mantel auseinander, der sich als das aus dem Rahmen geschnittene Bild der „Venus" von Correggio entpuppte. Lautloses Schweigen folgte diesem Effekte und man war über diesen Vandalismus so empört, daß Graf Szobor auf Veranlassung des Prinzen Eugen den Saal verlassen mußte."[2]

Ein wahrhaft anschauliches Bild einer Gesellschaft in einem Barockpalais in Wien. Viele Jahre lang veranstaltete Gräfin Rabutin ähnlich glanzvolle Gesellschaften in ihrem Haus. Nach dem Tode ihres Mannes und mit zunehmenden Alter zog sie sich mehr und mehr zurück. Sie verkaufte bereits 1704 das Palais an den Kanzler und königlichen Statthalter von Böhmen *Graf Wenzel Kinsky,* behielt sich aber ein Wohnrecht vor. Tief

[2] Fritsche 244 ff.

betrauert starb sie 1725 im Alter von 80 Jahren.

Graf Kinsky bestimmte bereits 1719, also noch zu Lebzeiten der Gräfin Rabutin das Palais zum Fideikommiß für seine Familie, die zu den mächtigsten und ältesten Böhmens gehörte. So kam das Haus in den Besitz seines Sohnes *Franz Ferdinand,* der zwar der drittälteste Sohn, aber vom Vater zum Majoratsherrn bestimmt worden war. Erst 1793 endete die Bindung dieses Palais an die Familie Kinsky. Neue Besitzerin wurde Fürstin *Eleonore Schwarzenberg.* Sie hinterließ das Palais als Fideikommiß dem *Fürsten Joseph Schwarzenberg* mit der Bestimmung, daß hier von nun an die Witwen der Fideikommiß-Inhaber ihren Wohnsitz haben sollten. Nur wenn keine solche Witwe vorhanden war, konnte das Palais einem verheirateten Sohn des Fürstenhauses Schwarzenberg zugesprochen werden. Zur Auswirkung kam die Bestimmung über die Witwenresidenz nicht, denn 1836 kam *Fürst Johann Adolf* in den Besitz des Palais. Er verlor das Interesse an diesem Haus, löste die Fideikommiß-Regelung und verkaufte es 1846 an den Bankier *Georg Simon von Sina.* Dieser ließ das Palais mitsamt zweier Nachbarhäuser abreißen und auf diesen Grundstücken einen großen Neubau errichten, der noch heute den Beginn der Wollzeile bei der Rotenturmstraße bestimmt.

Palais Paar

Palais Paar, Aufnahme 1907

„Die Fassade weist zwölf Fenster auf, deren unregelmäßige Verteilung das höhere Alter des Hauses erkennen läßt; sie zerfällt in Tief- und Hochparterre, ein Hauptgeschoß und ein durch niedrige Fenster beleuchtetes Dienergeschoß. Die dem Erdgeschoß eingefügten beiden Portale zeigen ein rundbogig geschlossenes Einfahrtstor, das beiderseits begleitet wird von über Eck gestellten hermenartigen Pilastern in der Art Hildebrandts. Der Architrav und die Zwickel über den Torbogen sind mit Reliefornamenten geschmückt. Über dem Schlußstein des Bogens erhebt sich der gekrönte Doppeladler, der als Brustschild das Paarsche Wappen, mit der Kette des Goldenen Vlieses und der Fürstenkrone geschmückt trägt. Das rechtseitige Portal ist ausgezeichnet durch ein herrliches hölzernes Haustor. Die Oberlichte über dem Tore ist geziert mit einem schön-gezeichneten, schmiedeeisernen Gitter, in dessen Mitte sich das oben erwähnte Motiv des Doppeladlers wiederholt. Die Portale dürften aus der Zeit um 1700 stammen. Sehr bedeutend sind im Inneren die Prachttreppe und die gegen die Wollzeile gerichteten Festräume, deren glänzende Ausstattung dem Hofbaumeister Carlo Cannevale zugeschrieben wird."[1]

Die von Kortz Anfang unseres Jahrhunderts beschriebene Pracht in der Wollzeile Nr. 30 gibt es nicht mehr. Die Umstände der Zwischenkriegszeit haben dazu geführt, daß eines der kostbarsten Gebäude der Innenstadt Stück um Stück entwertet wurde, bis es knapp vor dem

---

[1] Korzt Bd. 2, 389.

Zweiten Weltkrieg gänzlich vernichtet war.

Das ursprünglich italienische Geschlecht der Reichsgrafen und späteren *Fürsten Paar* hatte in der Wollzeile seit dem 16. Jahrhundert seinen Wiener Wohnsitz. Die Familie entwickelte ein reges Interesse am Postwesen, ihre Verdienste darum belohnte Kaiser Rudolf II. 1570 mit der Verleihung der Erbland-Postmeister-Würde für die Steiermark. Bereits 1624 erreichten die Grafen Paar vom Kaiser die Belehnung mit dem Obersten Hofpostmeisteramt in Österreich, Ungarn und Böhmen für sich und ihre männliche Nachkommenschaft. Daraus entspann sich ein über viele Jahrzehnte dauernder Rivalitätskampf mit dem Hause Taxis, das sein älteres Privileg als Reichs-Generalpostmeister eifersüchtig hütete. Erst unter Kaiser Leopold I. kam ein Kompromiß zustande, der genau festlegte, welcher der beiden Postmeister dem Kaiser und seinem Hof bei diesem oder jenem Anlaß die Post besorgen durfte.

Die genaue Erbauungszeit des Palais in der Wollzeile läßt sich nicht mehr feststellen. Vieles deutet aber darauf hin, daß die beiden hier ursprünglich stehenden Häuser noch vor der Türkenbelagerung 1683 dem Palastbau weichen mußten.

Die Besorgung des Postdienstes in den Habsburgischen Erblanden machte entsprechend großzügige Stallungen notwendig. Die Gebäude, die die Grafen Paar hinter ihrem Palast Richtung Zedlitzgasse zu diesem Zweck errichten ließen, waren aber nicht nur räumlich groß, sie übertrafen von der künstlerischen Ausstattung her auch alle anderen Stallungen des Adels in Wien. Der Hauptraum war ein echter Prunksaal,

der selbst den Stall des Prinzen Eugen im Belvedere an Schönheit in den Schatten stellte. Das Tonnengewölbe zierte eine Stuckdecke im Ausmaß von 72 Quadratmetern. An den beiden Stirnseiten waren Jagdszenen in perspektivischer Landschaft dargestellt. In der Mitte füllten Szenen aus der griechischen Mythologie die ungeheure Fläche, flankiert von Liebespaaren an den beiden Seiten.

Wollzeile Nr. 30, Portal, Aufnahme 1907

1722 unterstellte Kaiser Karl VI. das Postwesen in seinen deutschen und böhmischen Erblanden der Hofkammer, was nichts anderes hieß, als daß die Post verstaatlicht wurde. Die Grafen Paar durften aber ihren Titel als Oberste Hofpostmeister behalten und erhielten eine ewige Rente von 80.000 Gulden. Der Postbetrieb wurde aber trotzdem von der Paarschen Verwaltung fortgeführt.

Die Gebäude für die Post wurden später sogar noch ausgeweitet. Als durch Josephs II. Reformen auch Kirche und Kloster der Jakobinerinnen aufgelassen wurden, baute Fürst Wenzel Paar ein Haus für das Postwesen an der Stelle, an der die Kirche gestanden war. Eine uralte kleine Madonnenstatue aus dem aufgehobenen Kloster ließ der Fürst in einer Nische an der Fassade seines Palastes aufstellen.

Das Innere des Hauses wurde im Laufe der Generationen vielfach umgestaltet. Die Ausstattung, die bis zuletzt vorhanden war, stammte größtenteils aus dem Wiener Rokoko und wurde verschiedentlich als eines der köstlichsten Beispiele dieser Epoche beschrieben. Friedrich Nicolai schildert die Ausstattung 1781 als „sehr prächtig meubliert. Die Tapezerayen und anderen Meublen sind in Paris verfertigt worden."[2]

Viele Jahre lang benutzten die russischen Botschafter in Wien die prachtvollen Appartements im Palais Paar als Wohn- und Repräsentationsräume, Fonton, Oubril, Novikoff und Fürst Lobanoff gaben hier glänzende Feste.

Die Familie Paar wußte ihre gesellschaftliche Stellung auszubauen. Als Obersthof- und Generalerblandpostmei-

[2] Nicolai Bd. 2, 652.

ster begleitete der bereits zum Fürsten erhobene Wenzel Paar 1770 Erzherzogin Marie-Antoinette als Braut des Dauphin nach Frankreich. Gräfin Josepha Paar wurde Obersthofmeisterin Maria Theresias nach dem Tod der von der Kaiserin so geliebten Gräfin Fuchs. Die männlichen Nachkommen Wenzels nahmen in der kaiserlichen Armee hohe Posten ein und erhielten für ihre Verdienste den Militär-Maria-Theresien-Orden. Graf Eduard Paar war viele Jahre hindurch Generaladjutant Kaiser Franz Josephs. Die meiste Zeit hielt sich die Familie im 19. Jahrhundert auf ihren böhmischen Schlössern Bechyn und Recić auf. In Wien bewohnte sie in den letzten Jahrzehnten der Monarchie die kleineren, gegen die Zedlitzgasse gelegenen Appartements.

Mit dem Jahr 1918 begann das langsame Sterben des Palais. Um der hohen Wohnbausteuer zu entgehen, ließ *Fürst Alois Paar* die Vertäfelungen der Prachträume abnehmen und auf seine Landschlösser in der Tschechoslowakei bringen. Das Haus stand leer, die Fenster erblindeten, Jahr für Jahr wurde das Gebäude unansehnlicher. In der Schuschnigg-Zeit entschloß man sich dann zum Abbruch der gesamten Gebäude. Die Demontage setzte in vollem Umfang ein. 18.000 Dachziegel bestimmte man für die Grinzinger Kirche. Die handgeformten Ziegel aus der Barockzeit hatten trotz ihres Alters eine derart gute Qualität, daß die modernen Produkte es mit ihnen nicht aufnehmen konnten! Mit Hebemaschinen wurden die beiden Doppeladler und die Madonnenfigur abgenommen. Beim Adler des rechten Eingangstores passierte dann das Mißgeschick, daß die Schwingen abbrachen, nachdem der Wappenadler bereits

Boiserien heute in Lissabon, Plafond im Besitz des Bundesdenkmalamtes

Blick durch Interieurs nach Entfernung des Dekors beim Abbruch

35

unbeschädigt am Boden angelangt war. Die Figurengruppe an der Zedlitzgasse wurden ebenfalls sorgfältig abgehoben. Über ihren Verbleib ist heute allerdings nichts mehr bekannt. Die prächtigen Stiegengeländer und die Tore behielt sich Fürst Alois Paar vor. Sie wurden ebenfalls wie bereits vorher die Vertäfe- lungen in die Tschechoslowakei ge- bracht. Die einzigartigen Reliefs in den Stallungen mit der Darstellung einer Sauhatz und des Orpheus, der mit sei- nem Spiel auf der Leier die wilden Tiere bezähmt, kamen nach ihrer Bergung in die städtischen Sammlungen.

Mit dem staatlichen Untergang Öster- reichs 1938 war auch eines der kulturge- schichtlich wertvollen Stücke seiner Vergangenheit dahin. Ein öder Neubau nimmt den Platz in der Wollzeile Nr. 30 nun ein. Dieser Straßenzug ist heute in seiner Zusammensetzung aus Gründer- zeit- und Nachkriegsbauten fast gänzlich ohne jeden architektonischen Reiz.

Reich stukkierte Pferdestallungen aus dem 17. Jh.

Palais Arnstein

Ehemaliges Palais Arnstein, Aufnahme 1939

Situation 1984

I, Hoher Markt Nr. 1

„Eine anmutig gemächlich hingelagerte Zweckarchitektur der anhebenden Empirezeit, in delikaten und klaren Verhältnissen gehalten, welche die drei Stockwerke gegenseitig akzentuierten. Das ganze atmete gesichertes Lebensgefühl, dem Schönheit allenthalben immanente Selbstverständlichkeit war." Siegfried Weyr[1] beschreibt mit diesen Worten das einstige Stadtpalais des Bankiers *Nathan von Arnstein* am Hohen Markt Nr. 1. Dieses Haus auf dem historisch ältesten Teil Wiener Bodens erlangte durch Nathans Frau Fanny von Arnstein (1758 bis 1818) eine für die geistig-kulturelle Entwicklung dieser Stadt einzigartige Bedeutung. Was Bettina von Arnim für Berlin war, das war Fanny für Wien. Mit ihrem geistigen Salon durchbrach sie wenigstens auf intellektueller Basis die Barriere zwischen Hochadel und Bürgertum, verwirklichte dadurch auch die Emanzipation des Judentums in der Gesellschaft.

Fanny stammte aus Berlin. Als Tochter des Berliner Hoffaktors und Münzmeisters Daniel Itzig heiratete sie bereits

---

[1] (Magie der Inneren Stadt) 367.

mit 16 Jahren den Wiener Bankier Nathan Arnsteiner. Er war einer der Juden, der von den Reformen Josephs II. voll profitierte. Arnstein und Eskeles! Das war damals an der Wende vom 18. zum 19. Jahrhundert ein Begriff wie später der Name Rothschild. Die von Arnstein 1773 zusammen mit den Bankiers Eskeles gegründete Großhandelsfirma florierte. Auch der Kaiser nahm die Dienste der jüdischen Finanzleute in Anspruch. 1795 wurde Nathan dafür in den Adelsstand erhoben, drei Jahre später erhielt er sogar den Titel eines Barons, wofür er allerdings 10.000 Gulden bezahlen mußte. Wachsender Reichtum und mit ihm steigendes Ansehen verlangten auch nach einem entsprechend repräsentativen Wohnsitz. Wenn auch frischgebackener Baron, blieb Nathan trotzdem den Einengungen unterworfen, die wei-

terhin für Juden galten. So war es ihnen bis 1848 untersagt, Immobilien zu erwerben. Das Ehepaar Arnstein konnte daher lediglich an die Miete eines Hauses denken. Nathan entschied sich für das erst 1796 fertiggestellte Stadtpalais des Großhändlers Franz Wilhelm von Natorp, ein Mann, der durch Medikamentenlieferungen an die kaiserliche Armee reich geworden war. Das in Natorps Auftrag gebaute Palais war von eleganter, ganz zeitgemäßer Schlichtheit mit einem von Säulen flankierten Portal, über dem ein Balkon schwebte. Auf der Attika konnte man deutlich die Inschrift ANNO MDCCLXXXXVI (1796) lesen. Von besonderem Reiz war der Wandbrunnen im Hof mit drei Putten, die ein Wasserfaß umringten.

Nathan und Fanny statteten das Palais nach ihrem Geschmack aus. Bald war

Hoher Markt Nr. 1 eine der in der Wiener Gesellschaft gefragtesten Adressen. Fanny wußte alle zu bezaubern. Ihre Wirkung beruhte dabei gar nicht so sehr auf ihrer äußeren Erscheinung, vielmehr machten Esprit, Tatkraft und Phantasie die Faszination ihrer Persönlichkeit aus. Nicht zu vergessen ist auch ihr österreichischer Patriotismus, der sich trotz ihrer lebenslangen Neigung zu Preußen und dessen Idealen ungehindert entfaltete. Dafür haßte sie die Franzosen, die in ihrem revolutionären Elan ganz Europa durcheinander brachten. Speziell Napoleon mit seinen nicht enden wollenden Feldzügen hatte sie den Kampf angesagt, und dies nicht nur mit flammenden Worten im Salon, sondern auch mit Taten. Sie brachte eine bedeutende Summe für den Tiroler Freiheitskampf auf, wofür sich die Tiroler mit der Benennung eines Berges mit ihrem Namen (Arnstein-Spitze) revanchierten. Doch alles schien vergebens. Zweimal mußte Fanny es erleben, daß die Franzosen Wien besetzten und Österreich schwere Friedensbedingungen auferlegten. Sie aber hoffte unbeirrt auf den Untergang Napoleons. Der mit einer Wienerin verlobte Theodor Körner deklamierte in ihrem Salon seine vaterländischen Lieder. Ein Jahr später sollte er selbst ein Opfer des europäischen Ringens auf dem Schlachtfeld werden. Endlich aber hatte sich Napoleon „zu Tode gesiegt". In Wien versammelten sich die Mächtigen Europas zu einem Kongreß, um hier eine Neuverteilung der politischen Gewichte zu bestimmen. Die glanzvolle Versammlung der Monarchen, Minister, Marschälle und Geistesgrößen aus ganz Europa bedeutete für Wien einen Triumph und für Fanny Arnstein den absoluten Höhepunkt ihres Salons. So schreibt

Situation 1945

Alt-Wiener Brunnen im Hof mit spielenden Amoretten   *Zustand 1945*

Friedrich von Gentz, Sekretär des Kongresses:

„Das Arnstein-Haus Nr. 1. am Hohen Markt ist der größte und gewissermaßen einzige gesellschaftliche Sammelpunkt aller hier ankommenden Fremden. Fanny Arnstein verpflanzt hier Berliner Salonleben. Ihr Haus dient der Demokratisierung der Gesellschaft, Prinzen, Kardinäle, Staatsmänner und Dichter verkehren dort. Die schöne Fanny erobert die Herzen der Wiener im Fluge."[2]

Wie es im Palais Arnstein in jenen Tagen zuging, davon hat Graf Auguste de la Garde, einer der blendendsten Berichterstatter des Wiener Kongresses, eine anschauliche Schilderung hinterlassen:

„Baron Arnstein hat sich selbst übertroffen, die seltensten Blumen, allen Klimaten entlehnt, schmücken die Treppen, Salons und Tanzsäle mit herrlichstem Farbenglanz und süßesten Düften. Tausende Kerzen, Spiegel, Gold und Seide gleissen überall. Beschwingte Musik, wie man sie nur in Wien hört, berauscht das Ohr. Auf das Konzert folgte ein Ball und auf den Ball ein Souper, bei welchem sich der Baron ein Vergnügen daraus machte, alle Jahreszeiten und Entfernungen als nicht vorhanden zu zeigen. Er hat die Erzeugnisse aller Länder und aller Klimas vereinigt. Die Säle sind mit Bäumen geschmückt, behangen mit reifen Früchten. Das nimmt sich einzigartig aus, mitten im Winter wie in einem Garten der Provence, Kirschen, Pfirsiche und Aprikosen zu pflücken..."[3]

Natürlich fühlten sich die preußischen

[2] (Magie der Inneren Stadt),
   Weyr a. 367 f.

[3] Harrer Bd. I, 380 f.

Delegationsmitglieder bei der gebürtigen Berlinerin besonders wohl. Wilhelm von Humboldt, Staatskanzler Fürst Hardenberg, Karl August Varnhagen, Friedrich von Schlegel und andere gingen hier ein und aus. Bei einer solch massiven Ansammlung einflußreicher Preußen hatten natürlich Metternichs Polizeispitzel Augen und Ohren offen, besonders als sich der Gegensatz der Interessen beim Kongreß immer deutlicher abzeichnete.

„Die Damen Arnstein und Eskeles treiben skandalöses Zeug, halten skandalöse Propos, um für Preußen die Opinion zu gewinnen und zu stimmen",[4] konnte Metternich in einem Konfidentenbericht lesen. Was ihn aber nicht abhielt, selbst die Gastfreundschaft Fannys zu genießen.

Kardinal Consalvi, Vertreter des Papstes beim Kongreß, verkehrte trotz des beibehaltenden Judentums gern hier. (Nur Fannys Tochter Henriette, verheiratete Pereira wurde katholisch.) Und auch Eugène Beauharnais, Stiefsohn Napoleons, ließ es sich so wenig wie andere seiner Landsleute nehmen, Gast im Haus Arnstein zu sein trotz der offenkundigen Franzosenfeindlichkeit der Gastgeberin.

Zu Weihnachten 1814 huldigt man im Palais am Hohen Markt einem Brauch, der den Wienern damals noch völlig fremd ist:

„Bei Arnstein war vorgestern nach Berliner Sitte ein sehr zahlreiches Weihbaum- und Christbaumfest. Es waren dort Staatskanzler Hardenberg, die Staatsräte Jordan und·Hoffmann, Fürst Radziwill . . ., alle getauften und be-

schnittetenen Anverwandten des Hauses. Alle gebetenen, eingeladenen Personen erhielten Geschenke oder Souvenirs vom Christbaum. Es wurden nach Berliner Sitte komische Lieder gesungen; Frau von Münch sang Lieder vom Kasperle. Es wurde durch alle Zimmer ein Umgang gehalten mit den zugeteilten, vom Christbaum abgenommenen Gegenständen. Fürst Hardenberg amüsierte sich unendlich . . . ."[5]

Fanny und ihre Feste übten auf die Wiener eine besondere Faszination aus. Was wußte man in der Stadt nicht für Geschichten zu erzählen über die Ereignisse am Hohen Markt oder im einstigen, auch längst verschwundenen Gartenpalais der Erzherzogin Marie-Christine am Braunhirschengrund. Dort, wo einst die Lieblingstocher Kaiserin Maria Theresias ihren Sommersitz hatte, verbrachte nun die Familie Arnstein die Sommermonate. Besonders verbreitet war die Geschichte über Fannys jährlichen Trauertag, an dem sie den Fürsten Karl von Liechtenstein beweint haben soll. Der junge Aristokrat hatte zu den Bewunderern Fannys gehört. Die Aufdringlichkeit eines anderen Verehrers führte dann zu einem Duell, in dem Karl 1795 vom Degen des Gegners tödlich getroffen wurde. Die Affäre hatte damals ungeheures Aufsehen erregt und Kaiser Franz zur Bestrafung der Beteiligten veranlaßt. Seitdem ging die Erzählung um, Fanny kleide sich alljährlich am Todestag des Fürsten in Trauer und treibe einen aufwendigen Kult zum Gedächtnis des Verehrers. Wahrheit oder Legende — wer vermag es heute schon zu sagen? Die Umstände passen jedoch

ganz in eine Zeit nach „Werther's" Manier.

Doch die Tage der heiteren und traurigen Extravaganzen waren gezählt. Die Firma Arnstein und Eskeles brach als Folge der schweren Wirtschaftskrise in der Nachkriegszeit zusammen. Fanny starb im Juni 1818. Damit erlosch auch der Glanz im Palais am Hohen Markt.

Bernhardine Freiin von Kielmansegg, als Tochter Natorps seit 1803 im Besitz des Hauses, trat wieder voll in ihre Rechte ein. 1860 wurde das Palais besitzmäßig geteilt. Eine Hälfte erwarben die Brüder *Gustav* und *Karl Voigt,* bereits zwei Jahre später waren sie die alleinigen Herren am Hohen Markt Nr. 1. Die Drogerie Voigts „Zum Schwarzen Hund" prägte sich von da an in das Bewußtsein der Wiener ein. Über dem Laden hing ein Firmenschild mit der Darstellung eines schwarzen Hundes. Friedrich Gauermann soll es für 500 Gulden gemalt haben. Eine Kopie war bis 1945 hier angebracht. Aus dem einst glanzvollen Stadtpalais der Fanny Arnstein wurde ein biederes stilles Wohnhaus an einem der schönsten Plätze Wiens. Doch trotz aller eingekehrten Alltäglichkeit gehörte der Bau zu den Schmuckstücken des Platzes. Erst der April 1945 verrichtete erbarmungslos sein Zerstörungswerk. Das Haus Hoher Markt Nr. 1 brannte völlig aus. Viele Jahre ließ die Ruine einstige Schönheit ahnen. Man überlegte sogar einen Wiederaufbau in alter Form. Doch diese Pläne wurden dann fallengelassen. 1952 verschwanden die traurigen Reste. Der hier errichtete Neubau ist so nichtssagend wie viele seiner Art. Zu seinen Fenstern schaut heute keiner der Vorübergehenden mehr bewundernd hinauf.

---

[4] Spiel 338.

[5] Spiel ebenda.

Palais Sina

Palais Sina vor der Zerstörung

I, Hoher Markt Nr. 8

Im Frühjahr 1945 war der Hohe Markt ein einziges Trümmerfeld. Ausgebrannte Ruinen ragten in den Himmel. Von der architektonischen Erlesenheit dieses Platzes war nichts als Erinnerung geblieben. In diesem Nachkriegs-Wien wurde ein später weltberühmter Film gedreht: „Der dritte Mann". Die Ruinen des Hohen Marktes dienten unter anderem als Kulisse für die Filmhandlung. So wurden auch die Reste des einst stolzen Palais Sina (Hoher Markt Nr. 8) filmisch festgehalten.

Der Name Sina sagt den meisten Menschen heute nichts mehr. Aber im vorigen Jahrhundert hatte er einen faszinierenden, weil mit Reichtum assoziierten Klang. Die Familie stammte aus Griechenland. Simon Georg siedelte sich in Österreich an, Sparsamkeit und Geschäftssinn vermehrten hier in erstaunlicher Weise seine Erfolge. Bald war der Name Sina gleichrangig mit Arnstein, Eskeles, Geymüller und anderen. Doch während diese Handels- und Bankhäuser im Laufe der Jahre bankrott machten, stieg das Haus Sina zu immer größerer Macht auf. Schließlich war Sina der größte Bankier Ungarns, der sich auch als tatkräftiger Förderer kultureller und

Situation 1984

sozialer Unternehmungen einen Namen machte. Nach der Erwerbung der ungarischen Herrschaften Kizdia und Hodos erhob der Kaiser Simon Georg mit seinen beiden Söhnen in den Adelsstand. In Österreich brachte der Bankier vor allem die Herrschaften Sieghartskirchen und Rappoltenkirchen an sich.

1810 erwarb *Simon Georg Sina* auf dem Hohen Markt ein Palais, das erst neu gebaut war. *Andreas Freiherr von Fellner* hatte es an Stelle von mehreren alten Häusern errichtet. Das Palais Fellner war vier Stock hoch und besaß an der Hauptfront zum Hohen Markt elf Fensterachsen. Das in den Platz hineinragende sogenannte „Große Brunnenhaus" wurde demoliert, sodaß sich das neue Palais von der Hauptfront her unbehindert in das Platzgefüge einpaßte.

Nach dem Tode des „Stammvaters" 1822 setzte sein älterer Sohn *Georg Simon* die Erfolge fort. „Der nie rastende, sich kaum eine Erholung gönnende und im Hinblick auf die fabelhaften Reichtümer, die er besaß, gegen sich karge Georg Simon reihte, die Gunst der Zeiten und die Leichtlebigkeit des ungarischen Adels benützend, Besitz an Besitz."[1]

Bei seinem Tod hinterließ Georg Simon seinem einzigen Sohn *Simon Georg* ein ungeheures Vermögen, das auf fünfzig Millionen Gulden geschätzt wurde. Der Erbe war weniger knausrig, wußte Glanz zu entfalten ohne auf die Bahn eines Verschwenders abzurutschen. Als Gesandter seines Stammlandes Griechenland konnte Simon Georg der Jüngere nicht nur in der Geschäftswelt eine Rolle spielen.

Diese Verbindung zu Griechenland ließ in ihm wahrscheinlich den Entschluß reifen, das Familienpalais am Hohen Markt umbauen zu lassen. Das unabhängige kleine Griechenland war damals in seiner Existenz jung. Die Sympathien der liberalen Kräfte in Europa gehörten ihm, wenngleich die Basis dafür, das „edle Einfalt, stille Größe"-Ideal mit seinen romantisch versponnenen Gefühlen das antike Griechenland war. Bauten im klassisch-griechischen Stil waren die große Mode in Europa. In Athen selbst, in München, London, Paris prunkten öffentliche und auch private Gebäude mit Säulen in dorischer, jonischer und korinthischer Art, Karyatiden und Atlanten stemmten Balkone und Architrave. Lange bevor er das Parlamentsgebäude in Wien erbaute, machte sich der gebürtige Däne Theophil Hansen einen Namen als Spezialist für neogriechischen Stil. Simon Georg der Jüngere beauftragte Hansen, ihm sein Palais nach diesem Geschmack umzugestalten. 1859 begannen die Umbauarbeiten.

Der bestehende Bau wurde teilweise eingerissen, weil nicht nur die Fassade, sondern auch die Innenräume beträchtlichen Veränderungen unterzogen wurden. Binnen Jahresfrist präsentierte sich das Palais Sina in neuer Form. Doppelsäulen in vierfacher Ausführung flankierten das Haupttor und trugen zugleich den darüberliegenden Balkon, der sich über drei Fensterachsen erstreckte. Diesen Mittelteil im ersten Stock schmückten vier Karyatiden, die die drei Rundbalkone des zweiten Stockes hielten, ein besonders reichgestaltetes Gesims bildete nach oben den Abschluß der Hauptfassade.

Das neue Palais gehörte 1860 sicher zu den „progressiven" Bauten Wiens, das

sich eben anschickte, nach Schleifung der Festungsmauern eine Großstadt zu werden. Im 20. Jahrhundert machte die Kritik am Gründerzeit-Stil auch vor Bauten nicht halt, die die Formen griechischer Klassik trugen. Siegfried Weyr nennt das Palais einen „seltsam bizarren pompejanischen Traum".[2]

Die Einfahrt und auch teilweise die Innenräume wurden mit Freskomalereien von Karl Rahl unter Mitarbeit von Eduard Bitterlich ausgeschmückt. Sina hatte mit der Wahl Rahls eine Tradition fortgesetzt. Für die von Sina erbaute Universität in Athen war Rahl mit der künstlerischen Ausgestaltung betraut worden.

Viele Verdienste erwarb sich Sina um kulturelle und soziale Belange. So entstand auf seine Kosten die Griechische Kirche am Fleischmarkt in Wien. Er hatte wesentlichen Anteil am Zustandekommen des Künstlerhauses, des Musikverein-Gebäudes und des Stadttheaters.

1876 starb Simon Georg der Jüngere, ohne einen Sohn zu hinterlassen. Das Palais, das Bankgebäude und der Berghof, die ebenfalls ihm gehörten, gingen an seine Witwe Iphigenie, geborene Fürstin Ghika von Defansalva über. Seine vier Töchter heirateten alle in Adelsfamilien ein (Ypsilanti, Mavrocordatos, Castries und Wimpffen).

Schließlich trat der Enkel *Siegfried Graf Wimpffen* das Erbe an. Seine Mutter Anastasia hatte den ehemaligen Corvettenkapitän Viktor Graf Wimpffen geheiratet. Das nunmehrige Palais Wimpffen erlebte viele gesellschaftliche Veranstaltungen, wobei besonders Adoleszenten-Bälle in Erinnerung geblieben sind.

---

[1] Wurzbach Bd. 34, 355.

[2] Weyr 1883 21.

Die neuen Verhältnisse nach dem Ersten Weltkrieg ließen auch das phänomenale Erbe Sinas nicht unberührt. Die Erhaltung des großen Palais' wurde auf die Dauer für die Familie untragbar. So verkaufte Graf Wimpffen 1932 das Palais und die beiden Nachbargebäude der *Anglo-Elementar-Versicherung.* Im April 1945 brannten alle drei Bauten völlig aus. Auf ihrem Grund errichtete man später ein großes Wohnhaus mit glatter Fassade.

Als Ruine 1946

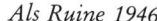

Palais der Nuntiatur

I, Am Hof Nr. 3—4

*Clemens XIII., Pontifex Maximus
aedes temporum inivria
collabuntes restituit a. D. 1768*
las man bis 1913 auf einer Gedenktafel
des Palastes der Nuntiatur Am Hof
Nr. 3—4. Sie erinnerte daran, daß dieser
Papst 1768 die schon baufällig gewor-

dene Residenz seines Vertreters beim
Kaiser des Heiligen Römischen Reiches
Deutscher Nation abreißen und durch
einen Neubau ersetzen hatte lassen. Bereits seit 1630 hatte der jeweilige Nuntius hier seinen Sitz. Ursprünglich stand
auf diesem Grundstück ein an die alte
St. Pankraz-Kapelle Am Hof grenzendes
Haus. Die Kapelle wurde 1570 abgebro-

chen, das Nachbarhaus kam nach mehrmaligem Besitzerwechsel in die Hand
der Jesuiten, die es 1626 an den Feldmarschall und Kriegsrat *Michael Adolph Graf
von Althan* gegen Tausch seines Hauses
in der Annagasse abgaben. Tüchtigkeit
im Feld und Frömmigkeit ließen sich
für Graf Althan durchaus vereinbaren.
So sagte man von ihm: „Wenn er das
Schwert aus der Hand legt, faßt sie nach
dem Rosenkranz.“ 1630 soll der fromme
Haudegen, der vom Protestantismus
zum Katholizismus übergetreten war,
dieses Haus Papst Urban VIII. zum
Geschenk gemacht haben, um dem
Nuntius in Wien eine ständige Residenz
zu geben. Dies dürfte nicht ganz den
Tatsachen entsprechen, denn die Akten
im Hofkammerarchiv besagen, daß dieses Haus auf Veranlassung *Kaiser Ferdinands II.* vom Hof für die Nuntiatur gekauft wurde. Bis dahin war es üblich gewesen, daß der päpstliche Gesandte im
Franziskanerkloster wohnte. Nun hatte
jedenfalls der Vertreter der höchsten
geistlichen Macht mit den Farben Weiß-
Gold eine eigene Residenz beim Reprä-
sentanten der höchsten weltlichen
Macht mit den Farben Schwarz-Gold.

Die Eröffnung der Nuntiatur fiel in
einen der wichtigsten Abschnitte des
Dreißigjährigen Krieges. Die Siege der

Nuntiatur Am Hof, Aufnahme 1897

katholischen Seite ließen Kaiser Ferdinand II. glauben, das Rad der Geschichte noch einmal zurückdrehen zu können. Er erließ 1629 das Restitutionsedikt, das die Protestanten zur Herausgabe alles seit der Reformation eingezogenen Kirchengutes zwingen sollte. Die vom Kaiser angestrebte Wiederherstellung der katholischen Glaubenseinheit in seinem Reich schien zum Greifen nahe. Sie mißlang. Übrig blieb ein völlig ausgeblutetes Zentraleuropa, das sich nur langsam von den Schrecknissen des Dreißigjährigen Krieges erholte. Die folgenden hundert Jahre brachten bedeutende Veränderungen im Verhältnis des Wiener Hofes zum Papsttum. Während Österreich nach der Abwehr der Türken zur europäischen Großmacht aufstieg, geriet der römische Hof immer mehr in die Defensive. Als die alte Nuntiatur abgerissen wurde, um dem neuen Palais Platz zu machen, sah sich das Papsttum von allen Seiten angegriffen. Clemens XIII. wurde von den katholischen Mächten massiv unter Druck gesetzt, den vielfach verhaßten Jesuitenorden aufzulösen, was schließlich von seinem Nachfolger verwirklicht wurde.

Sorgenvoll richtete Pius VI. einige Jahre später seine Blicke nach Wien, wo Joseph II. nach dem Tode seiner Mutter mit einem geradezu manischen Eifer eine Sturzflut von Reformen einleitete. Als den Protestanten freie Religionsausübung gewährt und immer mehr Klöster aufgehoben wurden, entschloß sich der Papst zur Reise nach Wien. Joseph hieß ihn als Gast willkommen, war aber von vornherein entschlossen, ihn als weltlichen Herrscher gleich anderen und nicht als geistliches Oberhaupt zu empfangen. Er schlug deshalb das Ansinnen des Papstes, während des Wien-Aufenthaltes im neuen Nuntiaturpalais zu wohnen, aus und wies Pius die Hofburg als Unterkunft an; und dies „nicht nur aus Gemächlichkeitsgründen, sondern auch wegen des anständigeren Eindruckes, den es bei dem ganzen Publico machen würde".[1]

Außerdem hatte man den Papst damit besser unter Kontrolle. Der Wien-Besuch Pius VI. 1782 endete mit einem persönlichen Triumph des Papstes, aber mit einem kirchenpolitischen Fehlschlag. Joseph wich keinen Millimeter von seinen Reformen zurück. An Pius' Aufenthalt erinnerte dann nur mehr seine Büste, die in einem der Säle im zweiten Stock des Palais aufgestellt war.

Mit scheelen Augen betrachteten die Anhänger der Aufklärung die Aktivitä

---

[1] Hennings (Josephinisches Wien) 73.

ten um die Nuntiatur. Johann Pezzl vermerkt in seinen Schilderungen kritisch: „Der Kaiser hat dem hiesigen Nuntius für einen simplen politischen Botschafter, gleich den Botschaftern anderer Höfe, erklärt, der die weltlichen Geschäfte seines Souveräns besorgen, sich aber mit geistlichen Dingen nicht mehr befassen soll. Er nahm diese Erklärung an, aber — unbegreiflich, noch immer übt er öffentlich einen Aktus aus, wovon bei keinem Publizisten im Kapitel von den Gesandtschaftsrechten ein Wörtchen steht. Der Herr Nuntius teilt, so oft er im feierlichen Aufzuge nach Hofe fährt, auf offener Straße Benediktion aus, wie ich sie dann selbst am letzten Neujahrstag mit devotester Herzenszerknirschung von ihm empfangen habe. Dies ist ungefähr das nämliche, als ob der russische oder schwedische Abgesandte den Glaubens-

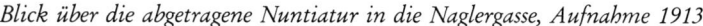

Blick über die abgetragene Nuntiatur in die Naglergasse, Aufnahme 1913

genossen ihrer Religion eine öffentliche Straßenpredigt hielten."[2]

Bald sollte man in Wien und Rom andere Sorgen haben! Die Folgen der Revolution in Frankreich brachten beide Seiten in ärgste Bedrängnis. Der Kirchenstaat wurde zweimal ausgelöscht. Österreich rang hart um seine Existenz. Die Verbindung zwischen Rom und Wien riß ab. Das Nuntiatur-Palais stand verwaist. Als Napoleon geschlagen war, fiel in Wien die Entscheidung über das weitere Schicksal des Kirchenstaates. Die regulären diplomatischen Beziehungen wurden 1814 wieder aufgenommen. Cesena Annibale della Genga, der spätere Papst Leo XII., zog als Nuntius in seine Residenz am Hof ein. Beim Wiener Kongreß gehörte das Nuntiatur-Palais zwar nicht zu den Brennpunkten der Politik und des Gesellschaftslebens, doch war der Abgesandte des Papstes, Kardinal-Staatssekretär Ercole Marchese Consalvi in allen ersten Häusern Wiens bei Bällen und Festen anzutreffen. Von der Nuntiatur aus konnte Consalvi Papst Pius VII. mitteilen, daß der Kirchenstaat in seinem vollen Umfang wieder hergestellt wird. Der geschmeidige Kirchendiplomat hatte es verstanden, Metternichs Pläne für eine nur teilweise Gebietsrückgabe an den Papst zu durchkreuzen; und dies, obwohl drei der vier Siegermächte nicht katholisch waren!

In der Folge waren die Päpste aber gezwungen, sich außenpolitisch an Österreich eng anzulehnen. 1830 und 1832 mußte Papst Gregor XVI. über seinen Nuntius Österreich um militärische Intervention zum Schutz seiner Herrschaft vor den Unruhen der Carbonari ersu-

chen. Auch 1849 hielt Österreich zusammen mit Frankreich die Existenz des Kirchenstaates unter Truppeneinsatz aufrecht.

Das neoabsolutistische Regime im Nachmärz brachte eine wesentliche Änderung im Verhältnis Kaiserstaat-Kirche, aber diesmal auf dem klerikal-innenpolitischen Sektor. Die kirchlichen Reformen in Österreich waren Rom immer ein Dorn im Auge geblieben. Die Annullierung des „Josephinismus" gehörte deshalb zu den vordersten Anliegen des Papstes. Der junge Kaiser Franz Joseph fand sich unter dem Eindruck der nur mühsam niedergeschlagenen Revolution bereit, der Kirche Konzessionen zuzugestehen, um sie neben der Armee als unerschütterlichen Pfeiler seiner absoluten Monarchie zu etablieren. 1850 beseitigte er mittels Verordnungen verschiedene, von Rom als besonders arg belastend empfundene Reformen Josephs II. Der Klerus durfte von nun an wieder frei mit der römischen Kurie verkehren, die Kirche erhielt größeren Einfluß auf die Schule, die Disziplinargewalt der Bischöfe wurde erweitert. Mit der Abschaffung des „placetum regium" verlor der Kaiser auch die Kontrolle über die kirchlichen Kundmachungen. Das Konkordat von 1855 stellte das Verhältnis Staat-Kirche auf eine völlig neue Basis. Neben den bereits gewährten Konzessionen erhielt Rom die Prärogative im Eherecht, in der Ehegerichtsbarkeit und im Unterrichtswesen. Das Ergebnis waren tiefe Verärgerung bei den Liberalen im In- und Ausland und Triumph bei der Kurie. Nuntius Michaele Viale Preta ließ am Palais eine Gedenktafel zum Abschluß des Konkordates anbringen. Die enge Verschmelzung Kaiser-Papst kam auch

noch durch eine andere Besonderheit zum Ausdruck, die sonst in keinem der katholischen Staaten üblich war. Zwischen den Fenstern des ersten Stockes waren zwei Schilde am Nuntiaturpalais angebracht. Das eine zeigte das Haus- und Familienwappen des jeweiligen Papstes, das andere das Wappen des Kirchenstaates.

Doch der Triumph Roms war vom Erfolg oder Mißerfolg des Absolutismus abhängig. Die Niederlagen von 1859 und 1866 ließen ihn zusammenbrechen. Die liberale Ära setzte sich über die Konkordatsbestimmungen durch die „Mai-Gesetze" hinweg, trotz des Protestes aus Rom gegen die „leges abominabiles".

Über das Nuntiatur-Palais liefen noch so manche Aktivitäten, die von historischer Bedeutung waren. Vergeblich beauftragte Papst Pius IX. seinen Nuntius, Franz Joseph zu einer neuerlichen Militärintervention zu überreden, um die weltliche Herrschaft des Papsttums 1870 noch einmal vor den anrückenden Truppen Garibaldis zu retten. 1889 wickelte sich über dieses Haus die besonders heikle und nicht immer aufrichtige Korrespondenz des Kaisers mit dem Papst über die Mayerling-Affäre ab. Mußte der Kaiser doch fürchten, daß der Papst Kronprinz Rudolf als Selbstmörder das kirchliche Begräbnis verweigern könnte! Und welche Bestürzung muß dann im Sommer 1903 hier Am Hof geherrscht haben, als der Kaiser von dem ihm zustehenden, aber offenbar längst vergessenen Exklusionsrecht im Konklave Gebrauch machte. Dadurch wurde die Wahl des aussichtsreichsten Kandidaten, Kardinal-Staatssekretär Rampolla, zum Papst unmöglich gemacht. Franz Joseph mißtraute Rampolla wegen dessen zu frankophiler Einstellung. Die Exklusion

[2] Pezzl 415.

brachte Pius X. auf den päpstlichen Thron.

Und auch vor den Fenstern des Nuntiaturpalastes spielten sich einschneidende Ereignsse ab. Pius VI. erteilte 1782 etwa fünfzigtausend Menschen von der Althane der Kirche am Hof den Ostersegen. Im Herbst 1848 sah man die nackte Leiche des Kriegsministers Graf Latour an einer Laterne baumeln. Und dann griff die Gründerzeit mit mächtiger, rücksichtsloser Hand in das harmonische Platzgefüge ein. Die alte Creditanstalt Ecke Heidenschuß und ein Zinshaus in mißverstandener Pracht an Stelle der Ledererhof-Häuser waren der Anfang des Übels. 1913 mußten dann auch das alte Kriegsministerium und das Nuntiatur-Palais mit seiner Hauskapelle „Zu Mariä Schmerzen" weichen. An Stelle der Nuntiatur und eines angrenzenden Hauses kam der Riesenbau der Zentralbank der Deutschen Sparkassen. In ihm sind heute Ministerialsektionen untergebracht.

Die Nuntiatur übersiedelte in ein neues Palais in der Theresianumgasse im vierten Bezirk. Hier wohnte Papst Johannes Paul II. während seines Wien-Aufenthaltes im September 1983.

Situation 1938

Palais Triangi (ehemals Theatinerkloster)

Palais Triangi, ehemaliges Theatinerkloster an der Hohen Brücke

CLERICI REGULARES vulgo THEATINI introducti in civitatem Viennensem ab … Cardinale de Saxen Zeiz, et ad domum uam locati Ao 1703 a Sacellum b. domus Frehiana c fossa profunda

Die Regulirte Geistliche PP. Theatiner genandt, sind von Ihre Eminenz Herrn Cardinal und Herzog von Sachsen Zeiß in die Statt Wien und in ihre eigene Wohnung eingeführt worden Anno 1703. a. Die Capelle. b. Das Frehische Hauß. c. Der tieffe Graben.

I, Wipplingerstraße Nr. 21

Die Barockzeit war die Epoche der Klosterpaläste. Göttweig, Melk, Klosterneuburg und viele andere klerikale Prachtbauten erinnern uns heute noch an die typisch barocke Mischung von Frömmigkeit und irdischer Pracht. Doch nicht nur weit draußen in den Ländern der Monarchie wurden mit allem Kunstsinn und viel Geld Klosterpaläste errichtet, auch in Wien regte sich der Baueifer der Kirche und ihrer Orden. 1704 bis 1707 bauten die Theatiner (auch Kajetaner genannt) ein wahrhaft prunkvolles Gebäude an der Hohen Brücke in der Wipplingerstraße (heute Nr. 21, alte Nr. 353). Die Wiener konnten nicht genug staunen über den insgesamt fünf Stock hohen Neubau dieses Ordens, der erst seit kurzem in Österreich ansässig war.

Johannes von Theate und Kajetan von Tiene hatten diese Kongregation gegründet, Papst Paul IV. gab ihr 1524 die Bestätigung. Zu den besonderen Regeln der Theatiner gehörte es, auf den Besitz unbeweglicher Güter zu verzichten, für ihren Unterhalt nicht zu betteln, strenge Klosterzucht und apostolische Einfachheit zu üben. Der Orden galt als Pflanzschule des höheren Klerus. Seine Mitglieder waren ausschließlich Adelige.

Kardinal Christian August Herzog von Sachsen-Zeitz, Primas von Ungarn und Bischof von Raab, schenkte den Theatinern 1704 zwei Häuser an der Hohen Brücke über dem Tiefen Graben. Auf diesem Grund hatte im Mittelalter das alte Babenberger-Tor gestanden, das die Straße von der Umwallung und von der Judenstadt abschloß. An Stelle der alten Häuser bauten die Theatiner ihre neue Wiener Residenz. Die beiden unteren Stockwerke reichten in den Tiefen Graben. Über dem Brückenniveau waren weitere drei Stockwerke aufgesetzt. Die Fassade wies eine reiche Gliederung auf, ohne verspielt zu wirken. Kardinalshut und andere geistliche Embleme schmückten das Portal. Das Erdgeschoß beherbergte die Klosterkapelle. Auf der Brücke ließen die Theatiner Statuen ihrer Ordensgründer Johannes und Kajetan aufstellen. Später wurde die Johannes-Statue kapellenartig überbaut, eine neuangebrachte Brüstung auf der Brücke erhielt noch zusätzliche Heiligenfiguren. Trotz der Einschränkungen durch die Ordensregeln dürfte das Leben der adeligen Mönche nicht allzu beschwerlich gewesen sein. Durch Schenkungen und Stiftungen verfügten sie über reiche Mittel, sodaß sie tatsächlich auf Almosen nicht angewiesen waren. Nahezu achtzig Jahre entfalteten die Theatiner (in Wien wie in Salzburg und Prag hatte sich damals mehr die Bezeichnung Kajetaner eingebürgert) in ihrem städtischen Klosterpalais ungestört ein Leben nach ihren Regeln. Mit Beginn der Alleinherrschaft Josephs II. nach dem Tode seiner Mutter Maria Theresia brach eine neue Zeit an. Friedrich Nicolai vermittelt in seinen Beschreibungen einer Reise durch die Schweiz und Deutschland unter Bezugnahme auf das Theatinerkloster etwas von dem neuen Zeitgeist:

Situation 1984

„Diese Art von Mönchen, welche in ihrer Kleidung den Jesuiten ganz ähnlich sind, nur daß sie weiße Strümpfe tragen, geben zwar vor, daß sie keine unbeweglichen Güter besitzen, und zu ihrem Unterhalte nicht betteln, sondern sich lediglich auf die Vorsehung verlassen, und von dem, was ihnen als freywilliges Allmosen gereicht wird, leben wollen. Indessen dünkt mich, der Kardinal und andere gute Personen haben ihnen so viel freywillig gegeben, daß sie ganz wohl, auch ihrem adelichen Stande gemäß leben können... laut den Zeitungen soll nun auch dieses Kloster aufgehoben werden. Die P. P. Theatiner mögen sich, ihrer Stiftung gemäß, wirklich auf die Vorsehung nicht bloß blind verlassen, sondern ihr folgen. Es ist gewiß eine der weisesten Schickungen der Vorsehungen, daß die so unnöthigen Mönchsorden anfangen vermindert zu werden. Die Theatiner sind nun bestimmt, nicht ferner im frommen Müßiggange zu leben, sondern durch Anwendung der ihnen von der Vorsehung verliehenen Kräfte der Welt und dem Staate in dem sie leben nützlich zu werden."[1]

Tatsächlich mußte der Orden, der nach Josephs Ansichten unnütz war, nicht lange auf sein Ende warten. Der Kaiser löste die sechs in Österreich bestehenden Kollegien 1782 auf. Das Klosterpalais in der Wipplingerstraße wurde zur Versteigerung angeboten. Um 35.000 Gulden erwarb es der Rat *Philipp Großmann*. Die Kapelle der „Sächsischen Stiftung in Wien" wurde entweiht und geschlossen. Der neue weltliche Hausherr gestattete die Einrichtung eines Kaffeehauses im Erdgeschoß.

21 Jahre später erwarb *Graf Anton Triangi* das Palais. Er stammte aus einem italienischen Adelsgeschlecht. Früh war seine Neigung zum Militär erkennbar gewesen. Bei der Belagerung von Belgrad 1789 zeichnete er sich durch Tapferkeit aus. In den Franzosen-Kriegen verdiente Triangi sich bei der Belagerung von Valenciennes 1793 die höchste Auszeichnung für einen österreichischen Offizier — den Militär-Maria-Theresien-Orden. Später zog er sich ins Privatleben zurück und richtete sich an der Hohen Brücke sein Familienpalais ein. Das Haus blieb bis 1876 im Besitz seiner Nachkommen. Dann ging es an eine Familie Baechle über, die das alte Palais 1899 abbrechen und den heute noch bestehenden Gründerzeitbau errichten ließ.

---

[1] Nicolai Bd. 2, 630.

Palais Trautson

I, Habsburgergasse Nr. 9

Sie gehörten zu den stolzesten und ältesten Adelsgeschlechtern Österreichs, die Trautson. 1134 läßt sich ihr Name schon urkundlich feststellen. Seit 1452 besaßen sie die Erbmarschallwürde in Tirol, seit 1620 das Erb-Obersthofmeisteramt in Niederösterreich. 1711 avancierten sie zu Reichsfürsten, starben aber noch im 18. Jahrhundert aus.

Der Name Trautson ist durch das prachtvolle Gartenpalais von Johann Bernhard Fischer von Erlach im siebenten Bezirk am Weghuberpark in Erinnerung geblieben. 1760 bis 1918 diente es als Unterkunft für die Ungarische Garde, heute ist es Sitz des Justizministeriums. Das Stadtpalais Trautson Ecke Habsburgergasse (ursprünglich heißt sie Obere Bräunerstraße) — Stallburggasse ist längst aus dem Gedächtnis der Allgemeinheit entschwunden. Bereits 1554 kaufte *Johann Freiherr von Trautson*, Obersthofmeister Kaiser Maximilians II., zwei Häuser auf diesem Grund dem *Hieronymus Freiherrn von Sprinzenstein* und Leibarzt der Kinder König Ferdinands ab. Die Häuser wurden in eines verbaut.

Berühmtheit erlangte dieses Stadtpalais durch seine Kapelle, die allen Heiligen gewidmet war. Über ihr Entstehen

Habsburgergasse Nr. 9, die ursprüngliche Fassade wurde bereits durch einen Umbau im 18. Jahrhundert verändert

Situation 1984

51

gibt es verschiedene Versionen. *Sixtus von Trautson* soll sie 1590 gestiftet haben. Will man anderen Berichten Glauben schenken, geht ihr Ursprung bereits auf das Jahr 1380 zurück, in dem ein *Hans Christof von Eytzinger* sie erbaut haben soll.

Die Familie Trautson gehörte immer der katholischen Partei in Österreich an. Aus ihren Reihen stammten mehrere Kirchenfürsten. Ernst Graf Trautson war 1685 bis 1702 Bischof von Wien. Er gab eine Aufzeichnung sämtlicher Grabsteine und Grabdenkmäler mit deren Inschriften von Wien heraus. Ernst stiftete dem Stephansdom mehrere Kunstwerke und machte sich außerdem einen Namen als Wohltäter der Armen.

Zu noch höheren kirchlichen Würden gelangte Johann Joseph Graf Trautson. Nach dem Tode von Erzbischof Graf Kollonitsch wurde er dessen Nachfolger. Papst Benedikt XIV. erhob ihn zum Kardinal. Sein Grabmal in der Frauenkapelle im Stephansdom schuf Balthasar Moll. Es überrascht daher nicht, daß die besonders enge Bindung der Trautson an die katholische Kirche die Allerheiligen-Kapelle im Laufe der Jahre zur größten Ansammlung an Reliquien machte, die eine Privatkapelle in Wien damals besaß. Die Aufzählung der einzelnen Stücke gibt eine Vorstellung von den Auswüchsen des barocken Katholizismus: Teile der Krippe aus dem Stall von Bethlehem, vom Speisesaal, in dem das letzte Abendmahl gehalten wurde, Stücke vom ungenähten Rock Christi und von der Säule, an der er gegeißelt wurde, Partikel vom Kreuz, von der Lanze und dem Schwamm, die bei der Kreuzigung verwendet wurden; Schädel der unschuldigen Kinder, die Herodes töten ließ, Schädel der Märtyrer Corbilla, Mauri-

tius, Placentia und Regina, ferner Hirnschalen der Märtyrer Christophorus, Erhard, Laurentius und Vicentinius sowie der Margaretha und der Heiligen Jungfrau Petronilla; Zähne Johannes des Täufers, des Märtyrers Apollinaris sowie der Märtyrerinnen Agatha und Apollonia; Arme des Erzmärtyrers Stephan, der Märtyrer Almachius und Eustachius sowie Gregors des Großen und der Heiligen Jungfrau Fortunata; Finger des Heiligen Bischofs Wolfgang, des Heiligen Markgrafen Leopold sowie der Heiligen Jungfrauen Euphemia und Paulina.

Die Fassung der Reliquien war verschwenderisch. Sie waren in Kästchen, Monstranzen, kleinen Altären und Statuen, Tafeln, Figuren und Agni Dei aus Gold und Silber, Bergkristall und Elfenbein, besetzt mit Perlen und Edelsteinen aufbewahrt. Man kann sich vorstellen, welch mystisches Gefunkel im Schein flackernder Kerzen, begleitet von barocker Musik, sich hier entfaltet hat, wenn Messe gelesen wurde.

Doch schon drängten neue Ideen heran, die mit all diesen Erscheinungen Schluß machen wollten. Lange vor Josephs II. Reformwerk breitete sich der Jansenismus von Italien kommend in Österreich aus, gewann Anhänger unter den einflußreichen Bischöfen und wußte sich sogar am Kaiserhof Gehör zu verschaffen. Auch der Wiener Kardinal Johann Joseph Trautson gehörte zu den reformfreundlichen Kirchenfürsten. In seinem Hirtenbrief vom 1. Jänner 1752 begann er als erster die Auswüchse des Barockkatholizismus zu geißeln. Uns ist aber nichts überliefert, daß seine Einstellung irgendeine Auswirkung auf den üppigen Reliquienkult in der Hauskapelle seiner Familie gehabt hat. Erst der schonungslose Zugriff Josephs II. bereitete

dem ein Ende. Auf seine Anordnung hin mußten alle Privatkapellen aufgelöst werden. Wir wissen nicht, was aus dem Inventar dieser geistlichen Wunderkammer geworden ist. Wahrscheinlich wurden die meisten Objekte versteigert, die kostbaren Fassungen vielleicht auch zerbrochen, um Gold und Edelsteine nützlicheren Zwecken zuzuführen. Auch über den Verbleib der Inschrift über der Tür der Trautsonschen Hauskapelle ist nichts bekannt. Dort hatte man lesen können:

„PATROCINIUM HUJUS ECCLESIAE IN FESTO OMNIUM SANCTORUM CONSECRATIONIS DIES ANNIVERSARIA DOMINICA TERTIA POST EPIPHANNIUM CELEBRATUR.

Die Hauskapelle hat jedenfalls den Bestand der Familie überlebt. Fürst Johann Wilhelm starb, ohne Erben zu hinterlassen. Er war zwar dreimal verheiratet gewesen und hatte sieben Söhne und zwei Töchter gezeugt, doch überlebte ihn keines seiner Kinder.

Um Johann Wilhelms dritte Ehe gab es im Theresianischen Wien einiges Aufsehen in der Adelgesellschaft. Zu den Leidenschaften Kaiserin Maria Theresias gehörte das Ehestiften. Sie wollte auch die Erzieherin ihrer älteren Töchter Karoline von Hager in den Genuß ehelichen Glücks und materieller Versorgung kommen lassen. Der bereits zweimal verwitwete Fürst Trautson schien ihr genau der richtige Ehemann zu sein. Aber da gab es noch einige Schwierigkeiten zu überwinden. Karoline war nicht „bloß" eine von Hager, sie zählte auch bereits 45 Jahre und verfügte außerdem über keine besonderen körperlichen Reize. Der Fürst wollte von dem kaiserlichen Ansinnen zuerst auch nichts wissen, da

„des Fürsten Humor mit einer alten Freile nicht zu sympathisieren schien". Erst die Verleihung der Obersthofmeister-Würde und eine wahrhaft fürstliche Ausstattung der Hager durch das Kaiserpaar vermochten ihm das Ja-Wort abzuringen. Die Empörung der Schwester Johann Wilhelms, einer verheirateten Fürstin Auersperg, über diese „undisputierte Messalliance" konnte nur durch teils gütliches, teils drohendes Zureden von Seiten des Hofes zum Schweigen gebracht werden. Eine Teilnahme an der Hochzeit lehnte die Fürstin trotzdem ab. Letzten Endes konnte sie aber triumphieren. Mit dem Tod ihres Bruders erlosch die männliche Linie des Hauses Trautson. Das Erbe kam an das Fürstenhaus Auersperg.

Das Stadtpalais, das noch Ende des 18. Jahrhunderts einem gründlichen Umbau unterzogen wurde, sah im darauffolgenden Jahrhundert noch viele Besitzer: *Gräfin Regina von Aspremont, Graf Carl Batthyány*, den jüdischen Großhändler *Samuel Kaan*, *Graf Moritz von Dietrichstein* und zuletzt eine *Gräfin Attems*. Im Jahr 1900 vollrichtete die Spitzhacke hier ihr Werk, um Platz für ein fünfstöckiges Zinshaus zu schaffen.

Palais Kaiserstein

Palais Kaiserstein links im Bild, Ecke Stallburggasse/Bräunerstraße, Aufnahme 1910

I, Bräunerstraße Nr. 9

Am 11. Mai 1809 um 9 Uhr abend begannen die Franzosen von den Vorstädten her mit der Beschießung der Stadt Wien. Die feindliche Artillerie zielte auf die Häuser hinter den Festungsmauern mit unzähligen Haubitz-Granaten. Das Gegenfeuer der Österreicher von den Basteien aus war kaum schwächer, aber letzten Endes erfolglos.

Als erstes Wiener Haus wurde das Palais Kaiserstein in der Bräunerstraße Nr. 9 (Stallburggasse Nr. 2, Dorotheergasse Nr. 14) von einer Granate getroffen. Der Dachstuhl brannte völlig aus. Kurze Zeit später ereilte den imposanten Trattnerhof am Graben das gleiche Schicksal. In der Stadt gab es Tote und Verwundete. Dann kapitulierten die Wiener. Napoleon stand mit seinen Truppen zum zweiten Mal innerhalb von vier Jahren in der Haupt- und Residenzstadt der gegnerischen Habsburger.

Die Freiherren von Kaiserstein nutzten die Beschädigung ihres Palais und ließen im Zuge des Wiederaufbaues ihr Fideikommiß-Haus um ein Geschoß aufstocken.

Ursprünglich stand auf diesem Grund ein Haus, das den *Herren von Eytzing* gehört hatte. Es war dies eine Familie, in der sich der Oppositionsgeist vererbt haben dürfte. Schon im 15. Jahrhundert hatte Ulrich von Eytzing den Widerstand der Stände gegen die Politik Kaiser Friedrichs III. angeführt. Später kam das Haus in den Besitz der nebenan ansässigen *Grafen von Trautson*. Dann soll es — so besagt Schimmers Häuserchronik — durch Geschenk an einen Seifert von Kaiserstein gekommen sein. Beleg gibt es dafür keinen, außerdem hat sich in den jüngeren Forschungen herausgestellt,

daß es einen Mann dieses Namens gar nicht gegeben hat. Wir können nur vermuten, daß *Tobias von Kaiserstein* der erste seines Geschlechtes war, dem das Haus etwa um 1629 zufiel. Sein Vater stammte aus Ingolstadt, wurde dann Richter und Bürgermeister von Wiener Neustadt und erhielt 1608 das Adelsprädikat. Tobias stieg zum Landgrafen von Niederösterreich und von Mähren auf und heiratete die letzte Erbin aus dem Geschlecht der Grafensteiner. Eine Ge-

neration später ließ *Johann Paul Kaiserstein* das ererbte Haus in der Bräunerstraße zusammen mit dem benachbarten gräflich-Gatterburgischen Haus völlig neu als Familienpalais erbauen, was ihn 24.000 Gulden kostete. Das Palais Kaiserstein und die Güter der Familie in Kärnten bestimmte Johann Paul als Fideikommiß. Das Palais blieb jahrhundertelang im Besitz dieser später zu Reichs-Freiherren erhobenen Familie.

Realis wußte noch 1846 seinen Lesern

Situation 1984

über das Palais Kaiserstein zu berichten: „...ist ein gewaltiges, riesenhaftes Gebäude, welches sich bis in die Dorotheergasse erstreckt... die Gemächer dieses Hauses sind ungemein großartig und zeigen, daß der Geist, der sie erschuf, mit dem Spekulationsgeiste unserer Tage nichts gemein hatte."[1]

[1] Realis Bd. 1, 88.

Leider wissen wir heute nichts mehr darüber, wie diese angepriesenen Räume im Palais Kaiserstein ausgesehen haben. Gute fünfzig Jahre später fand man offenbar nichts mehr Großartiges an diesem Haus, in dem einst auch die Kanzleien der Großhandelsfirma Arnstein und Eskeles untergebracht waren. Als letzter Besitzer des Palais ist 1885 Helfried Reichsfreiherr von Kaiserstein registriert.

1910 wurde der Bau demoliert und das Grundstück um etwa dreihundert Quadratmeter verkleinert. Das neue Haus ist nur insofern interessant, als hier eine Zeitlang Hugo von Hofmannsthal und Alfred Polgar wohnten. Noch ein anderer hatte hier seinen Wohnsitz: Bundeskanzler Engelbert Dollfuß. Er verließ am Morgen des 25. Juli 1934 seine Wohnung, um zum letzten Mal vor den Sommerferien die Sitzung des Ministerrates zu leiten. Es sollte für ihn keine Wiederkehr mehr geben...

Front Dorotheergasse, Stich aus dem 18. Jh.

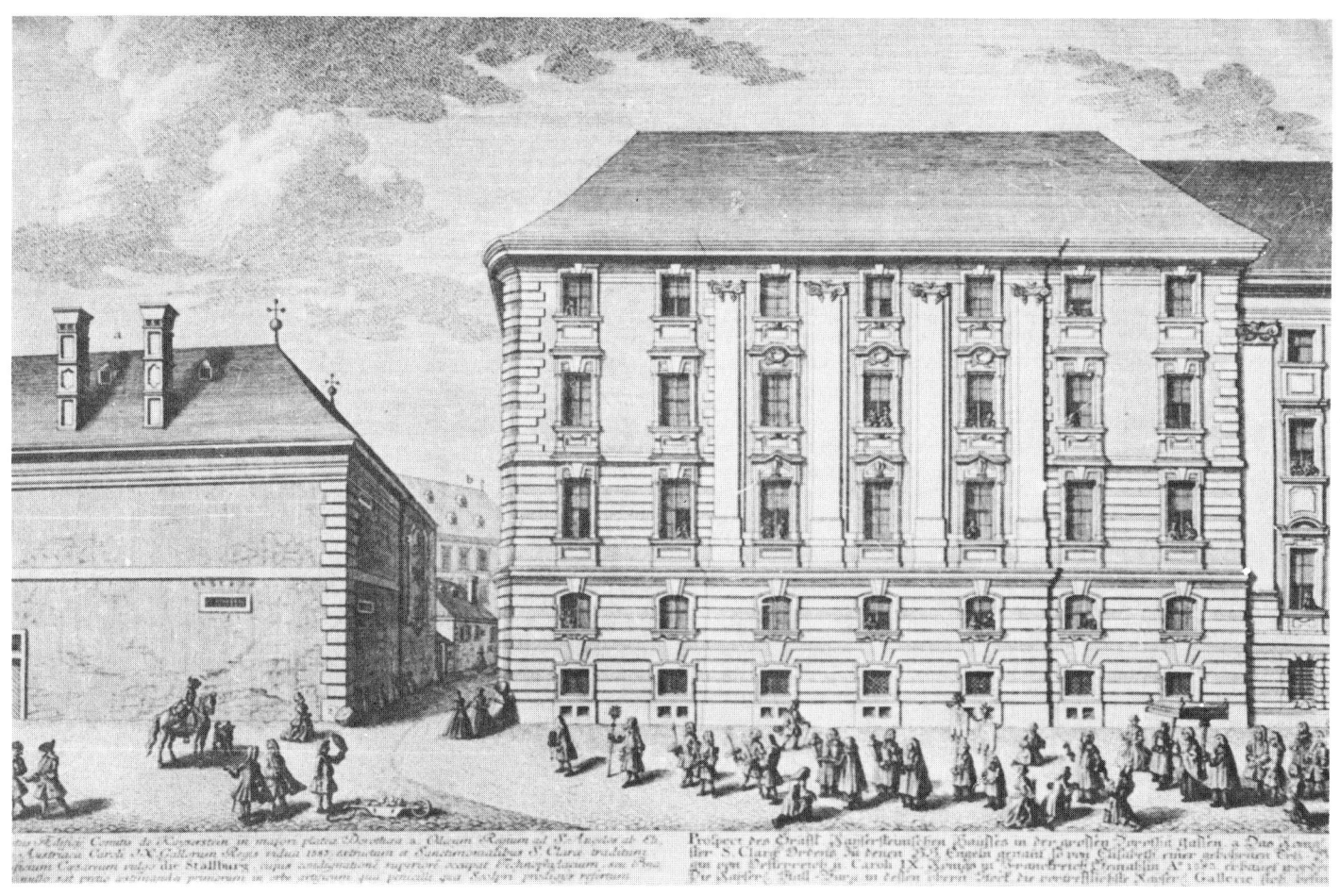

Palais Selb (Arkadenhaus)

Front gegen den Graben vor dem Abbruch 1873

„So oft ich in früheren Zeiten den Hofraum betrat, konnte ich mich eines eigenthümlichen Gefühles nicht erwehren und würden nicht jedesmal die heimatlichen Klänge der ‚Wiener Mundart' an mein Ohr gerauscht haben, meine Phantasie würde mich längst in die schattenreichen Kastanienwälder Andalusiens oder an die kühlenden Gestade eines Ebro oder an die blumenreichen Ufer eines Manzanares versetzt haben, so seltsam muthete mich der maurisch-spanische Baustyl dieser alten Stiegen- und Hofgänge an, so fremd schienen mir die Rundbogen-Durchsichten, die gleichmäßigen Bogengänge im Hintergrund, die eigenartigen Motive an den Capitäler-Verzierungen der Säulen und an den Brustwehren der Schneckenstiege."[1]

So schildert Wilhelm Kisch, der vor hundert Jahren ein dreibändiges Werk über die alten Straßen und Plätze Wiens verfaßte, seine persönlichen Eindrücke von einem Haus, das einst zu den Sehenswürdigkeiten dieser Stadt gehört hat. Es stand Ecke Graben (Nr. 14) — Bräunerstraße. Nicht die Straßenfassade, sondern der Innenhof bildete den Anziehungspunkt für die Wiener und die Reisenden. Typische Rundbogenarkaden der Renaissance-Zeit und eine Schneckenstiege bis in den dritten Stock machten die Eigenart dieses Baues aus. Die Wiener nannten es Arkadenhaus.

Errichtet wurde dieses Baujuwel um etwa 1566 an Stelle eines einstöckigen Hauses. Aus dieser Zeit ist nichts auf uns

---

[1] Kisch (1883) 129.

57

gekommen, weder der Bauherr noch der Architekt sind bekannt. Erst mit Beginn des 17. Jahrhunderts läßt sich die Spur der Besitzer verfolgen. So hat der „Hofmedicus" *Dr. Nicolas Stupan* dieses Haus im Jahr 1616 für achttausend Gulden erworben. Über den Erbschatzmeister des Heiligen Römischen Reiches *Johann Joachim Graf von Sinzendorf* kam es 1673 in den Besitz des *Johann Gabriel Freiherrn von Selb*. Er war Dekan der Juridischen Fakultät der Universität Wien. In seiner Familie vererbte sich das Arkadenhaus mehr als hundert Jahre lang. In dieser Zeitspanne bürgerte sich auch die Bezeichnung Selbsches Palais ein. Um 80.000 Gulden brachte es 1792 der damals bekannte Buchhändler *Johann Georg Ritter von Mössle* in seinen Besitz. Er richtete hier eine Buchhandlung ein, die auf Erotica spezialisiert war. Das Geschäft wird nicht schlecht gegangen sein. Pikanterien dieser Art fanden schon damals ihre Abnehmer. Trotzdem wechselte 1801 das Arkadenhaus neuerlich seinen Besitzer. Ignaz Theodor Pachner von Eggendorf mußte bereits 148.000 Gulden hinlegen, um an die Gewähr zu kommen. In seiner Familie verblieb es dann bis zuletzt.

Arkadenhof mit Schneckenstiege

1804 war das Haus Schauplatz einer Staatsaktion. Unter Trompetenschall verkündete Regierungssekretär Graf von Kienburg im Beisein dreier Magistratsräte vom Balkon des ersten Stockes den Beschluß Kaiser Franz', den Titel eines erblichen Kaisers von Österreich anzunehmen. Ein ähnlicher Akt wurde zur gleichen Zeit auf der Althane der Kirche Am Hof vollzogen. Damit wollte Franz nach der Proklamation Napoleons zum Kaiser der Franzosen und vor der nicht mehr aufzuhaltenden Liquidierung des Heiligen Römischen Reiches Deutscher Nation seinem Haus den Kaisertitel für alle Fälle sichern.

Das Arkadenhaus spielte auch in der Musikgeschichte Wiens eine gewisse Rolle. Hier wohnte im ersten Drittel des 19. Jahrhunderts Dr. Josef von Sonnleithner. Der Onkel Franz Grillparzers war nicht nur Hoftheatersekretär und Schriftsteller, sondern auch einer der Mitbegründer der Gesellschaft der Musikfreunde. Die Familie Sonnleithner nahm eine hervorragende Rolle im Musikleben der damaligen Zeit ein. Josefs Vater Christoph war Hauskomponist des Fürsten Esterházy gewesen und in enger Beziehung zu Joseph II. gestanden.

Die hinteren erdgeschossigen Räume benutzte die Musikalienhandlung Diabelli, später Spina, als Magazin. Es waren die nämlichen Räume, die im 17. Jahrhundert als Arrestlokale des Stadtgerichtes gedient hatten. Will man Kisch glauben, so konnte man noch kurz vor der Demolierung des Hauses lange eiserne Querstangen am Plafond und große eiserne Ringe in den Wänden sehen. Hier sollen die Ketten der Arrestanten angeschmiedet gewesen sein.

Anfang der siebziger Jahre des 19. Jahrhunderts kaufte eine Wiener Baugesellschaft das Arkadenhaus. Der Erwerb eines Hauses durch solch eine Gesellschaft bedeutete auch damals schon das bevorstehende Ende des betreffenden Baus. Ohne Bedenken wurde das Arkadenhaus zusammen mit dem Nachbarhaus Nr. 15, in dem einst das berühmte Café Taroni mit dem ersten Schanigarten Wiens die Leute angelockt hatte, dem Erdboden gleich gemacht. An Stelle der beiden Häuser kam 1876 der „Grabenhof" mit seinen heute noch auffallend roten sieben Säulen.

„Ob Griechisch, Gotisch, Renaissanc'
des ist den beiden alles ans."

hatten die Wiener den „Misch"-Stil des neuen Opernhauses nach den Plänen der Architekten Siccardsburg und van der Nüll verspottet. Wieviel mehr hätte ein solches Spottgedicht auf die damals so zahlreichen Herren Demolierer gepaßt, denen es beim Blick auf den Profit wirklich völlig gleichgültig war, einen der in Wien so seltenen Profanbauten der Renaissance-Zeit zu zerstören.

Palais Erdödy

Walfischgasse Nr. 9, Palais Erdödy; Aufnahme 1907

Vereinfachung der Bauformen, Besinnung auf die Grundelemente der Architektur nach dem Vorbild antiker Ideale! Das war die große Mode in Europa in der Zeit der Aufklärung und der französischen Revolution. Gegen die Forderungen der neuen Zeit hatte der Adel nichts einzuwenden, solange sie etwas Neues in der Architekturrichtung erbrachten. Der kunstsinnige, baufreudige Fürst Nikolaus (der Dritte) Esterházy ließ seinem frühbarocken Schloß in Eisenstadt eine Säulenkolonnade vorblenden. Es war dies das erste Werk des Architekten *Karl von Moreau*, der seine Ausbildung in Paris erhalten hatte. Der Fürst war vollauf zufrieden. Einige Jahre später beauftragte er Moreau mit einem Bau, der nicht nur wie dessen Erstlingswerk bloß schöne Kulisse sein sollte: Ein Stadtpalais.

Der Baugrund lag Walfischgasse Nr. 9 und Krugerstraße Nr. 10, wo der Fürst 1809 zwei Häuser erworben hatte. Das alte Haus in der Walfischgasse mit der Bezeichnung „Zur weißen Lilie" war ein Bau mit historischer Tradition. Es gehörte einst Gräfin Helene Starhemberg, der Frau des Verteidigers von Wien bei der Türkenbelagerung 1683. Nach dem Sieg über die Türken fuhr hier am 13. September 1683 der polnische König Johann Sobieski vor und nahm in diesem Haus zusammen mit Starhemberg sein erstes Essen auf Wiener Boden ein. Die Stadt Wien befreite dieses Haus zum Dank für Starhembergs Einsatz für „ewige Zeiten" von allen Steuern. Aber schon bald veräußerten des Siegers Kinder das Haus der Stadt. 1809 befand es sich im Besitz eines *Grafen Sinzendorf.* Dann ließ Fürst Esterházy den denkwürdigen Bau abreißen. Dafür baute Moreau ein Empirepalais, das zu den wenigen seiner Art in Wien gehörte. Der Zeit entsprechend fehlte an der Fassade jeder aristokratische Prunk, die Tendenz zum einfachen Bürgerhaus war trotz des hochadeligen Auftraggebers unverkennbar. Die Fassade in der Walfischgasse wies lediglich einen gebänderten Sockel mit einem hohen Torbogen auf. Ansonst war die Straßenfront ebenso wie die Rückfront zur Krugerstraße schmucklos. Entzückend offenbarte sich dafür das Innere: Die gewölbte, durch Säulen dreischiffige Torhalle mit einem Relief über dem Tor zum Hof. Ein Engel hielt ein Wappen in ovalem Rahmen. Ein Löwenrelief über dem Hausbrunnen im Hof zog die Blicke auf sich. Glatte Marmorwände mit Pilastern und Säulen, die Palmetten-Kapitelle hatten, gaben dem Stiegenhaus seinen eleganten Charakter. Prunkstück des Hauses war der Festsaal: Die Wände in hellem Marmor, eine reichgestaltete Decke, Wandkandelaber auf steinernen halbkreisförmigen Konsolen, die aus der Wand sprangen. Die Kronleuchter konnten ihren Lichterglanz durch raffiniert angebrachte Spiegel über dem Kamin und zwischen den Sprossen der großen Türen vermehren.

Die *Esterházy* blieben bis Anfang der siebziger Jahre des vorigen Jahrhunderts im Besitz des Palais. Dann erwarben es die *Grafen Erdödy*. Von dieser Zeit an war das gräfliche Wappen in einem schönen Steinbas-Relief ober dem Einfahrtstor zu sehen.

Das weitere Schicksal dieses Palais ist typisch für den Werdegang der österreichischen Geschichte. Vor dem Ersten Weltkrieg war der Bau noch in aristokratischem Besitz. 1911 ist *Graf Heinrich*

Situation 1984

Stiegenaufgang

Haugwitz im Grundbuch registriert. Nach dem Krieg erwarb die OHG *J. Glückselig* und Sohn das Palais für Geschäftszwecke. In der nationalsozialistischen Ära nützte die *Deutsche Reichspost* die nunmehr nicht mehr so glänzenden Räume. Dann fielen die Bomben auf Wien, richteten an diesem Haus beträchtlichen Schaden an. 1953 kaufte der „Verein der Freunde des Wohnungseigentums" das einstige Palais, um hier einen modernen Wohnbau im Allerweltstil zu errichten.

Festsaal

Gesamtfassade, Front Krugerstraße, Aufnahme 1940

Front Krugerstraße während des Abbruches, Aufnahme 1956

Vestibül

Brunnen im Hof mit Löwenrelief, Aufnahme 1907

Palais Kolowrat

Wie eine ländliche Idylle und nicht
wie ein Stadtpalais: Dies wird der erste
Eindruck so manchen Beschauers sein,
der einen Blick auf die Bilder dieses
längst verschwundenen Palais wirft. Es
stand ungefährt dort, wo heute Schwar-
zenbergstraße (Häuser Nr. 1—3 bzw.
Nr. 2—4) und Seilerstätte (Nr. 21) zu-
sammentreffen. Man kann sich heute
auch bei noch so reicher Phantasie kaum
einen Begriff davon machen, wie anders
es in dieser Gegend vor 120 Jahren ausgesehen hat. Hier war die Wasserkunst-
Bastei, die ihren Namen von einer Was-
serhebe-Maschine hatte, die zur Bewässe-
rung des kaiserlichen Gartens in der
Hofburg gedient hatte. Knapp an der Basteimauer oberhalb des Karolinen-Tores
befanden sich 1770 zwei Häuser, die später in ein Palais umgebaut wurden. Es
war dies ein Bau mit schlichter Fassade,
aber mit einem umso auffälligeren, wie
ein Minarett wirkenden Turm. Dieser
Eindruck entstand durch die offenen Galerien rund um den Turm und das aufge-
setzte Haubendach. Von hier oben
konnte man ein abwechslungsreiches
Panorama genießen:

Nach Osten gewandt blickte man auf
das ehemalige kaiserliche Gußhaus Ende
Annagasse—Seilerstätte mit seinen Nebengebäuden, dann auf das Coburg-Palais und in der Ferne auf die Stubentor-
Bastei. Richtung Süden konnte man jenseits der Mondscheinbrücke über den
Wien-Fluß das Sommerpalais Schwarzenberg in seiner ganzen Pracht sehen,
in der Ferne überragt vom Oberen Belvedere mit seinen zum Wien-Fluß abfal-

lenden Gartenanlagen. Auch die grüne
Kuppel der Karlskirche bildete einen
Blickfang. Dann schweifte der Blick
westwärts zum Kärntner Tor und nord-
wärts auf das faszinierende Wirrwarr der
Dächer, Kuppeln und Türme der Stadt
hinter den Festungsmauern. Einen reizvollen Anblick boten die Basteien, die
Kaiser Joseph II. hatte bepflanzen lassen
und die seitdem Anziehungspunkt der
Wiener waren. Hier konnte man nach

Palais Kolowrat

Herzenslust promenieren. Für eine Zeitlang waren die oft stickigen und durch
die engen Gassen auch ziemlich dunklen
Stuben vergessen. Den ländlichen Charakter um das Kolowrat-Palais wird öfter auch der Wind verstärkt haben,
wenn von der Seilerstätte her die recht
üblen Düfte des dort abgehaltenen Eier-
und Geflügelmarktes herüber drangen.

Die beiden Häuser auf der Wasserkunst-Bastei überließ die Hofkammer
1776 dem Generalfeldzeugmeister *Graf
Karl Clemens von Pellegrini* (1720—1796).
Er entstammte einer italienischen Familie. Seine Blitzkarriere in der kaiserlichen Armee beruhte auf seinen Kennt-
nissen im Festungsbau. Joseph II. zog
ihn als Berater heran und machte ihn
schließlich zum Generaldirektor des gesamten Genie- und Fortifikationswe-
sens. Nach Pellegrinis Plänen baute man
die Festungen Theresienstadt, Josefstadt

Ganz links Palais vom Kolowrat, Blick gegen die Stubenbastei, Aquarell von Emil Hütter

und Königgrätz in Böhmen. Für seine
Verdienste bei der Belagerung Belgrads
1789 erhielt Pellegrini das Großkreuz
des Militär-Maria-Theresien-Ordens.
Die beiden Häuser auf der Wasserkunst-
Bastei verbaute er ineinander. Pellegrinis

Erbe verkaufte den Besitz 1796 einer
Herzogin Franziska von Württemberg,
die ihn bereits nach kurzer Zeit an *Graf
Johann Georg von Brown* weiter veräußerte. 1801 erwarb der königlich ungarische Vizekanzler *Graf Joseph von Erdödy*
das Haus, in dessen Familie es bis 1834
verblieb. Dann interessierte sich einer
der damals bedeutendsten Männer
Österreichs für die Liegenschaft: *Graf
Franz Anton von Kolowrat-Liebsteinsky,*
der als Gegenspieler des Staatskanzlers
Metternich in die Geschichte eingegangen ist. Mit Vertrag vom 27. April 1834
erwarb der Minister das Haus und baute
es in der Folge nach seinem Geschmack
um. So entstand das Palais, dem er den
charakteristischen Turm hinzufügte.

Kolowrat entstammte dem böhmischen Uradel. Seit jeher hatte ihn die
Verwaltung mehr als das Militär interessiert. Als Oberst-Burggraf von Böhmen
machte er durch seinen Einsatz in kulturellen und sozialen Belangen von sich reden. Er trug wesentlich dazu bei, daß in
seiner Heimatstadt Prag das Tschechi-
sche Nationalmuseum gegründet werden konnte. 1825 wurde Kolowrat nach

Balthaser Wigand, Blick Palais Kolowrat auf das Belvedere und die Karlskirche, Aquarell

Wien berufen. Als Staats- und Konferenzminister sollte er sich vornehmlich um die Finanzverwaltung kümmern, von der der immer mächtiger werdende Metternich keine Ahnung hatte. Die Finanzen befanden sich auch in arger Zerrüttung. Für Zwecke der Geheimpolizei und der Diplomatie gab Metternich bedenkenlos Unsummen aus. Kolowrat wollte dies ändern. Der Machtkampf zwischen den beiden Männern ließ nicht lange auf sich warten. Kolowrat versuchte das Übergewicht von Metternichs Einfluß auf Kaiser Franz zu brechen, konnte dabei aber nur Teilerfolge erringen. Ebensowenig gelang es auch Metternich, den ungeliebten Widerpart aus dem Sattel zu hieven. Der Kaiser spielte beide geschickt gegeneinander aus, um beider Fähigkeiten für seinen Staat zu nutzen. Nach dem Tode Franz I. wurde für den zurückgebliebenen Ferdinand ein Regentschaftsrat gebildet. In diesem Staatskonferenz genannten Gremium saßen außer Metternich und zwei Erzherzögen auch Kolowrat. Beide Männer mußten immer wieder Kompromisse schließen, der Antagonismus blieb aber aufrecht.

„Der Fürst Metternich und ich meinen es beide redlich und ich habe die größte Achtung vor dem Verstand und dem Charakter des Fürsten, aber wir können uns nimmermehr verstehen. Er nimmt immer den Ton der Belehrung gegen mich an, sagt mir, daß fünf und drei nur acht, fünfmal drei aber fünfzehn sei und dergleichen mehr. Dazu die unausstehliche Eitelkeit des Mannes, der in seinem ganzen Leben nie Unrecht hatte, alles voraussagte und voraussieht, was geschah und nicht geschah, kurz, mit dem ich nicht gehen kann."[1] Diese Zeilen Kolowrats sagen genug. Wie oft mag der Minister sorgenvoll über die weitere Entwicklung nachgedacht haben, wenn er auf dem Turm seines Palais stand und von hier aus hinüber zum Rennweg blickte, wo Metternichs Privatresidenz lag! Einzig ein Merkmal verband die beiden so gegensätzlichen Charaktere: Wien war ihnen nur Aufenthalt, nicht Heimat. Metternich blieb dem Rheinland, Kolowrat Böhmen verbunden.

1848 schien es so, als sollte Kolowrat als Sieger aus dem jahrzehntelangen Machtkampf hervorgehen. Metternich mußte nach Ausbruch der Revolution Hals über Kopf fliehen, Kolowrat hingegen avancierte noch im März 1848 zum Ministerpräsidenten des ersten konstitu-

---

[1] Corti (Metternich II) 409.

tionellen Kabinetts. Aber schon nach zwei Wochen legte er das Amt nieder — aus gesundheitlichen Gründen — wie er angab. Der Gang der Ereignisse dürfte nicht seinen Vorstellungen entsprochen haben. Er zog sich zurück, wurde nie wieder politisch aktiv.

Als Kolowrat 1861 in Wien kinderlos starb (mit ihm erlosch die Linie Kolowrat-Liebsteinsky), war für sein Palais auf der Wasserkunst-Bastei schon der Anfang vom Ende angebrochen. Im Zuge der Schleifung der Festungsmauern wurde die Wasserkunst-Bastei 1860 abgetragen. Um den Verkehr Richtung Schwarzenberg-Palais aufrecht zu erhalten, mußte über dem Stadtgraben vor dem Palais Kolowrat eine Rampe angelegt werden. 1868, nachdem die Stadtmauern bereits gefallen waren, beschloß der Gemeinderat den Ankauf des Palais vom damaligen Eigentümer *Graf Lützow*. Am 1. Juni 1869 begannen die Demolierungsarbeiten. Der Turm existierte noch bis 1881.

Der Abschnitt der Ringstraße zwischen Stadtpark und Schwarzenbergplatz erhielt den Namen Kolowrat-Ring. Die letzte Erinnerung an das Palais verschwand mit dem Jahr 1920, in dem man die Umbenennung in Schubertring vornahm.

Palais Lubomirski

I, Mölker Bastei Nr. 4

Die Mölker Bastei gegenüber dem Hauptgebäude der Universität vermittelt heute noch etwas von dem Eindruck, wie Wien vor dem Fall der Basteien ausgesehen hat. Ursprünglich war von den Großstadtplanern daran gedacht, auch sie völlig einzuebnen und auf dem Niveau der Ringstraße neue Häuser nach dem Vorbild der Umgebung zu errichten. Aber es blieb immer nur bei dieser Absicht im Programm des Stadterweiterungsfonds. Die Tatsache, daß diese Häuser nicht in die unmittelbare Zone der Ringstraße reichten und die hohen Ablöseforderungen der betroffenen Hausbesitzer führten dazu, daß man den Plan von Mal zu Mal hinausschob, bis dieses Provisorium ein echt österreichisches Schicksal erlitt, indem es blieb. Der größte Teil der Mölker Bastei mußte aber weichen und mit ihm ein entzückendes Empirepalais mit einer weithin sichtbaren Säulenhalle: Das Palais Lubomirski. Es stand dort, wo heute die Oppolzergasse verläuft, auf erhöhtem Niveau.

Von der Lage her erinnert der Bau an das Coburg-Palais, aber auch die Säulenhalle weist Ähnlichkeit mit der „Spargelburg" — wie die Wiener das Coburg-Pa-

lais wegen seiner Säulen nannten — auf. Ebenso lassen sich Anklänge an das zur selben Zeit errichtete Palais Rasumofsky auf der Landstraße feststellen. Vom Palais Lubomirski hatte man einen herrlichen Blick über die Weite des Josefstädter Glacis, auf dem dann später das neue Rathaus entstand, und auf die Dächer und Türme der Alservorstadt. Umgekehrt hob sich für jeden, der von dort her zur Stadt ging oder fuhr, dieses Palais bereits von weitem als Blickfang von den übrigen Häusern auf der Mölker Bastei ab.

Aristokraten haben auf diesem Grund anscheinend immer gewohnt. Nach

Palais Lubomirski auf der Mölkerbastei

1683 wurden auf diesem Teil der Mölker Bastei zwei Häuser errichtet. 1733 findet sich *Herzog Leopold Philipp zu Arenberg* als Besitzer im Grundbuch. Es folgten *Leopoldine Fürstin von Löwenstein* und *Georg Graf Starhemberg*. 1754 gelangten beide Häuser durch Kauf in den Besitz von *Maria Anna Gräfin Esterházy*, geborene Fürstin Lubomirska. Merkwürdigerweise ließ sie sich die Liegenschaft von ihrem Mann abkaufen, von dem sie auf die Söhne überging. 1801 veräußerten diese die Häuser an *Isabella Fürstin Lubomirska*, geborene Fürstin Czartoryska, die es bereits ein Jahr später an *Fürst Heinrich Lubomirski* (1777 bis 1850) unter dem Vorbehalt des Wohnrechtes verkaufte.

Der Fürst entstammte einer der führenden Familien Polens. Die Lubomirski waren erfolgreiche Feldherren im Kampf gegen die Türken. Stanislaus III. Lubomirski bewarb sich 1764 sogar um die polnische Krone, mußte sich aber Stanislaus Poniatowski, dem Günstling der Zarin Katharina II., geschlagen geben. Heinrich wurde in Wien erzogen. Seine Jugend war von den Teilungen Polens geprägt, die schließlich zur völligen Auslöschung seiner Heimat als Staat führten. Er gehörte jenem Teil der Familie an, der in österreichische Dienste trat. Der andere Zweig zog Rußland vor. Mit der Errichtung des Großherzogtums Warschau schien Napoleon die Vorstufe für ein unabhängiges Polen zu schaffen. Krakau, bis dahin österreichischer Anteil der polnischen Beute, wurde 1809 dem Großherzogtum einverleibt. Heinrich Lubomirski übernahm

das Amt eines Präsidenten der provisorischen Verwaltung in Krakau. 1812 wurde er Präfekt des Departements Krakau. In diesem Jahr ließ er an Stelle der beiden alten ineinander verbauten Häuser auf der Mölker Bastei das Empire-Palais errichten. Leider sind uns keine Details über die Innenausstattung bekannt. Man kann sich aber mit einiger Phantasie und an Hand anderer Paläste dieser Epoche vorstellen, daß dieser Bau an Erlesenheit und Geschmack nichts vermissen ließ.

Das Palais Lubomirski war eines der Zentren der polnischen Kolonie. Oft waren hier Mitglieder der Familien Czartoryski und Lanckoroński zu Gast. Zur Zeit des Wiener Kongresses kam auch der polnische Nationalheld Taddeusz Kosciuszko, der sich für kurze Zeit in der österreichischen Hauptstadt aufhielt, hierher. Mit höchster Spannung verfolgten die Polen die Verhandlungen beim Kongreß, war doch die Zukunft ihrer Heimat einer der Hauptstreitpunkte zwischen den Mächten. Rußland wollte ganz Polen als Siegesbeute für sich, Preußen war auf die Einverleibung Sachsens fixiert. Die anderen Hauptmächte, allen voran Österreich, wollten eine solche Machterweiterung aus Angst um das europäische Gleichgewicht durchaus nicht zugeben. Nur der allen gemeinsame Schock über die neuerliche Machtergreifung Napoleons verhinderte ein Auseinanderbrechen des Kongresses. Der größte Teil Polens wurde schließlich Rußland zugeschlagen mit der nominellen Gründung eines Königreiches Polen (Kongreßpolen) und mit dem Zaren als Oberhaupt. Eine unbefriedigende Lösung, wie sich schon wenige Jahre später herausstellen sollte, als die Polen mit einem Aufstand das russische Joch abzuschütteln versuchten und

Palais Lubomirski nach Anlage der Ringstraße, dahinter das noch bestehende Pasqualatihaus

dafür mit der völligen Beseitigung noch vorhandener Autonomiereste bestraft wurden.

Die Interessen vieler polnischer Aristokraten wie der Lubomirski, blieben weiterhin mit Wien verbunden. 1837 trat der Fürst das Palais an seine Tochter *Prinzessin Hedwig de Ligne* ab.

1853 ging das Palais, in dem auch die dänische Gesandtschaft untergebracht war, schließlich in den Besitz von *August Graf Breuner-Enkevoirth* über. Er soll in der Wiener Gesellschaft des vorigen Jahrhunderts eine außerordentlich beliebte Persönlichkeit gewesen sein. Die Breuner sind ein uraltes Geschlecht, das urkundlich schon im 14. Jahrhundert in Köln und Utrecht erwähnt wird und das dann nach Niederösterreich und in die Steiermark übersiedelt ist. 1693 erhielten sie die Reichsgrafenwürde. Ihnen gehörte auch Schloß Grafenegg, das die letzte Gräfin Enkevoirth durch ihre Heirat mit Graf Anton Joseph Breuner 1730 als Fideikommiß in die Familie gebracht hatte. Graf August Breuner war mehrmals Dienstkämmerer der Kaiserin Elisabeth. Seine Frau Agathe, geborene Gräfin Széchényi, zählte in ihrer Jugend zu den schönsten Frauen Wiens. Später gehörte sie neben Fürstin Pauline Metternich und anderen zu den „Doyennes" der Wiener Hofgesellschaft.

Der Entschluß des Kaisers, die Basteien zu beseitigen, ließ Graf Breuner die Frage nach der Zukunft seines Palais auf der Mölker Bastei stellen. Es dürfte zu diesem Zeitpunkt bereits baufällig gewesen sein. Der Architekt *Leopold Ernst* wurde von ihm beauftragt, Pläne für ein neues Palais, das an Stelle des alten kommen sollte, auszuarbeiten. Was dem Architekten vorschwebte, war ein Palais auf dem Niveau der neuangelegten Ring-

straße. „Ernst wollte die vorhandene Courtine-Mauer so weit wie möglich als Unterbau der Hauptmauer benützen. Es sollte die alte Basteimauer von der Ringstraße bis zur damaligen Bastei-Oberkante in ihrem bisherigen Bestand sichtbar bleiben und der Rest der Hauptmauer in gleicher Bauart seitlich fortgesetzt werden, sodaß der neue Palast einen mächtigen Sockelunterbau erhalten hätte.[1] Dieser Vorschlag setzte allerdings voraus, daß das neue Palais von der festgelegten Baulinie der Ringstraße abweichen mußte. Die Reaktion bei der Stadterweiterungskommission war daher unterschiedlich, was dazu führte, daß kein definitiver Beschluß gefaßt wurde. Die Frage blieb lange offen, zumal der Wiener Gemeinderat 1862 nicht willens war, der vom Stadterweiterungsfonds vorge-

---

[1] Springer (in: Die Wiener Ringstraße, Bd. II) 231.

schlagenen Trasse der Ringstraße zuzustimmen. Er bevorzugte eine andere Lösung nach dem Vorschlag des Architekten *Ludwig Förster*. Die vom Architekten Leopold Ernst erarbeitete Variante lag in der Mitte zwischen diesen beiden. So beschloß der Gemeinderat, die Festlegung über die Vorderfront des neuen Palais aufzuschieben.

Angesichts der Schwierigkeiten und vermutlich auch wegen des Todes seines Architekten ließ Graf Breuner das Neubauprojekt fallen.[2] Das Palais kam an die Wiener Baugesellschaft, die es 1870 abreißen ließ.

---

[2] Der Graf erwarb als Wiener Wohnsitz ein Barockpalais in der Singerstraße Nr. 16. Mit seinem Tod 1894 erlosch die Familie im Mannesstamm. Die Besitztümer gingen an seine älteste Tochter Marie, verheiratete Herzogin von Ratibor, über, deren Nachkommen heute noch im Besitz des Palais in der Singerstraße und des Schlosses Grafenegg sind.

Situation 1984

Palais Hoyos

Palais Hoyos, Aquarell von Cavour — links das Familienwappen

I, Kärntner Ring Nr. 5

Zu Weihnachten 1857 erfuhren die Wiener aus der sonst recht faden, weil zensurierten Presse etwas Sensationelles. Der 27jährige, absolut regierende Kaiser Franz Joseph hatte dem Innenminister Freiherrn von Bach in einem Handbillet seinen Entschluß mitgeteilt, die Befestigungsanlagen um die Innere Stadt schleifen zu lassen und auf dem freiwerdenden Areal eine breite, mit entsprechend prächtigen Gebäuden ausgestattete Straße anzulegen. Mit diesem berühmt gewordenen Schreiben war der Biedermeier-Idylle der Residenz endgültig der Todesstoß versetzt worden. Jeder wußte, daß Wien an der Schwelle zu einer neuen, rasch-lebigeren Zeit stand. Die Reichshaupt- und Residenzstadt sollte nach dem Willen des Kaisers eine moderne Großstadt werden.

Bereits wenige Wochen nach Verkündigung dieses Entschlusses faßte Reichsgraf Ernst Karl von Hoyos-Sprinzenstein (1830 bis 1903) im Februar des darauffolgenden Jahres den Plan, sich durch

Situation 1984

71

ein Stadtpalais am Bau der neuen Prachtstraße zu beteiligen. Der Graf war ein typischer Vertreter des alt-eingesessenen Blutadels. Die Familie stammt aus Spanien und leitet ihren Namen von dem Markt Hoyos in Castillien her. 1520 kam Johann Baptist Hoyos nach Österreich, Kaiser Ferdinand I. erhob dessen Sohn in den Freiherrenstand. 1674 avancierten die Hoyos unter Kaiser Leopold I. zu Reichsgrafen. Eine wesentliche Erweiterung ihrer Güter erfuhr die Familie durch die Heirat des Grafen Leopold Karl mit Gräfin Regine Sprinzenstein (auch die Rosenburg im Waldviertel gehörte zu diesem eingebrachten Heiratsgut). Seitdem führt der jeweilige Fideikommiß-Besitzer auch den Namen Sprinzenstein.

Nach kurzen Erfahrungen an der Universität, im Heer und in der Diplomatie erbte Ernst Karl 1854 die umfangreichen Güter seines Vaters. In Österreich zählten dazu die Herrschaften Stixenstein, Hohenberg, Horn, Rosenburg, Drosendorf und andere. Zwei Jahre später heiratete er Gräfin Eleonore Ida von Paar. Der Ehe, die bis zum Tod des Grafen 1903 bestand, entstammten sieben Kinder. Der Kaiser zeichnete Graf Hoyos wiederholt aus. So wurde Ernst Karl Kämmerer und erbliches Mitglied des Herrenhauses. Die Stadt Wien verlieh ihm die Ehrenbürgerwürde, weil er durch die Schenkung der Stixensteiner Quellen einen wesentlichen Beitrag für die Versorgung der Hauptstadt mit Hochquellwasser geleistet hatte. Diese Ehre zeichnet ihn besonders aus, weil sich in der Liste der Ehrenbürger Wiens kaum Vertreter seines Standes befinden. Spezielles Interesse fand Graf Hoyos am Bauen. So ist ihm der Wiederaufbau der Rosenburg im Waldviertel zu verdan

ken. Und auch bei der Neugestaltung Wiens wollte er mitwirken.

Noch aber war es nicht so weit. Zuerst mußten die Mauern geschleift und die Stadtgräben gefüllt werden. Im Mai 1859 wurde zum Kummer vieler Wiener das besonders schöne Kärntner Tor demoliert. Graf Hoyos bewarb sich nun beim k. k. Stadterweiterungsfonds um die Baustelle 10 oberhalb des ehemaligen Kärntner Tores. Es war dies ein Grundstück im Ausmaß von mehr als 1.300 Quadratmetern. Weiters galt es, das für den Grundankauf und den Bau des Palais notwendige Geld flüssig zu machen. Da die hiefür geplanten Mittel Fideikommiß-Vermögen waren, mußte dazu die Genehmigung der zuständigen Stellen und des Kaisers erlangt werden. In einem Majestätsbesuch wurde die Bewilligung erbeten, für das Bauvorhaben 450.000 Gulden niederösterreichischer Grundentlastungs-Obligationen verwenden zu dürfen. Nach der Aufhebung der Grundherrlichkeit (Abschaffung des bäuerlichen Untertänigkeitsverhältnisses) im Jahr 1848 waren den vier Hoyosschen Fideikommiß-Herrschaften 745.000 Gulden als Entschädigung zugewiesen worden. Einen Teil dieses Betrages wollte Graf Hoyos nun wieder in Immobilienbesitz umwandeln. Von Seiten des Kaisers waren keine Schwierigkeiten zu erwarten. Er war froh darüber, daß sich Graf Hoyos am Ringstraßenbau beteiligen wollte, war doch die Baulust anfangs eher flau und das Interesse des Adels auffallend gering. Widerstände sollten von einer anderen Seite kommen. Das Gesuch des Grafen wurde an das zuständige Landesgericht weitergeleitet, das als Fideikommißbehörde darüber zu wachen hatte, daß das Vermögen keinem Risiko ausgesetzt wird.

Prompt erhoben die Behörden auf Grund des Mißtrauens eines Referenten im Hoyos-Gut Drosendorf Einwände gegen das Projekt. Der Widerstand konnte erst mit dem Hinweis auf das Wohlwollen des Kaisers beseitigt werden, sodaß das Innenministerium versicherte, derart löblichen Projekten dürfe von amtlicher Seite keine Schwierigkeiten bereitet werden.

Danach konnte der Grund um 77.830 Gulden gekauft und mit der Realisierung des Bauvorhabens begonnen werden. Rund um das Hoyos-Grundstück bauten fast nur reiche Juden wie Todesco, Wiener, Königswarter und Klein — ein Umstand, der einiges Aufsehen erregte und seinen Niederschlag selbst in den Witzblättern fand. So erschien eine Karikatur — wahrscheinlich im „Floh" — auf der sich zwei vom Aussehen her typische Juden unterhalten: „Sehen Sie, dieses Haus hier gehört mir, jenes dem Königswarter und das dem Grafen Hoyos." Worauf der Angesprochene erwidert: „Was macht denn der da unter uns?" Ein Symptom seiner Zeit. Ringstraßenbauten des Blutadels sollten Ausnahmen bleiben. Der Verlust der Grundherrlichkeit und die Abstinenz des alten Adels von der industriellen Entwicklung waren der Grund dafür.

Schwierigkeiten gab es aber auch bei der Erstellung der Kostenvoranschläge und bei der Einhaltung der Termine. Man kalkulierte den Aufwand für das Palais und das dazugehörende Zinshaus mit insgesamt 300.000 Gulden, was sich als zu niedrig herausstellte. Der Architekt Professor *Ludwig Förster* wurde beauftragt, eine detaillierte Kostenaufstellung vorzulegen, was umso wichtiger war, als Graf Hoyos zur selben Zeit auch den kostspieligen Wiederaufbau der Rosenburg in Angriff nahm. Förster, der durch verschiedene andere Projekte sehr in Anspruch genommen war, ließ sich mit dem Kostenvoranschlag Zeit. Der Bauherr mahnte, der Architekt versuchte mit einem Redeschwall zu beruhigen. Was er versprach, hielt nicht. Immer wieder wurden die dann endlich erstellten Kostenvoranschläge überschritten, der Fertigstellungstermin — für September 1862 versprochen — nicht eingehalten. Im April 1863 wohnte das Grafenpaar noch immer in seiner Mietwohnung in der Praterstraße. Besorgt notierte Gräfin Paar in ihr Tagebuch: „Ich war im neuen Haus, das nun recht vorwärts schreitet. Förster führte mich mit seiner gewohnten Suada und ich fürchte in mancher Hinsicht seine Leistungen, denen so schwer zu steuern ist, da mit jeder Änderung die Preise bedeutend steigen... Im ganzen bin ich aber doch recht zufrieden, besonders mit der Stiege, die aus schönem grauen Marmor ist."[1] Die Gestaltung im Parterre und im Mezzanin wurde nach Entwürfen von Graf Hoyos vorgenommen. Die Bauarbeiten kamen langsam, aber doch zum Abschluß.

Im Oktober 1863 wohnte die Familie bereits am Kärntner Ring. Im Spätherbst stellte die Gräfin mit einiger Bangigkeit in ihrem Tagebuch fest, daß sie in ihrem neuen Domizil noch keine rechte Freude empfunden hatte: „J'ai en encore peu de bonnes heures dans ma nouvelle maison, il fait froid et sombre dans mon boudoir."[2] Der Umzug nahm noch längere Zeit in Anspruch. Die Handwerker hatten noch immer irgend etwas fertig-

zustellen und verursachten beträchtlichen Lärm. Man vermeint fast den stillen Seufzer zu hören: wie gemütlich war es doch in der weniger prächtigen Mietwohnung in der Praterstraße! Aber allmählich gewöhnte man sich an das Ringstraßenpalais. Die ganze Familie des Grafen hatte hier Platz, sowohl die Mutter Ernst Karls mit ihrem Haushalt als auch später die Schwiegersöhne Fürst Karl Schwarzenberg und Graf Adolf Waldstein mit ihren Frauen.

Die Fassade zum Kärntner Ring fiel besonders durch das über zwei Stockwerke gehende Portal auf. Es war durch eine Gerade horizontal geteilt, oberhalb der Karyatiden standen. Drei übereinander angebrachte Balkons betonten die Mitte der insgesamt acht Fensterachsen

breiten Fassade. Im Inneren herrschte die uns heute düster und etwas schwül anmutende Ausstattung im Makart-Stil vor. Schwere Holzkassettendecken, Parkettböden, Holzboiserien, üppig ausgestattete hohe Flügeltüren waren der äußere Rahmen. Die Einrichtung bestand aus wuchtigen Plüschgarnituren, einer Menge voll angeräumter Kästchen und Tischchen. Große Gemälde in prunkvollen Rahmen, eine Unmenge Nippes sowie Palmen und Ziergräser durften natürlich nicht fehlen, um dem Stil der Zeit zu entsprechen.

Viele Gäste und festliche Veranstaltungen hat dieses Haus gesehen. Der äußere Glanz ließ nicht ahnen, daß die Erhaltungskosten immer schwerer auf dem Familienvermögen lasteten; auf die Dau-

Salon

[1] Silva-Taronca III, 305.
[2] Ebenda 306.

er zu schwer, sodaß Graf Hoyos im Sommer 1895 seinem Sohn Alfred eröffnete, daß „das Nachdenken über unsere Vermögensverhältnisse recht unangenehme Sorgen verursacht". Schweren Herzens entschloß sich Graf Hoyos, aus dem vom ihm erbauten Palais auszuziehen. Vorläufig bezog die Familie eine Mietwohnung in der Alleegasse Nr. 20. Drei Jahre später fand die Familie ein endgültiges Stadthaus in der Gußhausstraße Nr. 8, gleich hinter der Karlskirche. Das neue, weniger kostspielige Palais Hoyos, ist noch heute unter dieser Bezeichnung bekannt und befindet sich nach wie vor im Familienbesitz.

Das Ringstraßenpalais wurde zunächst an den Vetter *George Hoyos* für 5.000 Gulden pro Vierteljahr vermietet. Hier veranstalteten George und seine Frau Alice Hoyos-Whitehead (Tochter des Erfinders der Torpedowaffen Robert Whitehead) in der Wintersaison 1896 Tanzfeste für ihre Töchter. Es war das letzte Mal, daß dieses Palais Familienfeste der Hoyos sah.

Da das angrenzende Grand-Hotel Bristol eine Erweiterung seiner Räumlichkeiten anstrebte, mietete der Hotelbesitzer das Palais für Hotelzwecke für einen jährlichen Betrag von 40.000 Gulden. Der Hausrat (nicht die wertvollen Möbel und Bilder) wechselte den Besitzer. Das erhaltene Verzeichnis führt neben Kasten, Betten, Stellagen etc. auch so merkwürdig erscheinende Gegenstände wie Misttrücherln, Betschemeln, Waschstockerln, Simperln (strohgeflochtene Schüsseln) und Spucknäpfe an. Indes blieb es nicht bei dieser Regelung: Im Jahr 1900 wurde das Palais für einteinhalb Millionen Kronen (die neue Währung) an das *Hotel Bristol* verkauft. Von da an wohnten betuchte Wien-Besucher aus aller Welt in den einst gräflichen Appartements. Die notwendigen umfangreichen Umbauten nahmen die Architekten *Breßler* und *Wittrisch* in den beiden Häusern Kärntner Ring Nr. 5 und Nr. 7 (dem angestammten Haus) vor. „Die Umgestaltung der beiden Gebäude für die neuen Zwecke ist so geschickt ersonnen, daß die allerorten noch verbliebenen Anklänge an die ursprüngliche Raumteilung dem Hause einen intimen, vertraulichen Charakter bewahrten, der von den Fremden, im Gegensatz zur eintönigen Anordnung der großen modernen Hotelbauten anderer Städte, angenehm empfunden wird", liest man bei Kortz in seinen Beschreibungen über das Wien am Anfang des 20. Jahrhunderts.[3]

Die wenigen Mitglieder des Hochadels, die sich am Bau der Ringstraße beteiligten, vermochten hier nicht heimisch zu werden. Aus dem Stadtpalais des Herzogs Philipp von Württemberg wurde das Hotel Imperial, das Palais Hoyos diente ebenfalls als Hotel und das prachtvolle Neo-Renaissance-Palais Erzherzogs Ludwig Viktors am Schwarzenbergplatz kaufte das Militärkasino. Das Schicksal des Palais Hoyos ist ein anschauliches Beispiel dafür, daß die Zeit feudaler Ideale vorbei war. Ihnen zu huldigen, konnten sich die Herren des industriellen Zeitalters leisten. Aber auch ihre Welt war bereits todgeweiht.

Im Jahre 1945 brannte das ehemalige Palais Hoyos aus. An seiner Stelle steht heute ein Bürogebäude.

---

[3] Kortz II, 444.

Mit den Häusern ist es wie mit den Menschen. Von manchen ließe sich stundenlang erzählen, von den anderen ist außer Daten nichts da, was interessant genug wäre, um ausführlich mitgeteilt zu werden. Die folgenden drei Paläste sollen als Beispiele dafür dienen. Hier haben Adelige mit oft berühmten Namen gewohnt. Die Paläste wurden vererbt, versteigert, wieder vererbt und neuerlich verkauft, bis der „Herr Demolierer" sein Werk vollbrachte. Was sich in diesen Mauern abgespielt hat, wissen wir nicht. Die Besitzer gehörten zu den Privilegierten des Landes, Geburt bestimmte größtenteils ihren Werdegang. Ihnen eröffnete sich von Anfang an — wenn nicht eine große — so doch eine mittlere Karriere. Gesellschaftliches Ansehen und materielle Sicherheit waren für sie selbstverständlich. Glänzende Feste, Freude, Liebschaften, Geburten und vieles andere mehr haben sich hier abgespielt. Intrigen und sicherlich auch dunkle Geheimnisse werden manchmal die Atmosphäre dieser Paläste bestimmt haben. Aber auch Verzweiflung, Enttäuschung, Rache, Krankheit und nicht selten der Tod waren hier bestimmt ebenfalls zu Gast wie anderswo. Es bleibt daher der Phantasie des einzelnen überlassen, sich zu den folgenden Namen und Daten etwas vorzustellen.

Palais Herberstein

I, Wipplingerstraße Nr. 12 (alte Nr. 362)

Ursprünglich *Haus der Dachsberg* im 15. Jahrhundert.

Dann *Kaspar Schlick*, Kanzler dreier Kaiser, gestorben 1449.

1660 Kauf durch *Ferdinand Ernst Graf von Herberstein*, Erbkämmerer und Erbtruchseß in Kärnten

1690 Schenkung an den Sohn *Max Heinrich*

1697 Brüder *Wenzel* und *Eberhart von Herberstein*, Universalerben der Häuser 362 und 361

1729 Wenzels Sohn, *Ferdinand Leopold*, niederösterreichischer Landmarschall

1772 Fideikommiß-Erbe *Joseph Graf Herberstein*, Kämmerer

1793 Öffentliche Versteigerung an *Karl Leonhart Graf von Harrach*

1836 Seine Witwe Ludmilla, Sternkreuzordens-Dame

1861 Brüder *Franz Sales* und *Arnold Steinbrecher*

1901 Abbruch durch Wiener Baugesellschaft

Palais Herberstein, Wipplingerstraße Nr. 12, Stich aus dem 18. Jh.

spectus Domus Ferdinandi Comitis ab Herberstein ad Aulam Regia Suecica Legati &c. in platea Wiblingeriana

Prospect des Hauses Tit. H. Ferdinands Graffen v. Herberstein der X. X. Cämerer u. Gesandter am König. Schwedischen Hoff, in der Wiblinger Straß

Palais Esterházy

I, Riemergasse Nr. 8 (alte Nr. 820)

Palais Esterházy in der Riemergasse Nr. 8, Stich nach Salomon Kleiner

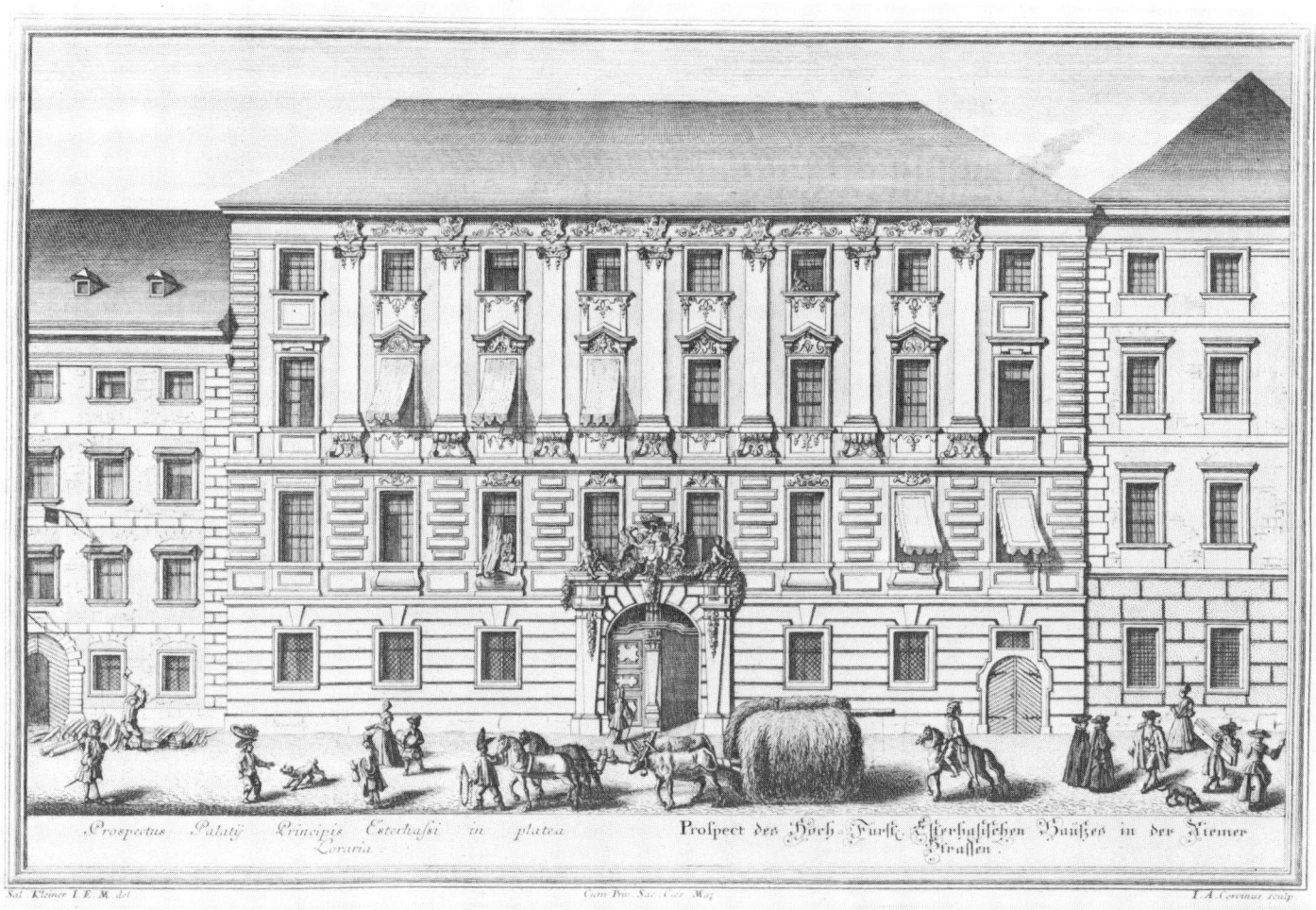

1624 Kauf durch *Hanns Georg Freiherr von Herberstein,* Domherr zu Regensburg und Passau

1657 Schenkung an das *Himmelpfortkloster*

1689 Kauf durch *Johann Wilhelm Anton Graf von Daun,* Generalfeldzeugmeister und Kommandant von Prag

1706 Vererbung an seine drei Söhne

1711 Verkauf an *Reinerus von Kaich,* Kammerdiener der verwitweten Kaiserin Eleonore

1714 Kauf durch verwitwete *Fürstin Esterházy*

1717 *Joseph Anton Esterházy*

1721 *Paul Anton Esterházy,* General der Kavallerie

1757 Kauf durch *Manuel Telles Graf Tarouca*

1772 Vererbung an Sohn *Franz Duca Telles de Sylva-Tarouca*

1796 Öffentliche Versteigerung an *Eleonore Fürstin Liechtenstein*

1816 Sohn *Fürst Moritz Liechtenstein* verkauft es vor der Einantwortung dem Großhändler *Nathan Arnstein*

1818 *Leopoldine Fürstin Grassalkovich*

1828 *Alexander von Yermoloff,* russischer General

1835 *Sohn Michael von Yermoloff,* General

1838 Joseph Michael Löwenthal, bürgerlicher Handelsmann

1839 Im Jänner: *Bernhard Freiherr von Eskeles,* jüdischer Bankier
Im Juli: *Graf Colloredo-Wallsee,* Kämmerer

1872 *Franz Graf von Falkenhayn* im selben Jahr an *Kasimir Graf Lanckoroński*

1885 *Ludwig Graf Spangen*

1903 Abbruch und Neubau

Die Vorstädte

Wien hat nicht erst einmal in seiner Geschichte ein Jahr „Null" erlebt. 1683 bedeutet ebenso ein „von vorne anfangen" wie 1945. Von den Vorstädten, den späteren Bezirken II bis IX ist 1683 so gut wie nichts übriggeblieben. Die Verteidiger hatten sie vielfach selbst in Brand gesteckt, damit die angreifenden Osmanischen Heere hier keinen Unterschlupf finden konnten. Den Rest besorgten dann Kara Mustafas Soldaten.

Mit dem glänzenden Sieg von 1683 und der geänderten Stellung Wiens erheben sich die Vorstädte tatsächlich wie Phönix aus der Asche. Das Baugeschehen in den meisten Vorstädten wird vom Adel geprägt. Reihenweise schaffen sich die großen Familien des Hof- und Beamtenadels Sommerpaläste und Herrenhäuser auf den Gründen vor der Stadt. Inmitten weitläufiger Parkanlagen entstehen die zierlichen, eleganten Bauten, in denen die Führungsschicht nach der winterlichen, aber doch feudalen Beengtheit in der Stadt Erholung und Vergnügen im eigenen Stück Natur sucht.

„Ich habe nie etwas so Vollkommenes, Angenehmes und Reizendes gesehen als die Wiener Vorstädte. Sie sind sehr umfangreich und bestehen fast gänzlich aus schönen Palästen, die wegen ihrer Lage und Bauart zum Entzücken sind. Fände es der Kaiser für dienlich, die Stadtpforten wegzuschaffen und die Stadt mit den Vorstädten zu vereinigen, so würde er eine der größten und am besten gebauten Städte in Europa haben...", lobte die weitgereiste Lady Montague in einem Brief Wien im Jahre 1716. Aber rascher als in der Innenstadt sollte dieser Pracht das Ende beschieden sein. Merkwürdigerweise werden oft die großangelegten Gartenflächen den Vorstadtpalästen zum Verhängnis. Das aus der Innenstadt verdrängte Gewerbe braucht im Manufakturzeitalter viel Platz. Was liegt daher näher, als die Gärten der Adelspaläste für Baugrund und Straßendurchbrüche zu nutzen. Die Paläste selbst werden oft schon im 18. Jahrhundert demoliert oder in Zinshäuser, Fabriken und Verwaltungsbauten umgewandelt. Die Gründerzeit verstärkt diese Tendenz, so daß die einstigen Erholungsorte des Adels zu eng bebauten, nahezu grünlosen Stadtvierteln des gewerbetreibenden Bürgertums werden; was Siegfried Weyr unter Bezug auf das Kaunitz-Palais in Mariahilf zu Recht zu der Feststellung veranlaßte:

„Das ist die traurige Geschichte vom sinnlosen Abholzen und Demolieren, die traurige Geschichte vom Schicksal vieler adeliger Paläste und Gärten Wiens, die die Bürger der liberalen, der Gründerzeit verschwinden ließen, um an ihrer Stelle Zinskasernen zu bauen. Statt aus den Gärten der Noblesse Parkanlagen für das Volk zu machen, das die Tuberkulose in den düsteren Lichthöfen, die Rachitis in den übelriechenden ‚Zimmer-Kuchl-Wohnungen' fraß."[1]

Lediglich die Viertel um das Belvedere erleben in der Gründerzeit eine Spätphase des Palastbaues. Was noch nicht zur „Großstadt demoliert" ist, besorgen dann die Bomben im Zweiten Weltkrieg und die Rücksichtslosigkeit der neuen Gründerzeit, die sogenannten Wirtschaftswunder-Jahre.

---

[1] Weyr (Vorstadt) 233.

Jagdschloß am Tabor

II, Am Tabor Nr. 12

Legende oder historische Wahrheit — dieser Wettstreit zieht sich durch viele Gebiete des menschlichen Werdeganges. Und auch bei Häusern prallt dieser Gegensatz aufeinander. Das Jagdschloß Am Tabor ist dafür typisch. Bis in jüngste Zeit wurde es als Jagdschloß des *Prinzen*

Eugen von Savoyen angeführt. Erst jüngere Forschungen haben ergeben, daß Eugen grundbücherlich niemals aufscheint. Die Verquickung dieses Gebäudes mit dem Savoyenprinzen hat sich als nun offensichtliche Legendenbildung derart stark verwurzelt, daß die neue Sicht diesen sicherlich interessanten Barockbau gleichsam entkleidet von allem

Nimbus dastehen läßt. Wilhelm Kisch hat vor 100 Jahren, als das einstige Schloß bereits als Metallwarenfabrik fungierte, einen historisch zweifelhaften, aber dennoch stimmungsvollen Bericht über einen Besuch im Jagdschloß hinterlassen:

„Nur mit Scheu und Ehrfurcht betreten wir die ehrwürdigen Räume dieses altersgrauen, rauchgeschwärzten Palastes, welcher noch heute von vergangener Pracht und Herrlichkeit zeugt, obwohl er die Spuren der Alles verwitternden und Alles verbröckelnden Zeit längst nicht mehr zu verbergen im Stande ist... Dieser Palast wurde zur Zeit, als das Schönbrunner Schloss entstand, von Fischer von Erlach für den Prinzen Eugen als Jagdschloss erbaut. Die Grossartigkeit der Anlage ist hier nicht zu verkennen. Der Mitteltract mit seinen beiden Seitenflügeln, mit seinen figuralen Ausschmückungen und dem herrlichen Giebeldache ist voll Schönheit und Ebenmaass. Balustraden schmücken die Front der einzelnen Bautheile, und an den beiden Flügeln erheben sich prachtvolle Aufsätze mit Figuren. Der Vorhof ist mit einem grossen, schattenreichen englischen Garten umgeben und das ganze mit einer stattlichen, mit Festons geschmückten Gartenmauer eingefrie-

Jagdschloß Am Tabor, Ansicht als Erziehungsanstalt des Ferdinand Weidner um 1830

det. — Die ehemalige Herrlichkeit lässt sich nicht verläugnen; schon die grossartige breite Stiege mit ihrem schön profilierten Stiegengeländer verräth die Meisterhand eines Fischer von Erlach und versetzt den Beschauer in jenes merkwürdige Zeitalter Karl VI., in welchem man der Formschönheit gerne Opfer auf Kosten der Nützlichkeit brachte. Das letzte Zimmer, am äussersten linken Flügel bildet den grossen Empfangssaal. Hier hält Herr Haardt (der jetzige Besitzer) sein kostbarstes Kleinod, einen wahren Familienschatz pietätvoll mit ängstlicher Sorge verwahrt. Es ist dies eine theure Reliquie, das schönste Andenken an den unvergesslichen Erbauer dieses Schlosses, nämlich das Original-Portrait des Prinzen Eugen, das hier gegenüber der Saalthüre an der Wand aufgehängt ist. In einem alten vergoldeten, etwas defecten Rahmen im Barockstyle tritt uns hier die Gestalt „Eugens, des edlen Ritters", in ganzer Figur entgegen. Vornehme Kälte und stolzes Bewusstsein spiegeln sich in den schroffen, blassen Zügen. Die langen unproportionierten Theile des unschönen Gesichtes sind mehr abstossend als anziehend. Aber sieht man diesem Bilde nur eine kleine Weile länger und aufmerksamer ins Auge, so belebt und durchgeistigt sich Alles, und man findet sich allmählich angezogen. An die Stelle des Hässlichen tritt nun die geistig bezaubernde Kraft einer schönen mächtigen Seele. Alles erhält jetzt Leben und Bewegung, der Mund wird liebenswürdig, das Auge geistreich und der ganze Gesichtsausdruck interessant; Wir fühlen uns unwillkürlich ergriffen. Es ist kein Zweifel, daß das Bild alle Merkmale der Aechtheit an sich trägt, nur ist leider, weder durch eine Chiffre, noch durch die Malweise selbst

der Name des Künstlers zu erkennen. Auch ein mächtig grosser Wandspiegel in einem vergoldeten Barockrahmen lenkt unsere Aufmerksamkeit auf sich und soll (wie Herr Haardt versichert) aus dem Besitze Eugens stammen. Noch manche andere Kostbarkeiten birgt dieses Wunderschloss, dessen Alter und ruhige Vornehmheit gar seltsam mit der geschäftigen Nüchternheit des jetzigen Fabriksetablissements contrastirt. Hier tritt uns im hohen Grade das Bild irdischer Vergänglichkeit wemuthsvoll entgegen. Mit jedem weiteren Blicke, mit jedem weiteren Schritte, den wir thun, gewahren wir den idealen Schwung einer abgestorbenen glänzenden Epoche, neben der entsetzlichen Nüchternheit un-

serer ideallosen Gegenwart. Und während die reichen Architekturen noch immer von Pracht und verschwenderischem Luxus schönerer Tage zeugen und glauben machen möchten, es lebe hier noch immer in stiller Zurückgezogenheit ein Grand-Seigneur und es sei noch alles wie ehemals der Ruhe, dem Genusse, der Erholung gewidmet, strafen es jetzt die anstossenden Fabriks-Zubauten gewaltig Lüge, und das ewige Hämmern und Pochen und geschäftige Dampfen der Feueresse belehren uns, dass hier Menschen leben, denen ruhelose Arbeit und mühevolles Ringen das einzige Erdenlos sei."[1]

---

[1] Kisch (Vorstädte I) 137 f.

Situation vor dem Abbruch 1903

Die historische Wahrheit findet sich heute im Czeike Wien-Lexikon, wo es ganz nüchtern nur unter Bezug auf die Abfolge der Besitzer heißt:

„1662 wurde dem Otto Ferdinand Gottlieb Graf Volckhra vom Bürgerspital ein Grundstück verkauft, 1707 kam dasselbe nach mehrfachem Besitzerwechsel innerhalb der Familie Volckhra an den Bürgermeister Jacob Daniel Tesper, 1719 an dessen Schwiegersohn Carl von Verdura, 1734 an dessen zweite Ehefrau Elisabeth. Diese ließ einen Teil des großen Besitzes (umgrenzt etwa die heutigen Straßenzüge Pazmanitengasse — Darwingasse — Springergasse — Am Tabor) parzellieren und verkaufte ihn, behielt sich aber den Teil zwischen Volkertplatz und Am Tabor mit dem Schlössel. Ihre Erben gerieten derartig in Schulden, daß das Haus samt Grund 1783 den zwölf Gläubigern, meist Leopoldstädter Bürgern, überschrieben wurde. 1788 gehörte der Besitz dem Handelsmann Andreas Fellner, 1803 Ferdinand von Werra, 1838 Theresia Gräfin Trautmannsdorff, 1852 Johann Nekola, schließlich 1875 Friedrich Wilhelm Hardt, der hier eine Maschinenfabrik betrieb.“[2]

---

[2] Czeike (Lexikon) 704

Eine Zeitlang diente das Jagdschloß in den dreißiger Jahren des 19. Jahrhunderts als Knaben-Erziehungsanstalt des *Ferdinand Weidner*. Aber was mag wohl die ursprüngliche Geschichte dieses Baues gewesen sein? Wir wissen zuwenig, um uns heute eine einwandfreie Klarheit über das Jagdschloß verschaffen zu können. Aber vielleicht macht gerade dieser Umstand den Reiz dieses Gebäudes aus, das sich auch nach seinem Verschwinden die letzten Geheimnisse nicht entreißen läßt. Längst zur Bruchbude geworden, aber noch immer mit durchschimmernden Anzeichen barocker Eleganz ausgestattet, fiel das Jagdschloß Am Tabor 1903 der Spitzhacke zum Opfer.

Palais Montecuccoli

*II, Große Stadtgutgasse
Nr. 19—25*

Auf vielen Schlachtfeldern in Europa hat Graf Raimund Montecuccoli mitgekämpft. Aber mit keiner Schlacht ist sein Name so sehr verbunden wie mit jener von Mogersdorf südlich von St. Gotthard am 1. August 1664. Hier gelang es ihm, das türkische Heer beim Übergang über die Raab entscheidend zu schlagen. Der darauffolgende Friede von Eisenburg entsprach zwar nicht dem Ausmaß von Montecuccolis Erfolg, er verschaffte dem Kaiser jedoch eine Atempause für die nächsten Jahre. Kaiser Leopold I. zeichnete Montecuccoli wiederholt aus, wählte ihn als Stellvertreter zu seiner Heirat mit der Infantin Margareta Theresa aus und machte ihn zum Präsidenten des Hofkriegsrates. Er habe nie gemeint, daß dieses Amt mit so viel Sorgen verbunden sei, obgleich er weder unerfahren noch ein Neuling im Kriegshandwerk sei, meinte der erfolgreiche Feldherr später zu der übernommenen Bürde.

Für die wenigen Stunden der Muße ließ sich *Graf Raimund Montecuccoli* um 1670 wie viele Adelige in der Leopoldstadt ein kleines Sommer-Palais errich-

ten. Der Bau war acht Fensterachsen breit und zweigeschossig. Der gebänderte Sockel war von quadratischen Fenstern durchbrochen. Die hohen Fenster des Hauptgeschosses trugen abwechselnd Segment- oder Dreiecksgiebel. Über eine Freitreppe gelangte man von zwei Seiten zum Portal, über dem ein kleiner Zwiebelturm schwebte. Zwei Steinfiguren auf Postamenten schmückten die Treppenanlage. Die Hauptfront des Gebäudes war gegen die spätere Große Stadtgutgasse gerichtet.

Viel Gelegenheit hatte Montecuccoli nicht, sich hier Erholung zu gönnen. 1672 mußte er am Rhein seinen berühmten Widerpart, den französischen Marschall Turenne, in Schach halten, was ihm auch gelang. Turenne fiel bei Salsbach, Montecuccoli zwangen heftige

Gichtanfälle und zunehmendes Alter, sich ins Privatleben zurückzuziehen.

In seinen letzten Lebensjahren beschäftigte er sich mit wissenschaftlichen und literarischen Fragen. Die Stiftung der Leopoldinischen Akademie für Naturforschung in Wien ist wesentlich sein Verdienst. 1680 starb Montecuccoli in Linz. Er ließ außer drei Töchtern nur einen einzigen Sohn zurück. Mit Leopold Friedrich erlosch der männliche Stamm der Familie und damit auch der vom Kaiser verliehene Fürstentitel.

Über die weitere Geschichte des Sommerpalais in der Leopoldstadt ist wenig bekannt. 1748 ist ein Herr *Schachner* als Besitzer registriert. Der Bau mußte später Privathäusern in der Großen Stadtgutgasse (Nummern 19 bis 25) Platz machen.

Palais Montecuccoli um 1670

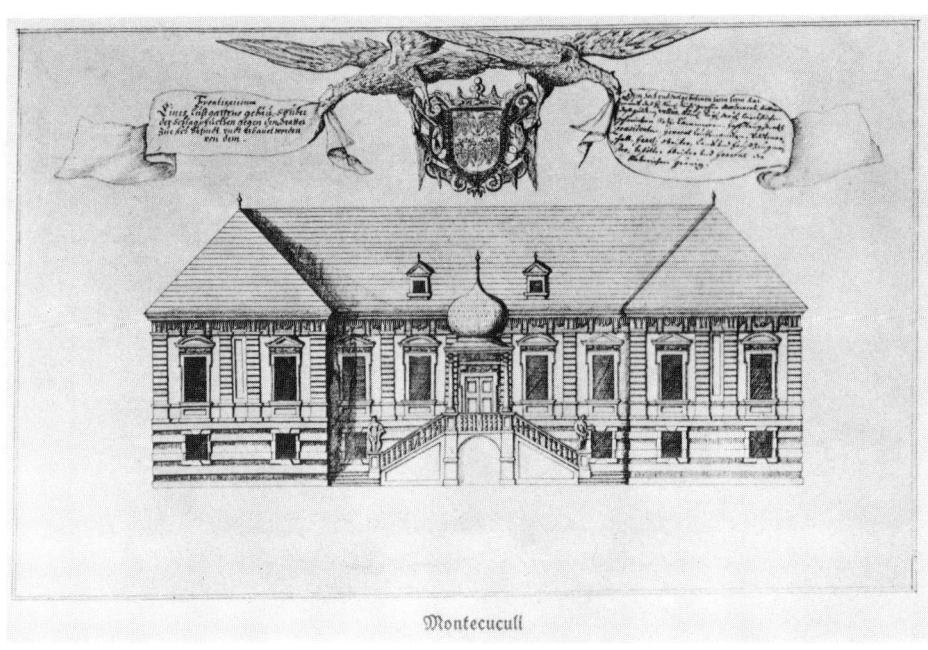

Montecuculi

Palais Althan

III, Ungargasse Nr. 63

Nur etwa einhundert Jahre war es diesem Prachtbau Josef Emanuel Fischer von Erlachs vergönnt, in der Ungargasse an Stelle der heutigen Nummer 63 zu glänzen. Welchen Verlust Wien durch die rücksichtslose Geldgier des Herrn Michael von Barich bereits in den vierziger Jahren des 19. Jahrhunderts erlitten

hat, mag man daran ermessen, daß Justus Schmidt in seiner Monographie über Fischer von Erlach den Jüngeren das Palais Althan mit seinem Garten als „zu den bedeutendsten Barockanlagen im deutschen Sprachgebiet" rechnet.

Bauherr war *Ludwig Josef Gundacker Graf Althan* (1665—1747), ein Mann von enormem Einfluß, war er doch das Haupt der am Hofe Karls VI. regierenden „Spanischen Partei". Kunstkenner, Schöngeist und dilettierender Zeichner, betraut mit den Ämtern des Kaiserlichen Hofbaudirektors und des Vorstandes der Maler- und Bildhauerakademie konnte keiner um Gundel, wie ihn seine Freunde nannten, herum, wollte er Karriere machen. So mag es sich der *jüngere Fischer von Erlach* durchaus zur Ehre gerechnet haben, daß Graf Althan gerade ihn mit dem Bau seines Palastes beauftragte. Dazu hatte Althan 1728 ein Grundstück, ursprünglich ein Weingarten mit Haus in der Ungargasse, aus Harrachschem Besitz erworben. In relativ kurzer Bauzeit (wahrscheinlich 1729—1732) entstand eine prachtvolle Anlage. Phantasie und Können des Architekten, Stolz und Repräsentationsbedürfnis des Bauherrn kamen hier gleichermaßen zum Ausdruck. Zum Glück sind uns zwölf Stiche von Salomon Kleiner aus seinen Wiener Ansichten überliefert, sodaß wir uns auch heute noch eine ziemlich genaue Vorstellung vom Palais Althan machen können.

Grandios war bereits das Einfahrtstor, das an einen römischen Triumphbogen erinnerte. Zu beiden Seiten der Toreinfahrt gab es zwei Gittertore aus kunstvoll geformtem Schmiedeeisen mit monogrammierten Familienwappen in Me-

Sommerpalais Althan, Stich nach Salomon Kleiner

daillonform. Auf dem Dachplateau der Toranlage standen vier Figuren (Putten), die Genien des Krieges darstellend. Die Eckpfeiler schmückten Siegestrophäen. Den Bogen über der Haupteinfahrt krönte ein großes Schlachtenemblem des Sieges. (Graf Althan war auch Präsident des Hofkriegsrates, ein Amt, das heute dem Verteidigungsministerium entsprechen würde.) Noch imposanter präsentierte sich dann die Palastanlage selbst: Ein großer Vorhof, flankiert von zwei Wächterhäuschen, war so bemessen, daß man das Hauptgebäude in der bestmöglichen Perspektive erblickte. Markant hob es sich mit seinem teilweise geschwungenen Mansardendach und der Kuppel in der Mitte gegen den Himmel ab. Diese Kuppel wies Ähnlichkeit mit der Eckkuppel der Hofburg bei der Winterreitschule auf. Dies war sicher kein Zufall, denn Fischer von Erlach errichtete diesen Teil der städtischen Habsburger-Residenz etwa zur gleichen Zeit. Der Hauptbau bildete ein sechs Fensterachsen breites ebenerdiges Viereck, dessen beide Seitenteile leicht gegen den Garten hervortraten. Ein auf acht Säulen ruhender Portikus bildete eine gedeckte Auffahrt für die Kutschen. Leute zu Fuß benützten die sechs Stufen der breiten Marmortreppe vor der Säulenhalle. Im Giebel prangte in einer Kartusche das große Familienwappen der Althans, darüber hielten Genien zu beiden Seiten Helm, Schild und einen großen Ritterharnisch. Die Fenster in Halbbogenform reichten in gleicher Höhe mit dem Torbogen des Palastes vom Sockel bis zum Gesims. In diesem Mittelbau war der Festsaal untergebracht. Von den beiden seitlichen Anbauten ist der nördliche zu erwähnen, der als Sala terrena (Übergang zum Gar-

ten) ausgestaltet war und sich zum Garten hin mit fünf hohen Bogentüren und einer Vorhalle öffnete. Im Giebel über den vier korinthischen Säulen waren im Relief der Kopf des Sonnengottes sowie Bogen und Pfeile als dessen Attribute zu sehen.

Auch der Garten bildete eine Sehenswürdigkeit. Gundel Althan scheute keine Kosten, um ihn in dem damals ganz modernen „holländischen" Geschmack auszugestalten. Wie das ausgesehen hat, wissen wir ebenfalls durch die Stiche Salomon Kleiners. Besonders beliebt waren Taxushecken in Pyramiden- und Kugelform, gestutzte Hecken (sogenannte Treillage), beschnittene Bäume, Nischen mit Statuen und Springbrunnen. Der kunstvolle Baum- und Heckenschnitt ermöglichte es, sich hinter grünen und nahezu undurchsichtigen Wänden zu ver-

stecken, was zum barocken Gesellschaftsleben unbedingt dazugehörte. Nicht fehlen durfte auch ein bowlinggreen: das war eine Mulde in der Grasfläche, in der man mit Kugeln spielen konnte, ohne daß sie davonrollten. Ganz hinten gab es natürlich auch Küchen- und Nutzgärten mit Glashäusern. Der kleinere Garten, den man von der Sala terrena aus betrat, war ebenfalls von Treillage eingefaßt. Hier stellten die Gärtner im Sommer Orangenbäumchen auf. Den Abschluß dieses Gartenteils bildete ein „Belvedere", ein luftiges, graziles Gebäude, geschaffen wie zur Dekoration einer barocken Oper. Über dieser Anlage aus Säulen, Rundbogen, Amphoren und Putten schwebte eine Kuppel, die Ähnlichkeit mit Fischer von Erlachs Josephssäule auf dem Hohen Markt aufwies. Von hier aus genoß man nach jeder

Hauptfront

85

Richtung einen herrlichen Ausblick: Hinunter bis zur Landstraße, hinüber in den damals noch größeren Park des späteren Arenberg-Palais und auf der anderen Seite auf den nicht weniger großzügigen Garten des benachbarten Palais Harrach. 1790 wurde der Garten in eine „englische Anlage" verwandelt.

15 Jahre lang konnte sich Graf Althan an dieser Kostbarkeit erfreuen. Nach seinem Tod 1747 erwarb den ganzen Besitz *Fürst Ferdinand Lobkowitz,* in dessen Familie er bis 1830 verblieb. Fürst Ferdinand war ein begeisterter Mineraloge. Er brachte hier in seinem Sommerpalais die mehrere tausend Stück umfassende Sammlung unter.

1785 machten Damen des Adels das Palais zu ihrem Treffpunkt, um über zweckmäßigere Damenmode zu beraten. Sie hatten auf eigene Initiative einen Verein nach streng-demokratischen Regeln ins Leben gerufen. An diesem 28. Dezember 1785 beriet man also hier über einen Resolutionsentwurf zum Thema Modereform. Darin liest man: „Gestehen wir uns, theuere Schwestern, daß die Art uns zu kleiden, ebenso unbequem als lächerlich ist. Unsere Hüte, die so groß wie parapluies sind, lassen uns kaum mehr in unsere Wägen hinein und zwingen uns, stets mit gekrümmtem Hals zu gehen, aus Furcht, daß wir irgend an einem Luster hangen bleiben..." Und zum Schluß wurde empfohlen: „Hören wir also auf, französische Geckinnen zu sein, verwenden wir die kostbaren Stunden, die wir unter den Händen unseres Friseurs verändeln, auf die Erziehung unserer Kinder, auf die Bestellung unseres Hauswesens ..."[1] Der Vorschlag wurde mit dreißig gegen zehn Stimmen als undurchführbar verworfen...

Anfang des 19. Jahrhunderts wurde durch Fürstin Caroline Lobkowitz (geborene Fürstin Schwarzenberg) das Palais zum Sitz eines Wohltätigkeitsvereines, an dem sich fast alle Adelsdamen beteiligten. Offiziell hieß er „Verein der adeligen Frauen zur Beförderung des Guten und Nützlichen". Darüber berichtete ein vaterländischer Schriftsteller rührselig im Stil seiner Zeit: „Täglich war der Garten mit neuen Gruppen geretteter, hülfloser und verlassener Menschen geziert. Keine Jahreszeit entblätterte dieses Haus der Wohltätigkeit; immer blühten hier Dank und Segen, und dieses Gebäude trotzet allen Zufällen; denn es ist für die Ewigkeit auf Menschenliebe gegründet." Durch die Tätigkeit der Damen sollten Arme und Behinderte unterstützt werden. Man verschaffte ihnen Arbeitsstellen oder gab den Nichtarbeitsfähigen Almosen. Das Geld dazu kam von Spendern, wohltätigen Sammlungen, geistlichen Kollekten und dem Erlös weiblicher Handarbeiten. Auch Ausspeisungen (sogenannte Freitische) und die regelmäßige Verteilung von Lebensmitteln und Dingen des täglichen Bedarfs gehörten zum sozialen Engagement der Adelsdamen.

Mit den dreißiger Jahren des 19. Jahrhunderts begann der Abstieg des Palais.

Gartenfront

Prospect des obigen gegen den Garten und des großen Parterres
a Die neue Salle terraine. b Die Augustiner Kirche sambt dem Closter auf der Landstraß.

Vorie du dit Bâtiment, vers le Jardin.
a Facade de la Salle Terraine. b L'Eglise des Augustins avec le Cloistre, situe au Fauxbourg de S.t Marc.

[1] Kisch (Vorstädte I) 450.

1830 kaufte es *Fürst Johann von Liechtenstein,* veräußerte es aber bereits 1837 an *Ferdinand Leopold Graf Palffy.* Dieser behielt die Liegenschaft nur zwei Jahre. 1839 gingen Palais und Garten in den Besitz des *Michael von Barich,* Konzipist der Ungarischen Hofkanzlei, über. Was die Ursache des immer rascheren Besitzerwechsels war, läßt sich heute nicht präzise feststellen. Man kann nur vermuten, daß die Erhaltung beträchtliche Kosten verursachte. Barich hatte nur finanzielles Interesse an dem wertvollen Grundstück. Durch Beschluß des Wiener Magistrates (Intimationsdekret v. 5. 11. 1840) wurde ihm die Aufteilung der Liegenschaft auf 34 Baustellen bewilligt. Das Schicksal des Palais war damit besiegelt. Nachdem die Spitzhacke ihr vernichtendes Werk getan hatte, entstanden hier die reizlosen Häuser der Barichgasse. Bis auf den heutigen Tag ist es diesem Kulturbarbaren gelungen, sich durch die nie geänderte Namensgebung dieser Gasse eine Art lokale Unsterblichkeit zu verschaffen, so als wäre er ein um diese Stadt verdienter Mann gewesen.

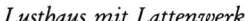

Lusthaus mit Lattenwerk

Palais Harrach

Fast zur gleichen Zeit wie das Palais Althan entstand auf dem Nachbargrundstück (Ungargasse Nr. 69) ein weiteres Sommerpalais, dessen Architekt einem Fischer von Erlach durchaus ebenbürtig war. *Lucas von Hildebrandt,* Erbauer des Belvedere, bewies auch im Dienste des Grafen Alois Thomas Raimund Harrach seine Meisterschaft. Der Bauherr wollte außer seinem wundervollen Stadtpalais, das heute noch zu den markantesten Bauten der Freyung gehört, ein nicht minder erlesenes Sommerpalais besitzen — und dies, obwohl er als Vizekönig in Neapel residierte. Für diesen Zweck kaufte *Graf Harrach* 1727 um 15.000 Gulden Haus und Garten dem Christoph Ignaz Edlen von Quarient (ein Mitglied des Hofkriegsrates) ab. Die Bauarbeiten begannen sofort, nur läßt sich nicht mehr feststellen, ob ein von Quarient begonnenes Palais weitergebaut oder ein gänzlicher Neubau aufgeführt wurde. Die Arbeiten schritten rasch voran. Bereits 1728 war der Festsaal-Trakt soweit fertig, daß mit der Innenausstattung begonnen werden konnte. Auch zwei Seitenflügel standen bereits im Rohbau. Dann aber gab es nichts wie Streit zwischen Hildebrandt

und dem Bruder des Bauherrn. Für die Zeit seines Aufenthaltes in Neapel hatte Alois seinen Bruder Feldmarschall Johann Joseph Harrach mit der Aufsicht der Bauarbeiten betraut. Über die Vorwürfe gegen Hildebrandt sind wir durch die Briefe des Feldmarschalls an seinen Bruder sehr genau informiert. So liest man in einem Schreiben vom 1. Juli

Sommerpalais Harrach

1730: „Mit dem gebenedeiten Jean Luca ist nicht auszukommen, der, was er heute angebet, morgen leugnet und mich selbsten überreden will, Sachen anbefohlen zu haben, auf welche nie gedacht." Ein anderer Vorwurf lautete: „Wann der verdammte Jean Luca nur nit allerweil auf dem Lande herumlauffete, sondern merers zu Wien wäre." Der Hauptgrund für die Zerwürfnisse dürfte die ständige Überschreitung der Kostenvoranschläge durch Hildebrandt gewesen sein. Er wollte die Nebengebäude viel großzügiger verwirklichen als Harrach dafür Mittel bereitstellte. Als sich darüber hinaus Baumängel bemerkbar machten — die Rede war von einer gottlos liederlichen Ausführung der Dachstühle —, kam es zum Bruch. Hildebrandt wurde im November 1731 kurzerhand der Auftrag entzogen. Welche Verzweiflung ihn darüber erfaßte, ist wieder aus einem Brief ersichtlich: „Dieser unglückselige Jean Luca ist heint bei mir gewesen, geweinet wie ein Kind, sich den Tod gewunschen und allemal gesaget, der Fäller seye nit von ihm..." Der schwierige Alltag eines Genies in der Barockzeit wird hier erschütternd offenbar. Hildebrandt mußte die Demütigung hinnehmen, daß ein ganz normaler Baumeister die Arbeiten an den Nebengebäuden weiterführte. Eine glückliche Wendung gab es aber schließlich doch noch. Der Vizekönig kehrte im Februar 1734 von Neapel zurück und versöhnte sich mit Hildebrandt. Dieser erhielt nun den Auftrag, den Haupttrakt gegen Norden zu verlängern, den bisherigen nördlichen Seitenflügel in eine Kapelle umzubauen und einen dritten Flügel anzufügen. Im Herbst 1735 war alles vollendet.

Über das ursprüngliche Aussehen des Barock-Palastes geben ebenfalls die Stiche von Salomon Kleiner detailliert Auskunft. Die Betonung lag auf dem Mitteltrakt, dessen kuppelartig gestalteter Vorsprung mit Balustraden und Figuren die Dachhöhe deutlich überragte. Einfacher gestaltet waren die Seitenflügel, die auf der der Straße zugekehrten Seite nur drei Fensterachsen aufwiesen. Den Vorhof schloß eine Mauer zur Straße hin ab, in der Mitte durchbrochen von einer reich gestalteten Einfahrt. Über dem Torbogen prangte das Harrachsche Familienwappen. Auf stufenartigen Sockeln saßen Steinfiguren, rechts Minerva und links Mars darstellend. Auf der Gartenseite fand sich ein ähnliches Prinzip. Auch hier war der Mitteltrakt betont und die Stirnseite des Daches mit Balustraden und Figuren reich geschmückt. Im Inneren beherbergte der zuerst errichtete südliche Trakt den Festsaal und die Sala terrena, im Nordflügel befanden sich die Gemäldegalerie, die Wohnräume des jungen Grafenpaares und die Prachtstiege, die immer wieder mit jener von Schloß Mirabell in Salzburg verglichen wird.

An der Innenausstattung beteiligten sich prominente Künstler ihrer Zeit: Als Stukkateur („Stuccadorer") Santino Bussi, für die figurale Ausschmückung Hofbildhauer Johann Trebesky, als Maler Bartolomeo Altomonte und Gaetano Fanti. Die Rechnungen für ihre Arbeiten haben sich erhalten, sodaß wir heute noch über die Entlohnung der Künstler Bescheid wissen. So erhielt Bussi 515 fl 5 kr für die Ausstattung des Festsaales, 50 fl und weiter 153 fl für die Stukkos im Vestibül und 155 fl für das Paradezimmer. Altomonte bekam 800 fl, Fanti 360 fl für die Fresken. Die acht jonischen Kapitelle im Festsaal brachten Trebesky 48 fl.

Am 12. November 1735 nahm der Wiener Kardinal Sigismund Kollonitsch die Einweihung der Januarius-Kapelle vor. Ihre Erbauung soll auf ein Gelübde des Grafen Harrach zurückgehen. Für die Errettung aus Seenot gelobte der Vizekönig angeblich dem heiligen Januari-

Gartenfront

Als k.k. Central Militär Equitation; Lithographie von Waage

us, dem Schutzpatron von Neapel, den Bau einer Kapelle. Sie wurde auf das prächtigste ausgestattet. Altomonte malte das Bild für den Hochaltar. Vermutlich aus der Werkstatt Raphael Donners stammte eine Büste des Heiligen, die sich heute im Diözesanmuseum in Wien befindet. Die Mauern der Kapelle sind das einzige, was den letzten Krieg überlebt hat. Eine Wiederherstellung der Kapelle ist in Aussicht.

Nicht unerwähnt bleiben darf natürlich der Garten. Er erstreckte sich längs von der Ungargasse bis zur Landstraßer Hauptstraße (heute Häuser Nr. 122—128) und in der Breite von der heutigen Juchgasse bis zur Schützengasse. Wie der benachbarte Althanpark gliederte sich auch der Harrachsche Garten in mehrere Partien. Der Schloßgarten (auch Baumgarten genannt) war mit reichornamentierten Rabatten und Buchspyramiden französisch angelegt. Vor den Stallungen in der späteren Juchgasse lagen der Küchen- und Obstgarten. Mehrere Lusthäuser zierten die Anlage. Außerdem gab es an der östlichen Abschlußwand eine dem heiligen Nepomuk geweihte Kapelle mit Zwiebelturm.

Palais und Garten verblieben bis zum Jahr 1791 im Besitz der Familie Harrach. Dann erwarb *Kaiser Leopold II.*, Sohn Kaiserin Maria Theresias und vormals Großherzog von Toskana, die Liegenschaft für 50.000 fl. Zu welchem Zweck er dies tat, darüber kann man nur rätseln. Suchte er hier Stille und Abgeschiedenheit fern des höfischen Lebens? Man erzählte sich jedenfalls, daß er hier mit seiner Mätresse Livia Raimondi zusammentraf. Als Leopold nach dem Tode seines Bruders Joseph 1790 Florenz verlassen mußte, um in Wien die Kaiserwürde zu übernehmen, hatte er die schöne Tänzerin samt Luigi, dem Sohn aus dieser Verbindung, mit hierher genommen. Livia war in Wien nicht glücklich, vielleicht fühlte sie sich von Aristokratinnen aus der Umgebung des Kaisers verdrängt. Jedenfalls kehrte sie bald wieder nach Florenz zurück. Ehe sie dort noch anlangte, starb Leopold überraschend am 1. März 1792. Eine einzige Spur hinterließ der Kaiser im ehemaligen Palais Harrach. Es war dies sein Wahlspruch OPES REGUM CORDA SUBDITORUM (die Schätze der Könige sind die Herzen der Völker). In goldenen Lettern zierte dieser Spruch die Wand ober der Saaltüre, die vom Mitteltrakt in den Garten führte.

Der Besitz ging an Private über, die hier eine Zuckerfabrik (!) einrichteten. Fast wäre damals schon das Palais den Auswüchsen des Nützlichkeitsdenkens der Aufklärung zum Opfer gefallen, hätte nicht Kaiser Franz, der Sohn Leopolds, Palais und Garten wieder in kaiserlichen Besitz gebracht. Seit damals sprach man im Volksmund vom „Kaiserhaus" und vom „Kaisergarten", wenn man Palais und Garten Harrach meinte. Der Kaiser ließ hier durch seinen Hofgärtner Antoine einen riesigen Obstgarten anlegen, um die Hoftafel mit den köstlichsten Früchten zu versorgen. Wie reich der Garten an Obstsorten war, läßt sich daran ermessen, daß allein von den Reben mehr als 600 Sorten aus allen Teilen der Monarchie hier angepflanzt wurden. Das Verdienst dafür kam Hofrat Görög zu, einem als Weinbaukenner weithin bekannten Mann. Sogar brasilianische Pflanzen gab es im Kaisergarten. Die ungeheure Obstfülle machte es erforderlich, den Garten gegen die Landstraßer Hauptstraße, Steingasse und Rennweg bedeutend zu vergrößern.

Das Palais blieb weitgehend ungenützt, bis 1840 eine Unterkunft für die neugegründete Lombardo-Venezianische Garde gesucht wurde. Die Hof- und Militärstellen fanden den Bau für diesen Zweck geeignet. Die dafür erforderlichen Umbauarbeiten leiteten die Architekten *Vascani* und *Francesconi*. Ihre weitreichenden Änderungen trugen keineswegs zur Verschönerung des Gebäudes bei. Der Haupttrakt wurde aufgestockt, die Seitenflügel bekamen an der Seite zur Ungargasse Dreiecksgiebel mit Wappen und Reliefbüste Kaiser Ferdinands verpaßt. Ein einfaches Eisengitter mit Helmzier trennte von nun an den Ehrenhof von der Straße. Über dem Tor las man die Inschrift REAL QUARDRIA NOBILE LOMBARDO-VENETIA IMPERANTE. FERDINANDO I. 1840.

Neun Jahre waren hier der Gardekapitän, ein Unterleutnant und ein Hauptwachtmeister sowie etwa sechzig einfache Gardisten untergebracht. Als Uniform trugen sie hochrote Fräcke mit Goldepauletten, weiße Pantalons und Silberhelme — eine Kostümierung, wie sie der Phantasie eines Herzmanovsky-Orlando entsprungen sein könnte. Die Garde bestand bis 1849, dann erfolgte ihre Auflösung. Durch die Revolution wa-

Zustand 1914

Heutige Situation, die rekonstruierte Januarius-Kapelle und die neuerrichtete Behindertenschule

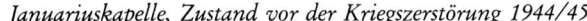

Januariuskapelle, Zustand vor der Kriegszerstörung 1944/45   *Stiegenhaus von Lucas Hildebrandt*

ren andere Erfordernisse wichtiger geworden.

Der Garten wurde seit 1841 größtenteils der 1838 gegründeten Gartenbaugesellschaft überlassen. Alljährlich fanden hier große Blumen- und Obstausstellungen statt.

Zehn Jahre nach dem ersten Umbau erfolgte der zweite schwere Schlag gegen das Palais. Das Militär-Reitlehrinstitut zog in seine Räume ein. Neuerlich waren Umbauten notwendig. Unter der

Bauleitung eines Geniehauptmannes *Picchioni* wurde der Bau den militärischen Erfordernissen entsprechend neu „adaptiert" — im Windsor-Stil (!). Man kann sich vorstellen, was dabei von Hildebrandts Werken abgeklopft, „vereinfacht" und „zweckmäßig" gestaltet worden sein mag. 1912 wurde sogar die Prachtstiege abgetragen, sehr zum Unwillen des Thronfolgers Franz Ferdinand, den man als Verantwortlichen für militärische Belange von dieser Maßnah-

me erst unterrichtet hatte, als es bereits zu spät war. Als Bewohner des Belvedere wußte Franz Ferdinand die Architektur eines Lukas von Hildebrandt sehr wohl zu schätzen.

Der riesige Garten fiel in der zweiten Hälfte des 19. Jahrhunderts der Parzellierung zum Opfer. Kaiser Franz Joseph stiftete 1858 anläßlich der Geburt seines Sohnes ein Spital (Rudolf-Stiftung), für das der östliche Teil des Kaisergartens zur Verfügung gestellt wurde. Später baute man gegenüber dem Spital die Landwehr-Kadetten-Kaserne in der Boerhave-Gasse. Heute sind dort eine Bundeserziehungsanstalt und eine Spitalsabteilung untergebracht. Die dazugehörende Grünanlage ist der letzte Rest des Kaisergartens. Eine kleine Gasse dieses Namens erinnert heute noch an seinen Bestand. Die letzte Vernichtung von Menschenhand an dem Palais besorgten dann die Bomben im Zweiten Weltkrieg. Die Ruine wurde später abgetragen, lediglich die Mauern der einstigen Kapelle blieben stehen. Wie ein verwunschenes Relikt aus längst vergangenen Zeiten standen sie schwarz-grau und unbeachtet, umgeben von einer „Gstettn" hinter Plakatwänden. Schließlich entschloß man sich Mitte der achtziger Jahre, die Kapelle wieder instandzusetzen. Das Türmchen wurde nach alten Vorlagen rekonstruiert und ist seitdem ein Blickfang in der Ungargasse, den man nicht mehr missen möchte. Rund um die Januarius-Kapelle schließen sich die Mauern einer neuerbauten Behindertenschule, deren kalter Architekturstil einen nicht geglückten Kontrapunkt zu dem barocken Rest bildet. Auch die gegenüber gelegene ehemalige Reitschule ist mittlerweile verschwunden. Im neuerbauten „Penta"-Hotel übernachten Touristen aus aller Welt, die sich tagtäglich aufmachen, um den Spuren des alten Wien zu folgen.

Januarius-Kapelle

Palais Modena und Palais Reitter

III, Beatrixgasse Nr. 29

Am Modeeenapark! kündigt die Stimme vom Tonband im Autobus 4 A die nächste Haltestelle an. Wer denkt schon daran, daß dieser Beserlpark, der von nichtssagenden Bauten der Zwischen- und Nachkriegszeit umgeben ist und noch heute über keine öffentliche Beleuchtung verfügt, seinen Namen von der italienischen Stadt Modena bezieht, deren Betonung auf der ersten Silbe dem wienerischen Idiom nicht zu liegen scheint? Verschwunden ist die Erinnerung an das Palais Modena, das einst dort stand, wo sich heute das Haus des Wiener Gewerbes Ecke Beatrixgasse (Nr. 29) — Salesianergasse befindet. Zu diesem Palais gehörte einst ein weitläufiger Park. Er erstreckte sich bis zur heutigen Strohgasse, wo er südlich an den Park des Fürsten Metternich und westlich an den Garten des Vetsera-Palais grenzte.

Das berühmte „Tu felix Austria nube" hatte sich im Falle dieses kleinen Herzogtums in Oberitalien für das Haus Habsburg wieder einmal als geschichtliche Realität erwiesen. Erzherzog Ferdinand, ein Sohn der Kaiserin Maria Theresia, heiratete die Erbin des letzten Herzogs von Modena aus dem uralten Geschlecht der Este. Mit dem Tode des Herzogs Ercole III. Rinaldo wurde Modena eine sogenannte Tertiogenitur des Erzhauses (weil Ferdinand der dritte überlebende Sohn Maria Theresias war). Das neue Herrschergeschlecht in Modena trug von da an den Namen Österreich-Este.

Vorerst gab es aber nichts zu regieren. Napoleon warf 1796/97 die alt-etablierte Staatenwelt in Italien über den Haufen. Modena wurde Teil der Cis-Alpinischen Republik (später des Napoleonischen Königreiches Italien). Erzherzogin Maria Beatrix Ricarda von Este flüchtete mit ihrer Familie nach Wien. Der erzwungene Aufenthalt in der Residenzstadt der Habsburger war für sie ver-

Palais Modena in der Salesianergasse, Radierung um 1848

94

schiedentlich von Erfolg gekrönt. Maria Ludovica, ihre Tochter wurde hier die dritte Frau von Kaiser Franz. Als Mutter der nunmehrigen Kaiserin führte die vertriebene Erzherzogin in Wien kein Schattendasein. Seit 1806 verwitwet, richtete sie sich auf den endgültigen Verbleib in Wien ein. Dazu erwarb sie ein Stadtpalais in der Herrengasse (heute Innenministerium) und ein Gartenpalais auf der Landstraße (Rabengasse, die später nach ihr in Beatrixgasse umbenannt wurde).

Im dritten Bezirk hatten viele Jahrzehnte lang die geadelten Nachkommen des „Leibmedicus" *Franz Stockhammer* mit kurzer Unterbrechung hier einen Besitz gehabt. Als *Fürstin Eleonore von Liechtenstein* 1790 die Liegenschaft erwarb, stand hier bereits ein einstöckiges palaisartiges Gebäude am Rande des langgestreckten Gartens. Seit der Zeit, in der die Familie des Hofkammer-Rates von Harrucker die Liegenschaft vorübergehend besessen hatte, existierte eine öffentlich zugängliche Kapelle „Zur Flucht nach Ägypten" in dem Haus.

Erzherzogin Beatrix von Este fand Gefallen an dem Besitz und kaufte ihn zu „höchst-eigenem Gebrauch". Sie nahm beträchtliche Um- und Zubauten vor. Dadurch wurde der ältere Teil zum Gartentrakt, vor dem ein großer, von neuen Seitentrakten gebildeter Hof entstand. 1810 bereits präsentierte sich das neue Palais Modena als „klassizistisches Gebäude mit zwei Stockwerken und Walmdach, im Giebel nicht mehr der barocke Sonnengott, sondern eine nüchterne Uhr. Im Seitenflügel gegen die Salesianergasse war über einer Wagenremise, die eine Terrasse trug, die Bibliothek untergebracht. Der Festsaal wies eine reiche Wanddekoration mit ornamentaler

Zustand 1914

Situation 1984

Portal mit dem Familienwappen, Beatrixgasse Nr. 29

Grisaille-Malerei und Puttenszenen über den vier Türen auf. An der Decke schwebte Flora, von Putten umgeben, mit Blumenkorb und Blütenkranz. Auch die langgestreckte Bibliothek war reich mit Stukkimitationen, Grotesken und mythologischen Szenen bemalt. Die Wohnzimmer waren einfacher, aber auch mit Malereien geschmückt. An die von den Harrucker angelegte Kapelle schloß sich eine kleine Sala Terrena, im Fries einen Bacchuszug zeigend."[1]

Der Besitz in der Beatrixgasse wurde noch zu Lebzeiten der Erzherzogin erweitert. Ihr Sohn *Erzherzog Maximilian von Este* kaufte das benachbarte kleine Palais, das unter den Namen Reitter, Kolowrat und Chorinsky bekannt war. (Beatrixgasse Nr. 27). Der erste Besitzer dieses Hauses war der k. k. Hof- und Stephansdom-Kapellmeister *Georg Carl von Reitter,* der das Grundstück 1749 an sich gebracht hatte. Reitter ist in der Musikgeschichte durch die Entdeckung eines besonders musikbegabten Buben namens Joseph Haydn bekanntgeworden. Der Kapellmeister verschaffte dem jungen Haydn zwar eine Stellung als Sopranist im Stephansdom, kümmerte sich aber nicht weiter um dessen Ausbildung und Versorgung. Die Hofkapelle erlebte unter seiner Leitung einen ständigen Niedergang, was aber mehr an den reduzierten Geldmitteln gelegen haben dürfte. Bereits zu Reitters Zeit war das Haus Beatrixgasse Nr. 27 eine hufeisenförmige Anlage mit einer Art Ehrenhof zur Straße hin. Dazu gehörte ein Garten, der bis zur späteren Neulinggasse reichte. Nach dem Tode von Reitters Witwe Theresia kam das kleine Palais nach mehrmali-

[1] Ziak 96.

gem Besitzerwechsel an *Graf Leopold Kolowrat-Krakowsky,* der im ersten Stock Umbauten vornahm. Nach ihm scheinen die Grafen *Chorinsky* als Eigentümer auf, von denen es *Maximilian von Este* kaufte.

Unterdessen hatten sich die Zeiten grundlegend geändert. Napoleon war geschlagen, das neue Haus Österreich-Este erhielt das Herzogtum Modena zurück. Dort regierte ab 1814 Beatrix' ältester Sohn als Franz IV. mit den Methoden der Reaktion. Als Beatrix 1829 starb, erbte ihr zweitältester Sohn *Ferdinand* das Palais Modena. In seiner Zeit wurden die Gebäude zahlreichen Umbauten unterzogen. Dann folgte ihm sein Neffe *Franz,* der seit 1846 als streng reaktionär gesinnter Herrscher in Modena regierte. Zweimal mußte Franz V. aus seinem Herzogtum fliehen. Das zweite Mal bedeutete dann durch die Einigung Italiens 1859 das endgültige Exil. Franz fühlte sich aber weiter als ein seiner legitimen Rechte beraubter Herrscher. Seine Einstellung kam dann auch architektonisch zum Tragen, als er 1863 das Palais in der Beatrixgasse umbauen ließ. Das ganze sollte mehr den Charakter einer städtischen Herrscherresidenz erhalten. Dazu ließ er über der Einfahrt einen zwei Stock hohen und sieben Fenster breiten Mittelbau aufsetzen, die Eckflügel angleichen und den ganzen Haupttrakt um ein Geschoß erhöhen.

Mit dem Tod Franz V. erlosch 1875 die Tertiogenitur Österreich-Este. Zum Erben des gesamten ungeheuren Vermögens der Este wurde der spätere Thronfolger Erzherzog Franz Ferdinand, ältester Sohn des Kaiserbruders Karl Ludwig bestimmt. Das Palais Modena blieb aber Wohnsitz der *Herzogin-Witwe Adelgunde,* wenn auch nur nominell. Adel-

Blick von der Rampe gegen den Stephansdom vor 1914

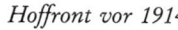

Hoffront vor 1914

97

gunde hielt sich lieber in München bei ihrem Bruder, dem Prinzregenten Luitpold von Bayern auf. Sie wurde ebenso steinalt wie er und starb erst 1914. Trotz ihrer dauernden Abwesenheit hatte sie niemals auf ihr Wohnrecht im Palais Modena verzichtet. Die Räume standen leer und damit kam der Verfall.

Franz Ferdinand hatte in diesem Palais nur kurzfristig gewohnt. Voller Abscheu schrieb er in einem Brief sogar: „Ich mußte in dieser Hühnersteige (!) in der Beatrixgasse wohnen und kein Mensch kümmerte sich um mich."[2] Das war eine grollende Erinnerung daran, daß man seinen Bruder Otto bereits als designierten Thronfolger hofierte, weil Franz Ferdinand an einer Lungenkrankheit litt. Als Franz Ferdinand dann nach seiner Genesung unumstrittener Thronfolger wurde, wählte er das Obere Belvedere zu seiner Residenz. Dazu war es notwendig, die dort untergebrachte Gemäldegalerie zu verlagern. 1895/96 ließ Franz Ferdinand für diesen Zweck und zur Unterbringung seiner umfangreichen Kunstsammlungen das ehemalige Palais Reitter und das seit etwa Mitte des 19. Jahrhunderts ebenfalls im Besitz des Hauses Österreich-Este befindliche anschließende Palais (Nr. 25) für Museumszwecke provisorisch adaptieren. Die meisten Renaissance-Skulpturen und kunstgewerblichen Gegenstände waren Teil der Estensischen Sammlung aus Modena. Die Antiken-Sammlung sowie ein Teil der Renaissance-Sammlung stammten aus dem Schloß Catajo bei Padua. Einst hatten die Obizzi diese Sammlung angelegt. Das Haus Este erbte sie und damit in späterer Folge die

Österreich-Este. Der vertriebene Herzog Franz V. ließ den größten Teil der Kunstschätze nach Wien bringen, den Rest — die Antiken-Sammlung und Teile der Renaissance-Sammlung — holte Franz Ferdinand 1896 nach Österreich. Auch die vom Thronfolger von seiner Weltreise mitgebrachten natur- und völkerkundlichen Gegenstände gelangten hier zur Aufstellung. Ab 1904 waren die Sammlungen des Thronfolgers für die Öffentlichkeit zugänglich.

Das Jahr 1914 brachte nicht nur für

Österreich, sondern auch für das Modena-Palais grundlegende Änderungen. Der Tod der Herzogin Adelgunde und die Ermordung des Thronfolgers in Sarajewo machten die weitere Existenz des Palais völlig ungewiß. Bedingt durch die Kriegsverhältnisse fand sich keine befriedigende Lösung. So entschloß man sich kurzerhand zum Abbruch aller drei Objekte, was 1917/18 realisiert wurde. Rasch war die Arbeit getan, so rasch, daß sie noch rechtzeitig mit dem Fall des Habsburgerreiches vollendet war.

Einfahrt Beatrixgasse

[2] Brief an Fürstin Nora Fugger, v. 19. 12. 1896, Fugger 318.

Wanddekors im großen Salon vor dem Abbruch, Aufnahme 1914

*Wandreliefs im großen Salon,
Aufnahme 1914*

WIEN. III. BEATRIXGASSE. PALAIS MODENA.

Wandmalerei

Palais Reitter, Aufnahme 1908

Situation 1963

Palais Arenberg

Betritt man heute den Arenbergpark, so kann man auf einem Schild kurz die Geschichte dieser Grünanlage lesen. Da ist die Rede von Fürst Nikolaus Esterházy, der hier im 18. Jahrhundert einen Privatpark anlegen ließ; ferner von einer Fürstin Arenberg, die 1900 den Park der Gemeinde Wien verkaufte, worauf eine öffentliche Grünanlage entstand. Jeder Hinweis auf das einstmals zu diesem Park gehörende kleine Palais fehlt. Es ist erst 1958 verschwunden, um dem Gemeindebau auf Nr. 96 der Landstraßer Hauptstraße Platz zu machen.

Begonnen hat alles mit dem Jahr 1785. *Fürst Nikolaus Esterházy* kaufte in dieser Gegend Ackerflächen auf, die er in einen 50.000 Quadratmeter großen Park umwandeln ließ. An Stelle von drei kleinen Häusern baute er sich ein sehr intim wirkendes, nur ein Stock hohes Sommerpalais. Das Pompöse des Barock war zu dieser Zeit längst vorbei. Schlichtheit in klassischer Fassung und „Rückkehr zur Natur" hießen die Forderungen der Zeit. Die Straßenseite des Palais zierten lediglich einige Reliefs mit der Darstellung spielender Kinder. Das Dachgesims an der Gartenfront krönte eine steinerne Figurengruppe: Saturn auf einem Felsen sitzend und von drei Genien umgeben. Unter Saturns Sitz war das mahnende „Tempore progredimur" zu lesen. Darunter prangte die Jahreszahl MDCCLXXXV (1785). Die Steingruppe stammte von Georg Dorfmeister. Sie befindet sich heute im Historischen Museum der Stadt Wien. Im Hof stand ein Rokokobrunnen mit einer Steinfratze.

Nikolaus Esterházy war einer der ganz Großen seiner Zeit. Weitgereist und mit einem unermeßlichen Reichtum ausgestattet, wurde er vom Kaiser für diplo-

Ehemaliges Palais Arenberg, Landstraßer Hauptstraße Nr. 96, Aufnahme 1908

matische Aufgaben herangezogen. Die Prachtentfaltung bei seinen Auftritten in Frankfurt oder bei anderen Missionen soll atemberaubend gewesen sein. Aber auch in anderer Weise machte der Fürst von sich reden. Er war einer der größten Casanova. Seine amourösen Abenteuer lieferten der Gesellschaft einen nie ausgehenden Gesprächsstoff. Einen solchen Mann fanden die Wiener immer interessant, vorausgesetzt er gehörte zu den oberen Klassen. Ob dabei die Phantasie mit ihnen durchging, wenn die Rede davon war, Esterházy halte sich in seinem Palais auf der Landstraße einen ganzen Harem? Sicher ist nur, daß der Fürst dieses Palais nicht für gesellschaftliche Repräsentationen brauchte, dafür standen ihm genügend Stadtpaläste und Landschlösser zur Verfügung. Als er 1810 für längere Zeit ins Ausland ging, veräußerte er die Liegenschaft.

Der neue Hausherr war niemand Geringerer als *Erzherzog Karl*, der Bruder Kaiser Franz'. Der in ganz Europa berühmt gewordene Sieger von Aspern kaufte den Besitz um 140.000 Gulden Wiener Währung (Kaufcontract vom 30. Jänner 1810). Hier wollte er Ruhe und Frieden finden, nachdem er 1809 nach dem neuerlichen Sieg Napoleons von seinem Bruder wegen des raschen Abschlusses des Waffenstillstandes zum Rücktritt gezwungen worden war. Kaiser Franz und erst recht Metternich mißtrauten Karl wegen dessen liberalen Anschauungen. Einen Monat nach Abschluß des Kaufvertrages übersiedelte der Erzherzog hierher und begann mit Verschönerungsmaßnahmen. Der Hofarchitekt Amon errichtete ihm ein großes Gewächshaus sowie eine Grotte aus petrifiziertem Schilfrohr, das aus ungarischen Morästen stammte. Unter Karls

Situation 1984

Anleitung entwickelte sich der riesige Garten zu einer Sehenswürdigkeit, die die Wiener an Sonntagen zu Tausenden herbeilockte. Als Gartenliebhaber ließ der Erzherzog mehr als hundert besonders schöne und seltene Rosensorten in England und Holland kaufen und sie in seinem Garten anpflanzen.

Inmitten dieser farbenprächtigen Abgeschiedenheit hing Erzherzog Karl seinen Gedanken nach, die er auch zu Papier brachte. Die Veröffentlichungen Karls ärgerten wieder einmal den Kaiser und Metternich, weil die Schriften des ehemaligen Feldherrn eine europaweite Resonanz hatten. Er verurteilte darin den Krieg als das „größte Übel, was

einem Staat, einer Nation widerfahren kann".

Dann kam der besiegte Napoleon 1815 neuerlich an die Macht. Die Herrscher und Minister beim Wiener Kongreß gerieten in höchste Alarmstimmung. Kaiser Franz berief seinen Bruder noch einmal zur Armee, wenngleich es bloß ein Dekorposten ohne Aussicht auf wirklichen Einfluß war. Karl ging trotzdem als Festungskommandant nach Mainz. Der dortige Aufenthalt wurde entscheidend für sein ganzes weiteres Leben und indirekt auch für sein Sommerpalais auf der Landstraße. Er lernte Prinzessin Henriette von Nassau-Weilburg kennen, deren Persönlichkeit den 44jährigen Jung-

103

gesellen bezauberte. Zweimal schon waren Eheprojekte mit einer Schwester des Zaren und einer badischen Prinzessin gescheitert. Nun entschloß sich Karl zur Heirat, obwohl Henriette nicht bereit war, katholisch zu werden. Für sie und die rasch wachsende Familie ließ der Erzherzog das prachtvolle Schloß Weilburg im Helenental bei Baden errichten. Es trug nicht nur den Namen von Henriettes Stammsitz an der Lahn, sondern auch ihre Zimmer waren denjenigen ihres Elternhauses genau nachgebildet. Der Zweite Weltkrieg hat auch diesen edlen Bau eines Joseph Kornhäusel zunichte gemacht.

Für das Landstraßer Palais hatte Karl nun keine Verwendung mehr. Die kostbaren Rosen ließ er ins Helenental übertragen. Palais und Garten gingen in den Besitz des Großhändlers *Heinrich Samuel Kaan* über. Der Jude aus Ungarn erzielte im Handel mit ungarischer Wolle große Gewinne, gründete eine „Wollsortierungs-Anstalt", in der fünfhundert Arbeiter tätig waren. Die Geschäfte ermöglichten es Kaan, auch ein eigenes Bankhaus zu errichten. Männer seiner Art liebte das Vormärzregime: Tüchtig beim Vorantreiben des gewerblichen Fortschritts, desinteressiert an politischer Entwicklung. Kaiser Franz verlieh Kaan für seine Verdienste den Titel eines Ritters von Albest. Die Söhne des getauften Juden wurden fast alle Offiziere, die Töchter heirateten in vornehme Familien ein.

Später erwarb *Fürstin Sophie von Arenberg*, geborene Fürstin Auersperg, die Liegenschaft. Von ihr ging sie dann in den Besitz der *Gemeinde Wien* über. Die Randgebiete des Parks wurden zur Verbauung freigegeben, sodaß die Häuser am heutigen Dannebergplatz, am

Ziehrer- und am Sebastianplatz entstehen konnten. Die Neulinggasse brach sich nun Bahn quer über das Areal zur Landstraßer Hauptstraße. Den Rest des ehemals privaten Gartens gestaltete die Gemeindeverwaltung in einen öffentlichen Park um.

Die Umgebung des Arenbergpalais hatte sich unterdessen tiefgreifend verändert. Zinshäuser und ein Fabrikschlot schossen in nächster Nähe empor. Aus dem einstigen Palais wurde ein unscheinbares einstöckiges Haus, um dessen Wert nur die Kenner wußten. Der Zweite Weltkrieg bescherte der einst lieblichen Umgebung zwei Flaktürme, womit jeder Hauch aristokratischen Lebensstils verschwand. Danach entstand

ein Gemeindebau Ecke Neulinggasse-Landstraßer Hauptstraße direkt neben dem Arenbergpalais. 1958 wurde das Grundstück Nr. 96 für einen weiteren Wohnbau gewidmet. Das einstige Sommerschlößchen „mußte" weichen.

Als einziges Relikt aus feudaler Zeit ist das Gartenhäuschen des Fürsten Esterházy erhalten geblieben. Nur mit Mühe wußten kulturbeflissene Wiener im Jahr 1908 seinen Abbruch zu verhindern. An der Zierlichkeit dieses eigenartigen Baues mit seinen Reliefs erfreuen sich jetzt die Anrainer des Arenbergparks. In der schönen Jahreszeit wird das Gartenhaus, das dem liebestollen Esterházy als Rendezvousplätzchen gedient haben soll, als Meierei verwendet.

Gartenfront, Aufnahme 1904

Altes Palais Metternich und Villa Metternich

III, Rennweg Nr. 27

„Abend neun Uhr, Redoute pareé bei Metternich in seinem Palais, Landstraße. Der Eintritt reizend, die Vorhalle ein Zelt, der herrliche Saal, glänzende Masken, alles machte es zum zauberischen Feste. Vereinigung der mächtigsten Namen des Kongresses...“[1] Mit diesen prägnanten Worten schildert ein Augenzeuge einen Abend in der Privat-

Residenz des Fürsten am Rennweg zur Zeit des Wiener Kongresses. Doch ist hier nicht die Rede von dem heute noch existierenden Palais am Rennweg Nr. 27, das seit 1908 Sitz der italienischen Botschaft ist und in dem der aus dem englischen Exil heimgekehrte, längst entmachtete Staatskanzler die letzten Jahre bis zu seinem Tode 1859 verbracht hat. Die Schilderung betrifft den Vorgängerbau, der knapp vor dem

Sturz Metternichs abgerissen wurde, um dem Neubau von Johann Romano Platz zu machen.

Um 1700 errichtete *Johann Rudolf Kazy von Ludwiggstorff* ein „Völliges Gartengebäu“ auf einem Grundstück, das bis dahin nur Weingarten gewesen war und das sich bis zum „Grasgässerl“ (dem mittleren Teil der heutigen Neulinggasse) erstreckte. Die Besitzer wechselten oft. 1767 erwarb es die verwitwete *Für-*

___
[1] Wiener Kongreß 145

Villa Metternich mit der Kuppel der Salesianerinnenkirche, Aquarell von Rudolf v. Alt 1848

stin Anna Esterházy, weshalb das Palais in Hubers Vogelschauplan von 1774 unter der Bezeichnung „First von Esterházy" aufscheint.

Die gesamte Anlage war großzügig. Ein weitläufiger Ehrenhof schuf eine gehörige Distanz des Hauptgebäudes vom Rennweg. Es war ein eher schlichter Bau mit 15 Fensterachsen in der Breite. Zwei an den Längsseiten sich erstreckende Alleen, zwei Rondeauzierbauten und Blumenrabatten vor dem Haus zeichneten den Garten aus.

1785 trat abermals ein Wechsel in den Besitzverhältnissen ein. *Graf Ernst Christoph von Kaunitz-Rietberg,* der Sohn des Staatskanzlers, kaufte Palais und Garten dem Hof- und Kammerjuwelier *Franz Mack* ab. Des Grafen Tochter Eleonore verliebte sich einige Jahre später in einen jungen adeligen Emigranten, der es verstanden hatte, sie durch sein gutes Aussehen und seinen bestrickenden Charme für sich einzunehmen. Glänzende Partie war er keine, denn die Güter seiner Familie waren durch die Franzosen-Kriege verloren gegangen. Allem Naserümpfen zum Trotz setzte Eleonore die Heirat mit dem von ihr angebeteten Clemens Graf Metternich aus dem Rheinland durch. Die Hochzeit fand 1795 statt. Zwei Jahre später starb Eleonores Vater. So kam die Liegenschaft am Rennweg in den Besitz des Ehepaares *Metternich.* Die nächsten Jahre verbrachte Metternich allerdings fern von seinem neuen Wiener Heim, denn als Botschafter des Kaisers in Dresden und dann am Hofe Napoleons in Paris eröffnete sich ihm, nicht zuletzt wegen seiner Heirat mit der Enkelin des großen Kaunitz, eine glänzende Karriere. Erst 1809 kehrte Metternich endgültig nach Wien zurück. Kaiser Franz hatte ihn zum Außenminister be-

Galerie, links vorne der Fürst im Gespräch; zeitgenössische Lithographie

*Kunstsammlung in der Villa Metternich. In der Mitte ‚Amor und Psyche' von Canova;
zeitgenössische Lithographie*

rufen. Als Napoleon 1814 niedergerungen war und der Wiener Kongreß über die Neuordnung Europas beriet, wurde das Palais am Rennweg eines der gesellschaftlichen Zentren. Wer drängte sich nicht, eine Einladung zu Metternich zu erhalten, dem Mann, der in entscheidendem Maße hier das neue Antlitz des alten Kontinents prägte? Nicht weniger als 19 Bälle veranstalteten Fürst und Fürstin Metternich in ihrem Palais. Der Aufwand verschlang enorme Summen, sodaß der Minister seinen Kaiser sogar um finanzielle Unterstützung bitten mußte. Glanzvoll waren sie alle, die Feste bei Metternich, aber in ihrer Art doch verschieden. So berichtet die Gräfin Lou Thürheim: „Wenige Tage darauf gab Metternich, im Gegensatz zu dem Feste des Sieges, ein Fest des Friedens dem Hofe und der Stadt in seinem Palast. Alle Damen, von der Kaiserin angefangen, hatten dem Programm gemäß in blauer Toilette mit einer einzigen Blumengirlande aus Oliven oder Eichen im Haare zu erscheinen. Die Säle und Treppen waren mit den nämlichen Symbolen geschmückt. Man konnte nichts Frischeres und Freundlicheres sehen als diesen Aufputz, der auch allegorisch von gutem Geschmacke zeugte."[2]

Bei einem anderen Ball erschienen die Gäste in den Kostümen der einzelnen Kronländer. Die Ironie der Geschichte wollte es auch, daß die illustre Gesellschaft von jenem Sevresporzellan speiste, das Napoleon Metternich als Dank für das Zustandekommen der Heirat mit der Kaiser-Tochter Erzherzogin Marie-Louise 1810 geschenkt hatte.

Auch nach dem Kongreß ließ das Gesellschaftsleben im Palais Metternich in seiner Intensität kaum nach. So klagt der inzwischen zum allmächtigen Staatskanzler aufgestiegene Metternich seinem Sohn Viktor 1825 in einem Brief, er werde jeden Sonntagabend von dreihundert bis vierhundert Personen in seinen Salons förmlich belagert.

Berühmtheit erlangte das Kanapee im Salon Metternich. Hier durfte nur die Hausfrau Platz nehmen, flankiert von den beiden vornehmsten Damen, die zu Gast waren. Als Eleonore immer mehr unter ihrer Lungenkrankheit zu leiden begann und für die letzten Jahre ihres Lebens nach Paris übersiedelte, nahm Metternichs Cousine Gräfin Flora Wrbna-Kageneck den Platz der Hausherrin am Kanapee ein. Nach dem Tode Eleonores mußte Flora diese Gewohnheit aufgeben, denn Metternich verheiratete sich noch zweimal. Maliziös nannte die Wiener Gesellschaft die verdrängte Cousine „Witwe des Kanapees".

Es dürfte im Jahr 1832 gewesen sein, als im Palais Metternich eine Wiener Spezialität ihre Premiere erlebte. In der Metternichschen Küche arbeitete damals ein 16jähriger Kochelehe namens Franz Sacher. Er setzte eines Tages eine Torte seiner Erfindung auf die Tafel des Fürsten. Die Schokoladetorte mit ihrer unvergleichlichen Glasur und der Schicht Marillenmarmelade darunter war auch für den verwöhnten Gaumen Metternichs ein neuer Reiz. So trat die Sachertorte von hier aus ihren Siegeszug um die Welt an!

Metternich war auch ein Kunstliebhaber. Er sammelte Meisterwerke der Bildhauerkunst von Canova („Amor und Psyche"), Thorwaldsen, Rauch und anderen, Gemälde, Bronzen und Waffen. Zur Erweiterung der Unterbringungsmöglichkeiten beauftragte er 1835 den

Architekten Peter Nobile, den Erbauer des Äußeren Burgtores und des Theseus-Tempels im Volksgarten mit dem Umbau eines ebenerdigen und in seinem Grundriß kreuzförmigen Gartengebäudes, das 1815 von einem unbekannten Architekten errichtet worden war. Nobile vergrößerte diesen als „Villa Metternich" bezeichneten Bau, indem er ihn mit zwei Flügeln zur Verwendung als Museum und Galerie ausstattete. Die nunmehr hufeisenförmige Anlage erhielt einen kleinen Turm über dem Mittelrisalit. Auf der Attika ließ Metternich den Spruch anbringen „Parva domus, magna quies" (Das Haus ist klein, seine Ruhe groß).

Am 13. März 1848 war es mit dieser von Metternich so geschätzten Ruhe vorbei. Eine aufgebrachte Volksmenge schrie „Heraus mit dem Fürsten!", „Abbitte leisten!" Einige Männer drangen in die Villa ein und bemerkten, daß der Gesuchte nicht da war. Voller Wut begann man daraufhin die ebenerdigen Fenster einzuschlagen. Ehe aber Demolierungswut und Plünderung voll einsetzen konnten, zerstreute eine Militäreinheit die Volksmenge.

Nach dem Tode des gestürzten Kanzlers erbte sein Sohn *Richard Fürst Metternich* den Besitz. Die Auswirkungen des Börsenkrachs 1873 ließen auch ihn nicht unberührt. So entschloß er sich, den riesigen Garten als Baugrund parzellieren zu lassen, auf dem dann das Botschaftsviertel des dritten Bezirks entstand. Auch die Villa Metternich mußte weichen. Für Sentimentalitäten war in der hektischen Gründerzeit kein Platz. Ob Fürst Richard trotzdem daran gedacht haben mag, daß ihm als Bub einst Adalbert Stifter dort Unterricht erteilt hatte?...

---

[2] Wiener Kongreß 168

Palais der Fürstin Pauline Metternich

III, Jacquingasse Nr. 39 —
Fasangasse Nr. 34

Immer dichter wurden die Bombenteppiche, mit denen die Alliierten im Zweiten Weltkrieg ab dem Herbst 1944 auch das Gebiet um den Südbahnhof belegten. Das Fasan-Viertel im dritten Bezirk gehörte schließlich zu den schwerst betroffenen Stadtteilen, was sich heute an der Zahl der Neubauten erkennen läßt. Völlig in Trümmern lag auch das einstige Palais der *Fürstin Pauline Metternich-Sandor* auf dem Areal Jacquin-Gasse Nr. 39 — Fasangasse Nr. 34.

Über die Fürstin, die zu den populärsten Persönlichkeiten Alt-Wiens zählte, ist viel geschrieben worden. Und tatsächlich kann man an ihr nicht vorbeigehen, wenn man sich mit dem Wien der Ära Kaiser Franz Josephs beschäftigt. Sie war eine Enkelin des Staatskanzlers und die Tochter des Grafen Moritz Sandor von Szlavnicza, eines durch seine waghalsigen Reiterkunststücke europaweit bekannten Mannes. 1856 heiratete Pauline Fürst Richard, den Sohn des Kanzlers aus dessen zweiter Ehe mit Antonie von Leykam. Einer Tradition folgend, ernannte der Kaiser wieder einen Metternich zum Botschafter in Paris. Am schillernden Hof Napoleons III. entwickelte Pauline ihre gesellschaftlichen Fähigkeiten. Obwohl sie keine Schönheit war, besaß sie unendlich viel Ausstrahlung und Phantasie. Bald gewann sie auch die Freundschaft der Kaiserin Eugenie. Mit dem Sturz des zweiten Kaiserreiches kehrte das Ehepaar Metternich nach Wien heim, Fürst Richard zog sich ins Privatleben zurück. Mit aller für sie typischen Energie widmete sich Pauline nun der Förderung wissenschaftlicher und karitativer Organisationen, indem sie Feste veranstaltete. Bald erkannte sie,

Der Schreibsalon, Porträt der Fürstin von Winterhalter

daß der Reinerlös solch teurer Vergnügungen zu klein war, wenn sie nur auf den Adel beschränkt blieben. Ein Volksfest mußte her! Gegen den Widerstand des mächtigen Ersten Oberst-Hofmeisters Prinz Konstantin Hohenlohe, der sein Lebtag lang ihr Gegner blieb, arrangierte sie 1886 das Frühlingsfest im Prater. Es wurde ein voller Erfolg, denn in die Kassen flossen etwa 100.000 Gulden als Reinerlös. Später folgten die Blumenkorso und 1904 der erste Autokorso im Prater. Ihre Einfälle waren stets originell. Sie gab ein Fliederfest im Belvedere, dessen Ertrag zur Errichtung der Poliklinik diente, eine „Weiße Redoute", ein „Eis Gouter à la Roccoco" auf dem zugefrorenen Schloßteich in Laxenburg und vieles mehr. Die Gelder kamen außer der Poliklinik hauptsächlich der von ihrem Freund Hans Graf Wilczek gegründeten Wiener Rettungsgesellschaft, dem Weißen Kreuz und der Gesellschaft zur Förderung der Krebsforschung zugute. Ihrem Einsatz ist es auch zu danken, daß 1892 in Wien die Internationale Theater- und Musikausstellung zustande kam.

Daß die Wiener die Fürstin besonders ins Herz schlossen, erklärt sich von selbst. Wer verstand es schon, eine vielfältige, farbenfrohe „Hetz" zu immer guten Zwecken zu organisieren? Der Spruch

„'s gibt nur a Kaiserstadt,
's gibt nur a Wien!
's gibt nur a Fürstin,
d' Metternich Paulin!"

sagt genug aus. Es gab aber auch nicht wenige, denen die Aktivitäten und die Popularität Paulines ein Dorn im Auge war. Aber selbst auf boshafte Anfeindungen wußte Pauline stets mit einem Bonmot voll echt wienerischen Humors und spitzer Zunge zu antworten.

Das Jahr 1895 veränderte ihr Leben grundlegend. Am 1. März starb Fürst Richard. Da Pauline nur zwei Töchter zur Welt gebracht hatte, erbte eine andere Linie der Familie den Großteil des Metternichschen Besitzes. Auch eine neue Heimstatt mußte sie sich suchen. So beauftragte Pauline die Architekten Bouqué und Pio mit dem Bau eines Palais. In der Gesellschaft wunderte man sich einigermaßen über die Wahl des Standortes, war doch das Fasanviertel damals nicht gerade eine Gegend „der ersten" Kreise. Die Fürstin wünschte sich für ihr neues Heim vor allem zwei Voraussetzungen: Die Nähe einer Grünfläche sowie einer Kirche. Der an die Jacquingasse angrenzende Botanische Garten und die Anfang der neunziger Jahre erbaute Kirche der „Töchter der göttlichen Liebe" mit dem dazugehörigen Nonnenkloster (Jacquingasse Nr. 12 und Nr. 14) gaben den Ausschlag für den Erwerb des Grundstückes. Bereits 1896 war das Palais fertiggestellt. Es präsentierte sich als zweistöckiger Bau mit einer Fassade im Barockstil: „Die Empfangsräume liegen im Hochparterre des Palais, von einem erhöhten Perron kommt man über eine kurze Stiege in eine die ganze Länge des Hauses einnehmende Galerie, auf welche sich die drei nach der Jacquingasse gehenden Salons öffnen. Der erste ist das ‚morning room' der Fürstin, wo sie ihren Schreibtisch zwischen den beiden Fenstern stehen und alle ihre zahlreichen, interessanten Erinnerungen vereint hat.

Ausfahrt zum Blumenkorso, Tor Fasangasse, im Wagen: Fürstin Pauline mit ihrer Tochter Clementine und links vor der Einfahrt stehend Hans Graf Wilczek

Dann kommt ein in lichtgrün gehaltener Salon und schließlich der Saal in weißem Stuck mit reizenden, gemalten, kleinen Louis-XVI-Panneaux.

Das nach dem Hofe liegende Speisezimmer ist mit einer blauen Malerei auf weißem Grund nach dem Muster eines Salons im Schloß Nymphenburg ausgeschmückt.

Seitdem die Fürstin Witwe ist, hat sie ihre regelmäßigen Empfänge von Montag und Mittwoch abends aufgegeben. Bei den musikalischen Soiréen, welche sie alljährlich veranstaltete, entsprach die Anzahl der eingeladenen Gäste stets genau den im großen Salon vorhandenen 150 Sitzplätzen. Denn das ist bei ihr Axiom, daß alles sitzen muß, um bequem zuhören zu können, und daß man, solange Musik gemacht wird, nicht wie bei anderen Festen herumstehen darf. Über die Liebenswürdigkeit, mit der sie empfängt, braucht man ja nicht erst zu sprechen. Sie hat für jeden Neuankommenden ein passendes, zündendes Wort, ihre Augen sind überall. Sie sieht jeden verspätet Kommenden eintreten, grüßt aus der Ferne zunächst mit einem Kopfnicken oder vertraulichen Winken der Hand und spart nicht mit einem strafenden Blick, wenn ein junges ‚Komtesserl‘ während eines Vortrages etwas zu laut kichert. Das Programm der Vorträge ist immer ein auserwähltes. Da ist der Wiener Männergesangsverein auf dem Programm, ein anderes Mal Herr Korff, Herr Maran, Herr Tautenhayn oder sonst ein anderer Künstler. Nach Schluß des Programms bieten sich im Speisezimmer am reichhaltigen Buffet auserlesene Erfrischungen, und da wird auch die altberühmte Schokolade serviert.

Man sieht die anwesenden Staatsmänner und Diplomaten, in Gruppen verteilt, eifrig Konversation machen und die politischen Tagesfragen erörtern. Der jeweilige Minister des Äußern, ob er Graf Kalnoky, Graf Goluchowski, Graf Aehrenthal oder Graf Berchtold heißt, gehört immer zu den Intimen, zu den Stützen des Hauses der Fürstin. Sowohl die innere wie die äußere Politik darf in ihrem Salon nie fehlen. Über ihre zwei bis drei Soiréen und ein paar kleine, intime Diners geht die Fürstin nicht hinaus, da sie auch abends nicht mehr ausgeht und sich angeblich — von der Welt zurückgezogen hat. In der Tat hat sie ein strenges Regime in ihrer Tageseinteilung eingeführt und hält sehr energisch ihre hygienischen Mahlzeiten ein. Sie steht früh auf, macht eine zweistündige Morgenpromenade und begibt sich regelmäßig um zehn Uhr zur Ruhe. Ihr Sommerprogramm hält sie mit wenig Abwechslung gleichmäßig ein, beginnt mit einer Kur in Trencsin-Töplitz, begibt sich dann auf ihre ungarische Besitzung Banja und bringt den Herbst abwechselnd bei ihrer Tochter Fürstin Sophie von Oettingen-Spielberg in München und bei ihrer alten Freundin aus den Tuilerien des zweiten Kaiserreiches, der geistvollen Gräfin Melanie Portalès, geborene de Buissierre, in Ruprechtsau im Elsaß zu.

Kaiser Wilhelm, welcher vorher niemals Gelegenheit hatte, die Bekanntschaft der Fürstin zu machen, zeichnete sie anläßlich eines Wiener Aufenthaltes in ihrem Palais mit einem langen Besuch aus, über welchen er sich dann mit der größten Befriedigung äußerte.“[1]

In diesem Palais verbrachte die Fürstin 25 Jahre als lustige Witwe — und dies durchaus im positiven Sinn gemeint. Ihre Freude am Gesellschaftsleben, ihr Einsatz für Zwecke der Wohltätigkeit ließen nicht nach. Auch dann nicht, als sie längst ihren 80. Geburtstag hinter sich hatte und die Welt, in der sie selbst ein Fixstern war, mit dem Jahr 1918 versank. Sie erlebte noch den Anbruch einer neuen Zeit, sah voll Neugierde die neuen Tänze und probierte sogar einen Charleston mit dem Erbprinzen von Oettingen, um zu beweisen, daß man auch einen solchen Tanz mit „Anstand“ vollführen konnte. War sie doch der Meinung: „Zu meiner Zeit hat man solche Bewegungen nur im Bett absolviert.“ Am 28. September 1921 endete in diesem Palais ihr in jeder Beziehung reiches Leben.

Paulines Tochter *Sophie*, verheiratete und seit 1916 verwitwete *Fürstin Oettingen-Spielberg* trat das Erbe an. Sie war bis zu ihrem Tod 1941 Hausherrin in der Jacquingasse. Dann folgte ihre Tochter Elisabeth, verheiratete *Herzogin von Ratibor* als Eigentümerin. Wenige Jahre später richteten Fliegerbomben das Palais — fünfzig Jahre nach seiner Erbauung — zugrunde. Das Grundstück wurde verkauft, heute steht an dieser Stelle ein modernes Wohnhaus.

---

[1] Fritsche 578 ff.

Palais Lanckoroński

III, Jacquingasse Nr. 16—18

Die neunziger Jahre des vorigen Jahrhunderts brachten nach dem Abschluß der Ringstraßen-Ära eine neue Epoche in der baugeschichtlichen Entwicklung Wiens. Die Eingemeindung der Vororte und der Abbruch des Linienwalls schufen dazu die Voraussetzung. Am Zusammenschluß der Arbeiterviertel mit den vornehmlich bürgerlichen inneren Bezirken entstand die Gürtelstraße mit ihren für die Spätgründerzeit typischen Wohnbauten. Paläste wurden ihr entlang keine errichtet. Lediglich das Palais Lanckoroński Ecke des Landstraßer Gürtels — Jacquingasse bildete eine Ausnahme.

Karl Graf Lanckoroński-Brzezie (1848 bis 1933) erwarb hier ein 4.800 Quadratmeter großes Grundstück, das direkt an Kirche und Kloster der „Töchter der göttlichen Liebe" grenzt. Mit dem Bau des Palais beauftragte er die Architekten *Fellner* und *Helmer,* die sich vornehmlich durch ihre Theaterbauten in der ganzen Monarchie, aber auch im Ausland einen Namen gemacht hatten. Der Bauherr wollte hier nicht nur einen Wohnsitz für seine Familie schaffen, sondern auch seine umfangreichen Kunstsammlungen in repräsentativen Räumen unterbringen. Denn durch mehrere Generationen hindurch sammelte die Familie Lanckoroński Kunstschätze aller Art und förderte die Künstler. Schon der Onkel des Bauherrn, Karl Graf Lanckoroński senior, bekleidete in den ersten Regierungsjahren Kaiser Franz Josephs das Amt eines Oberstkämmerers, womit ihm die Verwaltung aller kaiserlichen Kunstsammlungen unterstand. Später sollte auch der jüngere Lanckoroński in diese Stellung berufen werden, und zwar zu Ende der Regierungszeit Franz Josephs und zu Beginn der kurzen Herrschaft Kaiser Karls. Sein ganzes Leben lang blieb Karl Graf Lanckoroński der Jüngere den Anliegen von Kunst und Wissenschaft verbunden. Er

Nach der Fertigstellung 1896

Palais u. Museum der Grafen Lanckoroński
(birgt grosse Kunstschätze.)

Grüsse aus Wien.

studierte in jungen Jahren Kunstge-
schichte an der Universität Wien, unter-
nahm 1882 bis 1884 mit Gelehrten und
Künstlern eine archäologische For-
schungsreise in den Süden Kleinasiens.
Die Ergebnisse sind in dem von ihm her-
ausgegebenen zweibändigen Werk „Die
Städte Pamphiliens und Pisidiens" zu-
sammengefaßt worden. Später folgten eine Ägypten-Reise mit dem Maler Hans
Makart und eine Weltreise. Makart und
die Bildhauer Tilgner und Zumbusch gehörten zu seinem Freundeskreis. Für einige ihrer Kunstwerke stiftete Lanckoroński die erforderlichen Geldmittel.
Als Präsident der Gesellschaft für Denk-
malpflege und Vizepräsident des Denk-
malamtes half Lanckoroński so manches
Kulturerbe vor dem Verfall oder der Ab-
rißwut der Gründerzeit zu bewahren.
Zu nennen sind hier die Erhaltung des
Riesentores des Stephansdomes, der
Kampf gegen die Pläne zur Verbauung
des Karlsplatzes, die Ausgrabungen in
Carnuntum und die Restaurierung des
Wawel, der Königsburg in Krakau.
Nach 1918 war Graf Lanckoroński Mitglied der Kommission für die Rückfüh-
rung polnischer Sammlungen und Ar-
chive von Österreich in das wiederer-
standene Polen. Auch als Schriftsteller
betätigte er sich, doch blieben seine So-
nette, die als formvollendet und gehalt-
voll beschrieben wurden, ungedruckt.
Mit dem Namen Lanckoroński ist weiters das Mädchen-Rekonvaleszenten-
heim Faniteum am Gemeindeberg in
Ober St. Veit verbunden. Der Graf stiftete dieses Heim zur Erinnerung an seine verstorbene Gattin. Hier fanden besonders arme Mädchen unter 14 Jahren
Aufnahme, nachdem sie aus dem Spital
entlassen worden waren.
Die Bauarbeiten an dem Palais dauer-

ten 1894 bis 1895. Das im Barockstil gestaltete Hauptgebäude war 22 Meter von
der Baufluchtlinie der Jacquingasse zurückgeschoben. Eine mit Vasen und Bü-
sten geschmückte Mauer umgab das
Grundstück. Zwei schmiedeeiserne Gittertore an der Seite Jacquingasse gewährten Einlaß zum Haupteingang, der sich
in der überbauten Unterfahrt über eine
Rampe erreichen ließ.

„Betritt man das weite Vestibül, so öffnen sich links zwei mit blaßgrünem Damast ausgestattete Salons mit von Char-
lemont gemalten Superporten, an den
Wänden kostbare Bilder von Canaletto,
Madame Vigée-Lebrun, Nattier und Largillière. Eine Terracotta-Büste der Kaiserin Elisabeth von Epinay ist besonders

schön und eine im goldigen ‚Vernis Martin' schillernde Kommode, ein seltenes
Prachtstück.

Die mit Bildern alter Meistèr, Gobelins und Skulpturen reich dekorierte
Halle, welche den Mittelbau des Palais in
der ganzen Höhe einnimmt, bildet mit
ihrer kühn und imposant geschwungenen und mit dem kunstvoll geschnitzten
Geländer geschmückten Treppe, welche
zu den Räumen des ersten Stockwerkes
emporführt, einen würdigen Rahmen
zum Empfang einer großen Gesellschaft,
deren Zahl oft 500 Personen übersteigt
— bei welchen Gelegenheiten gewöhnlich in einer zu diesem Zwecke adaptierten Loggia eine Musikkapelle konzertiert.
In dieser Halle wurden auch wiederholt

Bürogebäude, Hoffmann—La Roche, 1984

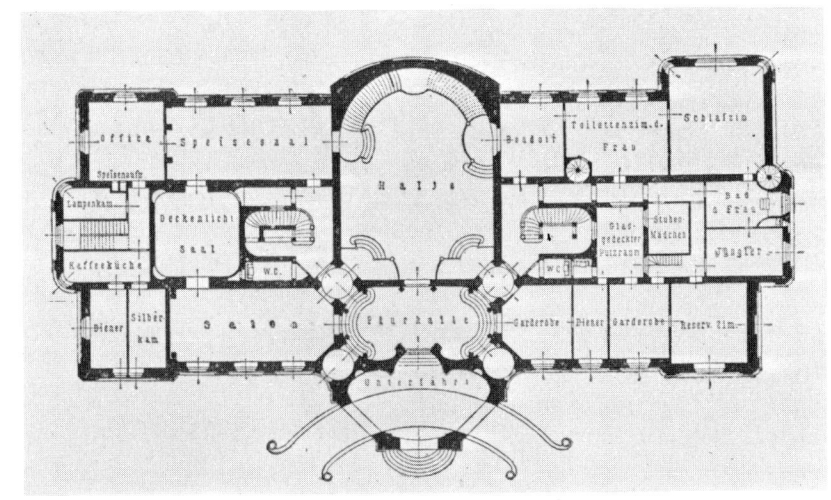

Grundriß, Erdgeschoß

Halle

wissenschaftliche Vorträge gehalten, unter anderem vom bekannten Afrikareisenden Grafen Eduard Wickenburg.

Die eine Wand dieses einzig schönen Raumes ziert ein prachtvoller Kamin aus der Früh-Renaissance mit zwei Fackelträgerinnen in Marmor. Bequeme Lederkanapees und Fauteuils laden zu einer traulichen ‚Causette‘ bei prasselndem Feuer mit großen Holzscheiten ein. Unter den zahlreichen Bildern ist ein bemerkenswertes Porträt von Meytens der Kaiserin Maria Theresia in weißem, kunstvoll gemalten Spitzenkleide und reichem Diamantschmuck, ein Urgroßmutter-Porträt der Gräfin Barbara Golowyn, geborenen Prinzessin Galitzin, von Madame Vigée-Lebrun, die Grafen Franz und Kasimir Rzewuski von Pompejo Battoni und ein Porträt des Hausherrn von Makart.“[1]

Von Franz Schrotzberg stammte das Porträt des Grafen Lanckoroński senior. Im Erdgeschoß lagen links von der Halle die Empfangsräume, rechts die Räumlichkeiten für die Hausfrau mit den Nebenzimmern, (darunter Garderobe, Stubenmädchen- und Dienerzimmer, Lampenkammer, Kaffeeküche, ein glasgedeckter Putzraum). Mittelpunkt des Hauptgeschosses war ein mit Fresken geschmückter Saal über dem Vestibül und der Unterfahrt, an den sich beiderseits Säle zur Aufnahme der Kunstsammlungen schlossen. In diesem Stockwerk befanden sich auch die Wohnräume des Hausherrn und ein Salon der Dame des Hauses.

Die im Palais Lanckoroński ausgestellten Kunstschätze waren eine Sehenswürdigkeit erster Ordnung und deshalb weit

Palais Lanckoroński: Freskensaal

Freskensaal

Speisesaal

---

[1] Fritsche 88.

über die Grenzen der Monarchie bekannt. Hier sah man Skulpturen der Antike und der italienischen Renaissance, Bilder der alt-italienischen, spanischen, französischen, deutschen und niederländischen Schule (Tintoretto, Botticelli, Füger, Grassi, Lampi, Daffinger und andere). Zu den wertvollsten Stücken des Hauses zählten drei Gemälde von Rembrandt, „Judenbraut", „Brautvater" und „Petrus". Im Damensalon hingen Bilder von Madame Vigée-Lebrun, Madame Labille, und anderen Franzosen. Dem Grünen Kabinett gaben Werke des 18. Jahrhunderts seine eigene Note. Den mit Eichenboiserien versehenen Speisesaal zierten niederländische Tapisserien aus der Zeit Ludwigs XIV. und Marmorbüsten der Grafen Lanckoroński. Der Antikensaal war mit Fresken von Domenichino aus dem Museum der Villa Aldobrandini in Frascati geschmückt. Überall standen prachtvolle antike Möbel. Auch die Kleinkunst war reichlich vertreten: Bronzen, Terrakotten, antike Gläser, Miniaturen, Fächer, Vasen etc. taten ein übriges, um das Palais zu einem Juwel zu machen. Graf Lanckoroński hat 1903 selbst eine genaue Beschreibung seiner Sammlung verfaßt.

Viktor von Fritsche weiß über die Gesellschaften im Palais und die Dame des Hauses, Gräfin Margarete Lanckorońska, geborene Gräfin Lichnowsky, zu berichten:

„Es ist hier der Konzentrationspunkt des in Wien weilenden polnischen Adels sowie hervorragender Politiker, Staatsmänner, Künstler, Professoren und Gelehrter, zu welchen sich die Vertreter des Wiener Hochadels sowie Hof- und Staatswüdenträger und fremde Diplomaten gesellen. Gräfin Lanckorońska, deren interessanter, feingeschnittener Kopf mit dem früh ergrauten Haar und den geistvollen Augen an die Miniature einer Marquise aus dem 18. Jahrhundert erinnert, hat das spezielle Talent, ihre zahlreichen Gäste in besonders liebenswürdiger Weise zu begrüßen. Ihr immer sehr dezidiertes Urteil und ihr überaus klarer, scharfer Verstand erinnern an die Persönlichkeit ihres auch in Wien sehr bekannten Bruders, des Fürsten Lichnowsky, jetzigen deutschen Botschafters am englischen Hofe in London. Sie schreckt niemals davor zurück, die Wahrheit offen ins Gesicht zu sagen, und versteht es, sich selbst durch die geistreiche, anregende Art ihrer Konversation, die jedes Thema beherrscht und jede Banalität ausschließt, zum anziehenden Mittelpunkt aller Gesellschaftskreise, in denen sie erscheint, zu machen.

Feste, wie sie Graf und Gräfin Lanckoroński in ihrem Palais geben, gehören unbedingt zu den hervorragendsten Sehenswürdigkeiten des Wiener gesellschaftlichen Lebens. Ein Blick von der Galerie des ersten Stockwerkes auf die in der Halle versammelte bunte Gesellschaft und den berühmten, unvergleichlichen Diamantschmuck der Wiener Damen macht einen feenhaften Eindruck und bleibt eine Augenweide wunderbarster Art."[2]

Leider hatten diese Kostbarkeiten nur wenige Jahrzehnte hier ihren Bestand. Ein Großteil der Sammlung wurde zu Beginn des Zweiten Weltkrieges nach Schloß Hohenems gebracht, nachdem die Familie Lanckoroński in die Schweiz übersiedelt war. Die in Hohenems gelagerten Kunstgegenstände fielen gänzlich einem Brand zum Opfer. Andere Teile befinden sich heute in der National Gallery in London. Das Palais war im Krieg durch seine Nähe zum Südbahnhof dem Bombenhagel besonders ausgesetzt. Zu Kriegsende stand nur mehr eine Ruine, viele Jahre blieb dieser Zustand unverändert. 1960 erfolgte dann der Abbruch. An der Ecke Jacquingasse — Landstraßer Gürtel steht heute das in Stahl und Glas errichtete Bürogebäude des Konzerns Hoffmann-La Roche. Die Spuren von Palais und Kunstsammlung scheinen völlig verweht. Lanckoroński? Fast nichts läßt sich darüber in Archiven erfahren. Und selbst den auf Österreich und seine Kultur spezialisierten Lexika ist dieser Name keine Erwähnung mehr wert.

---

[2] Fritsche 87 u. 91.

Palais Vetsera

III, Salesianergasse Nr. 11

Nahezu pausenlos rollt heute der Verkehr über die Kreuzung Neulinggasse — Salesianergasse — Zaunergasse. Wer weiß noch, daß hier am westlichen Ende der Neulinggasse quer über die Fahrbahn ein kleines Palais stand, das eine besondere Bedeutung für die Geschichte des alten Österreich erlangen sollte: Das Vetsera-Palais. Obwohl die Familie Vetsera das Palais Salesianergasse Nr. 11 nie käuflich erwarb, sondern lediglich mietete (1885 betrug die Jahresmiete 3.417 Gulden), prägte gerade ihr Name derart tief die Geschichte dieses Hauses, daß eine Bezeichnung nach den Besitzern unnatürlich erscheinen würde.

Erbaut wurde das Haus 1794 als freistehender Barockbau mitten in einem Garten. Nach mehrmaligem Besitzerwechsel erwarb 1855 Fürst *Milos von Serbien* die Liegenschaft. Die nicht enden wollenden Balkanwirren und der blutige Machtkampf zwischen den Häusern Obrenovits und Karageorgevits ließen es einem Fürsten wie ihm ratsam erscheinen, im Ausland jederzeit ein sicheres Exil zu besitzen. Er erweiterte das Haus durch den Zubau zweier Seitentrakte, wodurch gegen die Front zur Salesianergasse ein von drei Seiten umschlossener

Vorgarten entstand. Die Rückfront ging auf einen Garten hinaus, der direkt an den langgestreckten, ursprünglich bis in die Strohgasse reichenden Park des Palais Modena grenzte.

1880 mietete *Albin Freiherr von Vetsera* das kleine Palais für seine Familie. Er hatte während seiner diplomatischen Tätigkeit in Konstantinopel die Bankierstochter Helene Baltazzi — angeblich die beste „Partie" dieser Stadt — geheiratet. Ihre Brüder, vor allem Hektor und Aristides machten sich später europaweit einen Namen durch ihre Leistungen im Pferdesport. Der Ehe, von der es ein offenes Geheimnis war, daß sie auf keiner Liebesheirat basierte, entstammten vier Kinder. Bald nach dem Einzug in das Palais mußte Baron Vetsera Wien verlassen. Er wurde als Delegierter Österreich-Ungarns bei der Kommission zur Verwaltung der ägyptischen Staatsschulden nach Kairo versetzt. Dort starb er auch 1887 fern von seiner Familie.

Das Leben in der Salesianergasse stand für die Vetseras von allem Anfang an unter keinem guten Stern. Der älteste Sohn, der 16-jährige Ladislaus gehörte am 8. Dezember 1881 zu den Besuchern des Ringtheaters. Lediglich zwei später in den Trümmern gefundene Manschettenknöpfe gaben den entsetzten Eltern

die Gewißheit, daß ihr Sohn in der Flammenhölle des Ringtheaterbrandes umgekommen war. Die ganze Sorge der Mutter galt nun der Zukunft ihrer drei verbliebenen Kinder, vor allem die beiden Töchter sollten möglichst glänzende Partien machen, was nichts anderes hieß, als sie mit Mitgliedern des Hochadels zu verheiraten. Deutlich bevorzugte die Baronin in dieser Hinsicht ihre jüngere Tochter Marie-Alexandrine, genannt Mary. Obwohl keine Schönheit im klassischen Sinne, wirkte Marys Erscheinung auf Männer magnetisierend. Ihre Mutter tat alles, um aus dieser Wirkung das Beste herauszuschlagen. Dies geschah in Form zahlreicher Feste, die die Baronin in den Gesellschaftsräumen ihres Palais gab. Sie befanden sich im linken hinteren Seitentrakt des Gebäudes. Über ihr Aussehen gibt es keine genauen Hinweise, es ist lediglich bekannt, daß auch eine kleine Spiegelgalerie vorhanden war. Das gesellschaftliche Leben in seiner ganzen Intensität schien bereits Früchte zu tragen. Prinz Miguel von Braganza, Angehöriger der portugiesischen Königsdynastie, galt schließlich als ernsthafter Bewerber um Marys Hand, auch wenn er bereits Witwer und Vater dreier Kinder war. Doch Mary entwickelte früh eine auffallende

Schwärmerei für den Kronprinzen. So suchte sie nach Mitteln und Wegen, mit Rudolf in persönlichen Kontakt treten zu können. Die dazu nötige Vermittlung fand sie in Marie-Luise Gräfin Larisch-Wallersee, Nichte der Kaiserin Elisabeth und Freundin der Familie Vetsera. Unter dem Vorwand, Mary für Einkäufe als Begleitung zu benötigen, brachte Gräfin Larisch ihren Schützling mit Rudolf zusammen. Damit fand der Kronprinz, der wahrscheinlich aus mehreren Motiven seit längerem mit Selbstmordgedanken umging, jenes schwärmerische, zu allem bereite weibliche Wesen, das er brauchte, um seinen Entschluß wahr zu machen.

Man schrieb November 1888. Die Baroneß nützte von nun an jede Gelegenheit, um mit Rudolf zusammenzukommen. Außer den „Einkäufen" mit Gräfin Larisch boten sich die Abendstunden zu

diesem Zweck an. Die Mutter mag sich gewundert haben, daß Mary immer öfter Entschuldigungen fand, um nicht mit in Gesellschaft oder in die Oper gehen zu müssen. Kaum waren Mutter und Schwester aus dem Haus, machte sich Mary mit Hilfe ihrer Zofe Agnes Jahoda, die als einzige um das Geheimnis des Mädchens wußte, fertig, eilte in die Marokkanergasse hinunter, wo bereits Rudolfs Leibfiaker Bratfisch wartete und sie auf schnellstem Weg in die Hofburg brachte. Kam die Baronin mit Hanna nach Hause, war auch Mary längst zurück. Nichts erregte Verdacht. Erst wenige Tage vor Mayerling begann die Baronin — will man ihren eigenen Angaben glauben — zu ahnen, daß ihre Tochter mit dem Kronprinzen in engerer Verbindung stand. Doch wußte Gräfin Larisch mit ihrem Doppelspiel die Wogen zu glätten. Am Vormittag des

28. Jänner 1889 verließ Mary das Palais — für immer. Von Marie Larisch alarmiert machte sich die Baronin auf die Suche nach ihrer verschwundenen Tochter, zwei Tage später erfuhr sie im Vorzimmer der Kaiserin vom Tod Marys und des Kronprinzen. Allerdings ohne die näheren Umstände.

Noch am selben Tag erschien der General-Adjutant des Kaisers Graf Paar im Palais Vetsera und teilte der zutiefst bestürzten Mutter mit, Mary habe den Kronprinzen und danach sich selbst vergiftet. Abschließend forderte er die Baronin unmißverständlich auf, Wien aus Sicherheitsgründen sofort zu verlassen. Willenlos folgte Helene Vetsera dieser Anordnung, bestieg einen Zug nach Venedig, brach dann aber die Reise ab und kehrte in die Salesianergasse zurück. Dort erfuhr sie schließlich zu ihrer Erleichterung, daß Mary keine Mörderin war. Am nächsten Tag händigte ihr das Oberhofmeisteramt die drei Abschiedsbriefe aus, die Mary an ihre Mutter, ihre Schwester Hanna und ihren Bruder Ferri geschrieben hatte. Für die Beisetzung Marys in Heiligenkreuz mußten unter strengster Geheimhaltung Helenes Bruder Alexander Baltazzi und ihr Schwager Georg Graf Stockau sorgen. Sie selbst war gezwungen, in Wien zu bleiben, ersparte sich aber die Zeugenschaft der Nacht- und Nebelaktion mit denkbar makaberem Ablauf.

Schließlich kam sogar Ministerpräsident Eduard Graf Taaffe ins Palais und überredete die Baronin, Verhaltensmaßregeln für die nächste Zukunft anzunehmen. Sie mußte für die Dauer der Trauerfeierlichkeiten für den Kronprinzen Wien verlassen und eine Art gesellschaftliche Quarantäne für ihren Wohnsitz akzeptieren. So blieben die Gittertore zum

Palais Vetsera, Aquarell von A. Blamauer, 1915

Palais versperrt, der Portier wurde beauftragt, alle Besucher mit dem Hinweis auf eine schwere Erkrankung Marys abzuweisen.

Mit der Mayerling-Affäre änderte sich das Leben in der Salesianergasse grundlegend. Die Zeiten aufwendiger Feste waren vorbei. Von Ausnahmen abgesehen hatte der Name Vetsera in der tonangebenden Gesellschaft einen skandalumwitterten Beigeschmack. Galten die Vetseras und die Baltazzis ohnehin als schillernd und allzu ehrgeizig, ging man ihnen nach Mayerling umso mehr aus dem Weg; zumal der Kaiser niemals (auch trotz persönlicher Eingaben) einen sichtbaren Akt des Wohlwollens setzte, um die prekäre Lage der Baronin zu beenden. Im Palais verkehrten nur mehr die engsten Freunde. Der Schatten von Mayerling zwang zu Stille und Zurückgezogenheit. Als Ferri Vetsera mit Beginn seiner Offizierslaufbahn auszog, war für Helene Vetsera und ihre Tochter das Palais zu kostspielig. Der Mietvertrag wurde gekündigt, die Baronin übersiedelte in eine Mietwohnung im vierten Bezirk.

1902 zog in das Palais Salesianergasse Nr. 11 die *amerikanische Gesandtschaft* ein, 1911 folgten die *Japaner*. 1916 brach sich die Neulinggasse ihren Weg durch den Modena-Park, das im Weg stehende Gebäude mußte weichen. Als die Mauern des ehemaligen Vetsera-Palais fielen, lebten auch die anderen Vetsera-Kinder nicht mehr. Hanna, mit einem holländischen Grafen Hendryk von Bylandt verheiratet, war 1901 nach einer Fehlgeburt an Typhus gestorben. Ferri, Vater dreier Kinder, fiel im Herbst 1915 an der Ostfront. Erst 1925 endete das Leben der Baronin Helene Vetsera, nachdem sie in den letzten Jahren fast ihr gesamtes Vermögen durch die Inflation verloren hatte.

Der Name Vetsera ist durch die Mayerling-Affäre heute noch weltweit ein Begriff, das Palais in der Salesianergasse ist aber längst in Vergessenheit geraten. Nur manchmal fragen Besucher aus Amerika im Bezirksmuseum danach...

Situation 1984, Blick auf die Einmündung der Neulinggasse in die Salesianergasse

Palais der Deutschen Botschaft

III, Metternichgasse Nr. 3 — Jaurèsgasse — Reisnerstraße

Botschaftsgebäude mit Vorgarten

Mit dem Fall der Basteien schien in Wien alles neu zu werden. Nichts konnte sich dem ungeheuren Sog eines nie gekannten Wirtschaftsaufschwunges und rasanter technischer Entwicklung entziehen. Und so war es nicht verwunderlich, daß sich auch die ausländischen Mächte an diesem Rausch des Neuschaffens beteiligten. Auch sie wollten mit ihren Vertretungen in der Reichshaupt- und Residenzstadt architektonisch Akzente setzen. Die Auflassung des großen Metternichschen Parks und seine Umwidmung als Bauland boten dazu die Gelegenheit. Vornehmlich das erst 1871 neugeschaffene Deutsche Reich, dessen Gründung durch die Verdrängung Österreichs aus Deutschland möglich wurde, wollte sich in der Hauptstadt von Europas ältester Dynastie eine beeindruckende Repräsentanz schaffen. 1877 bis 1879 entstand auf dem Areal Metternichgasse Nr. 3 — Richardgasse (heute Jaurèsgasse) und Reisnerstraße zwischen der britischen und der russischen Botschaft das deutsche Botschaftspalais.

Für die Fassade wählte Architekt *Viktor Rumpelmeyer* den Stil der italienischen Renaissance mit französischen Anklängen. Das Gebäude war gegen alle drei Straßenseiten hin zurückversetzt. Der gewonnene Raum wurde als Ziergarten genützt. Von der Haupteinfahrt in der Metternichgasse gelangte man über eine gedeckte Unterfahrt und anschließend über das großzügig angelegte Treppenhaus in die Repräsentationsräume im ersten Stock. Sie waren im Wiener Barockstil ausgestaltet, das in seiner abgeklärt weichen Noblesse einen merkwürdigen Gegensatz bildete zu dem später hier angebrachten Riesengemälde von Kaiser Wilhelm II., das ihn mit ty-

pisch martialisch-parvenuhafter Gebärde darstellte. 1879 war das Botschaftspalais bezugsfertig — ein für beide Reiche schicksalhaftes Jahr. Der damals zwischen Wien und Berlin geschlossene Zweibund (mit Italien später auf den Dreibund erweitert) wurde immer wieder verlängert, bis er Habsburg und Hohenzollern Seite an Seite in den Ersten Weltkrieg und damit in ihren Untergang riß.

1889 sollte das Botschaftspalais Schauplatz eines denkwürdigen Abends werden. Es war der 27. Jänner, Geburtstag Kaiser Wilhelms II. Botschafter Prinz

Heinrich VII. Reuß lud aus diesem Anlaß alles, was in Wien Rang und Namen hatte, zu einer glanzvollen Soirée. Um die besonders guten Beziehungen zu Deutschland und seinem erst wenige Monate regierenden Herrscher zu unterstreichen, erschien sogar Kaiser Franz Joseph in der Uniform seines preußischen Garderegiments in Begleitung zahlreicher Mitglieder des Kaiserhauses. Auch das Kronprinzenpaar war gekommen. Rudolf kostete dies einige Überwindung. Ihm war die preußische Ulanenuniform, die auch er laut Protokoll hatte anlegen müssen, ebenso zuwider

Botschaft der Bundesrepublik Deutschland, Front Jaurèsgasse, Aufnahme 1965

wie der gefeierte Wilhelm. Niemand der Anwesenden konnte ahnen, daß es der letzte offizielle Auftritt des Kronprinzen sein sollte — bis auf eine Ausnahme: Mary Vetsera. Sie war zusammen mit ihrer Mutter Baronin Helene Vetsera und ihrer Schwester Hanna zu der Soirée gekommen. Neben der Kronprinzessin zog auch die 17jährige Baroneß die Blicke auf sich. Ihre Beziehung zu Rudolf war verschiedentlich durchgesickert. So mancher der Geladenen versuchte, aus dem Verhalten der beiden etwas abzulesen, was den Gesellschaftsklatsch bestätigen konnte. Doch Rudolf unterhielt sich mit Mary nicht länger als mit anderen Damen. Bewunderung und Mißgunst schlugen dem Mädchen mehr oder minder offen entgegen. Die Schwester Kronprinzessin Stephanies, Luise Coburg, beargwöhnte „diese Verführerin, die uns mit brennenden Augen fixierte. Es bedarf nicht vieler Worte, um sie zu schildern; dort stand sie, strahlend wie eine Königin, die keine Rivalin fürchtete, so leuchtend und triumphierend schien ihre Schönheit; ihr Blick aus wundervollen, schwarzen Augen und ihre ganze sinnliche Grazie waren sich ihrer Macht bewußt."[1]

Niemand wußte, daß das 17jährige Mädchen im ärmellosen hellblauen Abendkleid und einem Diamanthalbmond im dunklen Haar bereits mit dem Kronprinzen vereinbart hatte, gemeinsam mit ihm aus dem Leben zu scheiden. Drei Tage später sollten die Schüsse von Mayerling die Monarchie in ihren Grundfesten erschüttern.

Danach wollten viele, die diese Soirée miterlebt hatten (aber auch solche, die sie nur aus Erzählungen kannten) an diesem Abend bereits alarmierende Anzeichen beobachtet haben, die auf die bevorstehende Thronprinzen-Tragödie hingedeutet hätten. Da war die Rede von einer schweren Brüskierung Rudolfs durch seinen Vater, einem lautstarken Wortwechsel zwischen Rudolf und Stephanie beim Verlassen der Botschaft auf der Stiege und einer Herausforderung der Kronprinzessin durch Mary Vetsera. Solche Berichte mit ihrem sensationslüsternen Gehalt dürften wohl in erster Linie verbreitet worden sein, um die Personen, von denen sie stammen, interessant und wichtig erscheinen zu lassen. Absolut sicher ist nur eines: Mary verlor an diesem Abend einen Saphir aus dem Armband, das Rudolf ihr geschenkt hatte. Der Stein wurde am nächsten Tag gefunden und in das nahegelegene Palais Vetsera gebracht. Zu diesem Zeitpunkt befand sich Mary allerdings bereits auf dem Weg nach Mayerling...

1894 ernannte Wilhelm II. seinen Intimfreund Philipp Graf (seit 1900 Fürst) Eulenburg-Hertefeld zum Botschafter in Wien. Auf ihn war Kaiser Franz Joseph eifersüchtig, weil zwischen dem eleganten Diplomaten und Katharina Schratt ebenfalls ein freundschaftlicher Kontakt bestand. „Der Botschafter ist sehr aimable, viel geistreicher und amüsanter als ich und wird mich nur zu bald in Ihrem Herzen verdrängt haben. So werde ich beständig von schwarzen Gedanken verfolgt und es ist höchste Zeit, daß Sie mich wieder selbst beruhigen, daß ich wieder in Ihre lieben, klaren Augen sehe...", schrieb der Kaiser 1896 an die „Gnädige Frau".[2]

Im Krisensommer 1914 war das Botschaftpalais, in dem seit 1907 *Heinrich von Tschirschky* Hausherr war, eine der Schaltstellen für die diplomatischen Absprachen zwischen Wien und Berlin. Die Automatik der Bündnissysteme führte direkt in den Ersten Weltkrieg. Im Garten der Botschaft standen zwei Plastiken, die allegorisch „Sieg" und „Frieden" darstellten. Der von den deutschen Militärs angestrebte „Siegfrieden" ging über die Kräfte der Mittelmächte. 1919 verließ Botschafter Botho Graf Wedel Wien, das nun nicht mehr Reichshaupt- und Residenzstadt war. Kurze Zeit schien es so, daß künftig eine deutsche Botschaft in Wien gar nicht mehr nötig wäre. Doch der von der deutsch-österreichischen Nationalversammlung gebilligte Anschluß an die deutsche Republik scheiterte am Widerstand der Siegermächte in Paris. Österreich mußte unabhängig bleiben, was von der Mehrzahl der Bevölkerung und der politischen Kräfte wie eine Verdammnis empfunden wurde. Deutschland blieb weiterhin in Wien vertreten, wenngleich die Mission nur mehr den Rang einer Gesandtschaft einnahm. Die Zeiten, da zwischen Wien und Berlin Weltpolitik betrieben wurde, waren endgültig Geschichte. Die geschwächte Großmacht und der Kleinstaat ohne Selbstvertrauen vermochten 1931 nicht einmal eine Zollunion zu schließen.

Eine gründliche Wandlung der Verhältnisse trat dann mit dem Fall der Demokratie in beiden Staaten 1933 ein. Der Antagonismus zwischen den Regimen Hitler und Dollfuß schuf eine zum Zerreißen gespannte Atmosphäre, die sich im mißglückten Putschversuch der österreichischen Nationalsozialisten mit der Ermordung von Bundeskanzler Dollfuß entlud. Hitler schlug von da an einen anderen Weg ein, um zu seinem

---

[1] Hamann 451.

[2] Markus 140.

Ziel zu gelangen. Er entsandte den katholischen und konservativen Franz von Papen nach Wien. Papen hatte die Aufgabe, den Anschluß, der sich nicht durch handstreichartige Gewaltanwendung verwirklichen ließ, nun schrittweise und „diplomatisch" vorzubereiten. Die zunehmende außenpolitische Isolierung Österreichs und der geringe Rückhalt der Regierung Schuschnigg im Inneren bewirkten, daß alles wie nach Plan verlief. 1937 besuchte der deutsche Reichsaußenminister Konstantin Freiherr von Neurath Wien. Ein politisch schon todgeweihter Bundeskanzler Schuschnigg erschien zu dem Empfang in der Metternichgasse. (Seit 1936 wieder im Rang einer Botschaft). Wenige Monate später machte der Anschluß eine deutsche Botschaft in Wien überflüssig.

Das Palais erhielt eine neue Funktion — als *Offiziersheim*. Im letzten Kriegsjahr wurde der Bau, der in unserem Jahrhundert nach Plänen des weltberühmten Wiener Architekten *Josef Hoffmann* neu adaptiert worden war, durch Bomben schwer beschädigt. Im noch verwendbaren Teil richtete die Wiener Landesregierung nach dem Krieg ein Büro der Kriegsgefangenen-Fürsorge ein. 1958 erfolgte schließlich die Abtragung des gesamten Gebäudekomplexes, um für den Neubau der Botschaft der Bundesrepublik Deutschland (1963 bis 1965) Platz zu machen.

Beide Bauten wirken symbolhaft: Das verschwundene Palais als Sinnbild für den Untergang des alten Deutschland in seiner politischen und geistigen Dimension, der Neubau als „Beton" gewordener Ausdruck des westlichen deutschen Nachfolgestaates mit dem weitgehenden Verlust seiner historischen Kontinuität.

Festsaal, Aufnahme 1939

Eingangshalle mit Stiegenhaus, Aufnahme 1939

Palais Pollack-Parnau

III, Schwarzenbergplatz Nr. 5

Palais Pollak-Parnau, Originalzustand

Mit der Einwölbung des Wien-Flusses im Zuge des Stadtbahnbaues entstand Anfang dieses Jahrhunderts der baulich jüngere Teil des Schwarzenberg-Platzes jenseits der Lastenstraße. Aus dieser Zeit stammen das Haus der Kaufmannschaft und das Haus der Industrie, die jenem Bereich heute noch sein charakteristisches, groß-österreichisches Gepräge geben. In der Ausweitung des Platzes vor dem Palais Schwarzenberg, wo Rennweg und Prinz Eugen Straße ihren Ausgangspunkt nehmen, zieht das Palais der französischen Botschaft als eigenwilliges Beispiel der modernen Kunst unmittelbar vor dem Ersten Weltkrieg heute noch die Aufmerksamkeit auf sich. Enttäuschend ist dagegen der Blick auf die gegenüberliegende Ostseite des Platzes. Gerade am markanten Punkt dieser Seite — vom Anfang der Gußhausstraße im vierten Bezirk schon von weitem zu sehen — steht ein Haus, das in der Geschlossenheit des Platzes wie ein Paukenschlag am falschen Ort wirkt. Der Krieg hat hier, Schwarzenbergplatz Nr. 5, eine schwere Wunde geschlagen und das Palais Pollack-Parnau fast zur Gänze zerstört. Eigentlich wollten die Amerikaner die dahinterliegende Poli-

Als Haus der Kreisleitung, 1939

zeikaserne in der Marokkanergasse treffen.

Nur ganze dreißig Jahre hatte dieses Palais am Schwarzenbergplatz Bestand, denn es wurde knapp vor 1914 auf den Gründen der abgerissenen Heumarkt-Kaserne nach Plänen des Architekten *Ernst von Gotthilf* fertiggestellt. Auftraggeber war *Bruno Pollack von Parnau*, ein Textilindustrieller. Ihm gehörten Fabriken in Schwadorf und Waltersdorf (noch heute im Besitz der Familie), in Böhmen und in Ungarn. Souterrain und Hauptgeschoß blieben der Familie vorbehalten, die anderen Wohnungen wurden vermietet. Prominenter Mieter war in der Zwischenkriegszeit *Camillo Castiglioni*, der berüchtigte und vielfach angefeindete Inflationsmillionär. Seine Beziehung zu der Geschichte dieses Hauses hat zu Fehlschlüssen Anlaß gegeben, wodurch das Palais in manchen Werken unter seinem Namen aufscheint. Tatsächlich hat Castiglioni diesen Bau niemals besessen, sondern das Palais Eugen Miller von Aichholz in der Prinz-Eugen-Straße Nr. 28 als seinen Wiener Wohnsitz erworben.

Interessant ist die Beschreibung des Palais Pollack-Parnau in einem Stadtführer aus dem Jahr 1928: „Die Ostseite des Schwarzenbergplatzes nehmen durchwegs neue Häuser ein, die in interessan-

Steyr-Haus, Situation 1984

126

ter Weise zeigen, wie die konservative Richtung der Wiener Architektur sich nach dem Einbruch der Moderne unter Olbrich, Otto Wagner, Josef Hoffmann zu regenerieren sucht. Namentlich das der französischen Botschaft gegenüberliegende vornehme Zinshaus Nr. 5 von Gotthilf zeigt in glücklicher Weise das Streben, die Tektonik des Baues und seinen organischen Charakter neu zur Geltung zu bringen. "[1] Ein prachtvolles Stiegenhaus ganz in Holz ausgeführt charakterisierte das Innere. Ein einziger Nachteil ergab sich durch die relative Enge des Innenhofes.

1938 vollzog sich ein Bruch, sowohl was die äußere Gestaltung als auch die Besitzverhältnisse betraf. Da die Familie Pollack-Parnau den damals erforderlichen „Ariernachweis" nicht erbringen konnte, wurde sehr rasch „arisiert". Der prachtvolle Bau im Stadtzentrum mit

ostentativer Lage hatte den neuen Machthabern sofort ins Auge gestochen. Und sie wußten auch gleich, zu welchem Zweck sie ihn nutzen wollten. Bevor hier die *NSDAP-Kreisleitung* für den dritten Bezirk einziehen konnte, „mußte" natürlich noch gründlich umgebaut werden, um die Baugesinnung des Dritten Reiches in seiner nunmehr zweitgrößten Stadt gleich von allem Anfang an zur Geltung zu bringen. Kapitelle und Kannelierung der Säulen verschwanden ebenso wie die sechs großen Amphoren zwischen den Fenstern des dritten Stockwerkes, dafür prangte dann in der Mitte der NS-Hoheitsadler. Auch der gesamte Reliefschmuck wurde heruntergeklopft. Selbst die Balkongitter mußten ausgetauscht werden.

Die Front zum Schwarzenbergplatz, die bis dahin auch ebenerdig bloß Fenster mit Aussicht auf einen Vorgarten hatte, erhielt drei hohe Tore in der Mitte, von denen eine kurze, aber sehr breite Freitreppe zum Straßenniveau hinunterführte. 1939 präsentierte sich somit

das ehemalige Palais Pollack-Parnau in ziemlich veränderter Form, Architekt Gotthilf hätte es wahrscheinlich nicht wieder erkannt. Dafür trug das Haus jetzt eine Fassade Marke „Speer" oder „Gießler", was aber ganz dem Zeitgeist entsprach.

1945 war es mit ihm und dem Haus, das seinen Zwecken dienen mußte, vorbei. Die Familie Pollack-Parnau, die 1938 zuerst in die Tschechoslowakei und später nach Budapest gegangen war, wurde in ihre Eigentumsrechte wieder eingesetzt, was aber nichts anderes hieß, als daß ihr ein Trümmerhaufen ausgefolgt wurde. Der Grad der Zerstörung und die Verhältnisse der Nachkriegszeit ließen einen Wiederaufbau nicht zu. 1958 trat das Bürohaus des Steyr-Daimler-Puch-Konzerns das Erbe auf diesem Baugrundstück an. Trotz der kürzlich vorgenommenen Renovierung bleibt dieses Haus ein signifikates Beispiel für versäumte Gestaltungschancen der Nachkriegsarchitektur im innerstädtischen Bereich.

---

[1] Baldass 277 f.

Palais Czernin-Althan

IV, Wieden, Gebiet der Favoritenstraße, Rainergasse, Mayerhofgasse

Sommerpalais Czernin-Althan auf der Wieden, oben: links die Favorita, rechts das Palais Starhemberg-Schönburg um 1720, unten Blick vom Palais gegen die Stadt

Joseph Haas   Handzeichnungen

Gartenschloß Althan auf der Wieden mit Ausblick auf Wien um 1720

172

Wechselvoll war die Geschichte dieses Hauses auf der Wieden. Viele Besitzer nannten es ihr eigen, und auch der Bestimmungszweck änderte sich öfter. Der Einfachheit halber ist es hier nur nach dem Erbauer und seinem bedeutendsten Nachfolger benannt.

Thomas Zacharias Reichsgraf von Czernin und Chudenitz erwarb in den Jahren 1693 bis 1695 mehrere Grundstücke unmittelbar neben der „Neuen Favorita", dem Sommerpalast der Kaiserfamilie nach der Türkenbelagerung. Die Großen des Reiches zog es immer in die Nä-

he des Hoflagers. Graf Czernin hatte Glück. Das Areal, das er kaufte, umfaßte ein Gebiet, das heute von der Favoritenstraße, Rainergasse, Schaumburgergasse und Mayerhofgasse gebildet wird. 1697 ging Czernin daran, auf dem Grundstück ein Sommerpalais zu errichten.

Gartenfront um 1800

Gräflich Carolische Lustgebäude auf der Wieden

129

Es stand ungefähr dort, wo heute der Gemeindebau „Berta-von-Suttner-Hof" liegt. Über die Entstehung des Palais und seine Ausstattung wissen wir nur wenig. Manche Eigenheiten lassen vermuten, daß *Johann Lukas von Hildebrandt* der Architekt war. Handzeichnungen aus dem Jahr 1720 zeigen uns eine weitläufige Anlage mit starker Betonung des Mittelbaues. Er hatte eine oktogonale Form und war mit einem zwiebelförmigen Dach gekrönt. Von der vorgelagerten Terrasse führte eine doppelte Freitreppe im Knick in den Garten hinunter. Die Seitenflügel besaßen Flachdächer, die mit Steinfiguren geschmückt waren. Der Garten mit seiner ungeheuren Ausdehnung war „französisch" mit Buchspyramiden und Taxushecken geziert. Springbrunnen belebten die Anlage. Vom Palais aus genoß man einen besonders schönen Ausblick auf die Stadt hinter den Basteimauern. Am Horizont hoben sich die Berge des Wienerwaldes vom Himmel ab.

Das ganze Selbstbewußtsein und der Geschmack eines Mannes von großem Einfluß drückten sich in der Anlage aus. Als Vizekanzler und Erbmundschenk von Böhmen gehörte Graf Czernin zu den mächtigen Mitgliedern des Hofadels. Unentwegt beschäftigte er sich mit der Verschönerung seines Sommersitzes, ließ Orangerien, Glashäuser und Wasserspiele anlegen. Aber inmitten all dieser Geschäftigkeit starb er im Februar 1700 völlig unerwartet.

Palais und Garten gingen an die *Grafen Waldstein* über, die aber nur wenige Jahre hier seßhaft waren. 1716 erwarb dann *Graf Michael Johann von Althan* den Besitz. Er gehörte zur tonangebenden „Spanischen Partei" am Hofe Kaiser Karls VI. Dieser hatte sein Episodenkö-

nigtum in Spanien aus der Zeit, als die europäischen Mächte erbittert um das Erbe der ausgestorbenen spanischen Habsburger rangen, nie vergessen. Der plötzliche Tod seines Bruders Joseph I. hatte ihn gezwungen, die noch nicht erkämpfte spanische Krone aufzugeben und in Wien das Erbe als Römisch-Deutscher Kaiser anzutreten. Einige der Vornehmen Spaniens folgten ihm nach Wien. Sie erfreuten sich der besonderen Gunst des Kaisers. Einen enormen Einfluß auf Karl VI. übte Graf Althan aus. Er wurde mit Auszeichnungen überhäuft, nahm die Würden eines Obrist-Stallmeisters und eines Erbschenks des Heiligen Römischen Reiches ein. Seine Stellung als Favorit verstärkte seine Frau Maria Anna, geborene Pignatelli. Sie gehörte zu den nach Wien emigrierten Spaniern. Die „Schöne Althan" oder auch die „Spanische Althan" nannte man sie damals allgemein. Mit Schönheit und Geist ausgestattet, zur Palast- und Sternkreuzordensdame erhoben, spielte sie eine hervorragende Rolle bei Hof und in der Wiener Gesellschaft.

Graf Althan ging nach Erwerb des Palais Czernin sofort daran, diesen Besitz zu verschönern und zu vergrößern. Er kaufte zwei benachbarte Grundstücke dazu. Der Kaiser bezeigte ihm auch hier seine besondere Gunst und befreite die Liegenschaft in einem Freibrief vom 12. September 1717 für „immerwährende Zeiten" von „allen anklebenden Steuern, Hof- und Soldatenquartier, nicht weniger von denen Beschwernüssen der Jagdroboth". Doch auch Graf Althan war es nur wenige Jahre vergönnt, sich seines schönen Besitzes neben der kaiserlichen Sommerresidenz zu erfreuen. 1722 starb er hier. Seine Witwe erbte Palais und Garten. Nahezu 33 Jahre lang

war die „Schöne Althan" nun ausschließliche Herrin auf diesem Grund.

„Hier in diesen Räumen waltete sie wie eine Königin, inmitten ihres Hofstaates hielt sie Cercle und öffnete ihren Salon der guten Gesellschaft und dem hohen Adel. Ihre Moden und Einführungen wurden bald maßgebend, ja ein unverbrüchliches Gebot der Wohlanständigkeit und feinen Sitte, ihr Haus ein Spiegelbild der Mode und ein Sammelplatz aller jener, die durch Vermögen glänzen oder bei Hof etwas durchsetzen wollten."[1]

Eine österreichische Pompadour oder Dubarry war Gräfin Althan aber sicher nicht, auch wenn man sie später wiederholt als allmächtige Mätresse des Kaisers dargestellt hat. Wäre sie es gewesen, so hätte sie unter Maria Theresia, der sittenstrengen Tochter Karls VI. ganz gewiß keine gesellschaftliche Rolle mehr spielen können. Die Gräfin ist aber — und das dürfte Beweis genug sein — eine der ausgezeichneten Teilnehmerinnen des berühmten Damenkarussells gewesen, das Maria Theresia zur Feier der Wiedereroberung Prags im Österreichischen Erbfolgekrieg Anfang 1743 in der Winterreitschule veranstaltet hat. Martin van Meytens hielt dieses glänzende Ereignis auf der Leinwand fest. Von der Hauptloge aus beobachtet die verwitwete Kaiserin Elisabeth Christine, die Mutter Maria Theresias, das Damenkarussell. Es ist undenkbar, daß sie an einer solchen Veranstaltung teilgenommen hätte, wäre Gräfin Althan wirklich die Mätresse gewesen, die die einst so schöne Kaiserin als Rivalin hätte ertragen müssen.

---

[1] Kisch (Vorstädte II) 106.

Eine mächtige Frau blieb Gräfin Althan jedenfalls auch als Witwe. Oft wird sie in ihrer wappengeschmückten Karosse durch die bepflanzte und bereits öffentlich beleuchtete „Favoritenallee" (heute Mayerhofgasse) hinübergefahren sein in die kaiserliche Sommerresidenz, in deren Park Karl VI. prunkvolle Barockopern aufführen ließ. Für Kunst und Wissenschaft hatte sie eine besondere Neigung. Der Hofdichter Pietro Metastasio gehörte zu ihren bevorzugten Schützlingen. Man sprach sogar von einer heimlichen Ehe der Gräfin mit ihm.

Dann kam der Oktober 1740. Drüben in der Favorita starb Karl VI. vier Tage nach einem Jagdausflug, bei dem ihm plötzlich schlecht geworden war. Mit ihm erlosch nicht nur der männliche Stamm der Habsburger, sondern auch der kaiserliche Glanz auf der Wieden. Maria Theresia mied die Mauern, in denen ihr Vater verschieden war, ließ fieberhaft an ihrer neuen Sommerresidenz Schönbrunn bauen. Und auch der Glanz um die Gräfin Althan begann langsam zu verblassen. Die Jahre gingen dahin, die Reihen der Freunde von einst lichteten sich. Drüben in der Favorita zogen die Jesuiten ein, die hier ihr Collegium nobilium einrichteten, das Maria Theresia 1749 in die „Theresianische Ritter-akademie" umwandelte. 1755 starb Gräfin Althan. Ihre Familie blieb noch bis 1792 im Besitz von Palais und Garten auf der Wieden.

Von *Carolina Gräfin Althan,* der letzten ihres Geschlechts, ging die Liegenschaft in die Hände der *Grafen Karolyi,* einem alten ungarischen Adelsgeschlecht über. Mit Ludwig Karolyi, der 1824 hier das Erbe antrat, endete das Adelsleben auf diesem Grund.

Ein Teil des großen Gartens wurde 1825 als Baugrund verkauft. Palais und den restlichen Garten erwarb der Möbelfabrikant *Josef Danhauser,* der Vater des berühmten gleichnamigen Biedermeiermalers. Der neue Besitzer richtete hier seine Fabrik und sein Verkaufslokal ein. Danhausers Betrieb florierte wie kein anderer in Wien. Schon 1808 hatte er 130 Arbeiter beschäftigt. Seine Idee, nicht nur Möbel, sondern die gesamte Wohnausstattung in einem zu erzeugen, wirkte revolutionär. Bei ihm konnte man alles, was für die Einrichtung eines Zimmers nötig war, kaufen — sogar Glaswaren. Mit Danhausers plötzlichem Tod 1830 war der Höhepunkt überschritten. Sein Sohn verstand nichts von Unternehmensführung, war nur fixiert auf die Malerei. Doch die Mutter drängte ihn, die Erfolge des Vaters fortzusetzen. Widerwillig übernahm der junge Danhauser die Leitung des Betriebes. Damit begann der Abstieg. Um Geld zu beschaffen, wurde abermals ein großer Teil des Gartens auf Baustellen veräußert. Das Viertel um die Danhausergasse entstand. Doch der Ehrgeiz der Mutter Danhausers war zu wenig. Immer mehr geriet die einst erste Möbelfabrik Wiens in die Krise. Prozesse mit Gläubigern und Auseinandersetzungen waren an der Tagesordnung. Endlich wurde die Firma Danhauser 1838 liquidiert.

Für das zur Fabrik degradierte Palais fand sich bald ein neuer Zweck. Der rasch wachsenden Vorstadt Wieden fehlte ein Krankenhaus. Die Gemeinde kaufte den Bau und eröffnete hier 1841 das *Wiedener Krankenhaus.* Zu- und Umbauten im Laufe der folgenden hundert Jahre ließen von der einstigen Palaispracht so gut wie nichts übrig. Der stehen gebliebene Mitteltrakt des Palais diente zunächst als Direktionsgebäude des Krankenhauses, später als Kapelle. Nach dem Zweiten Weltkrieg wurde das klein und unmodern gewordene Spital aufgelassen. Die letzten Reste der Palaismauern verschwanden zusammen mit den verschachtelten Pavillons. Der „Bertha-von-Suttner-Hof" mit der für die Nachkriegszeit typischen Gemeindebauarchitektur gibt diesem Viertel heute ein völlig anderes Gepräge.

Palais Erzherzog Rainer

IV, Wiedner Hauptstraße Nr. 63 — Schönburggasse Nr. 1

Stich nach einer Zeichnung von Jos. Emanuel Fischer v. Erlach, rechts das spätere Palais Rainer

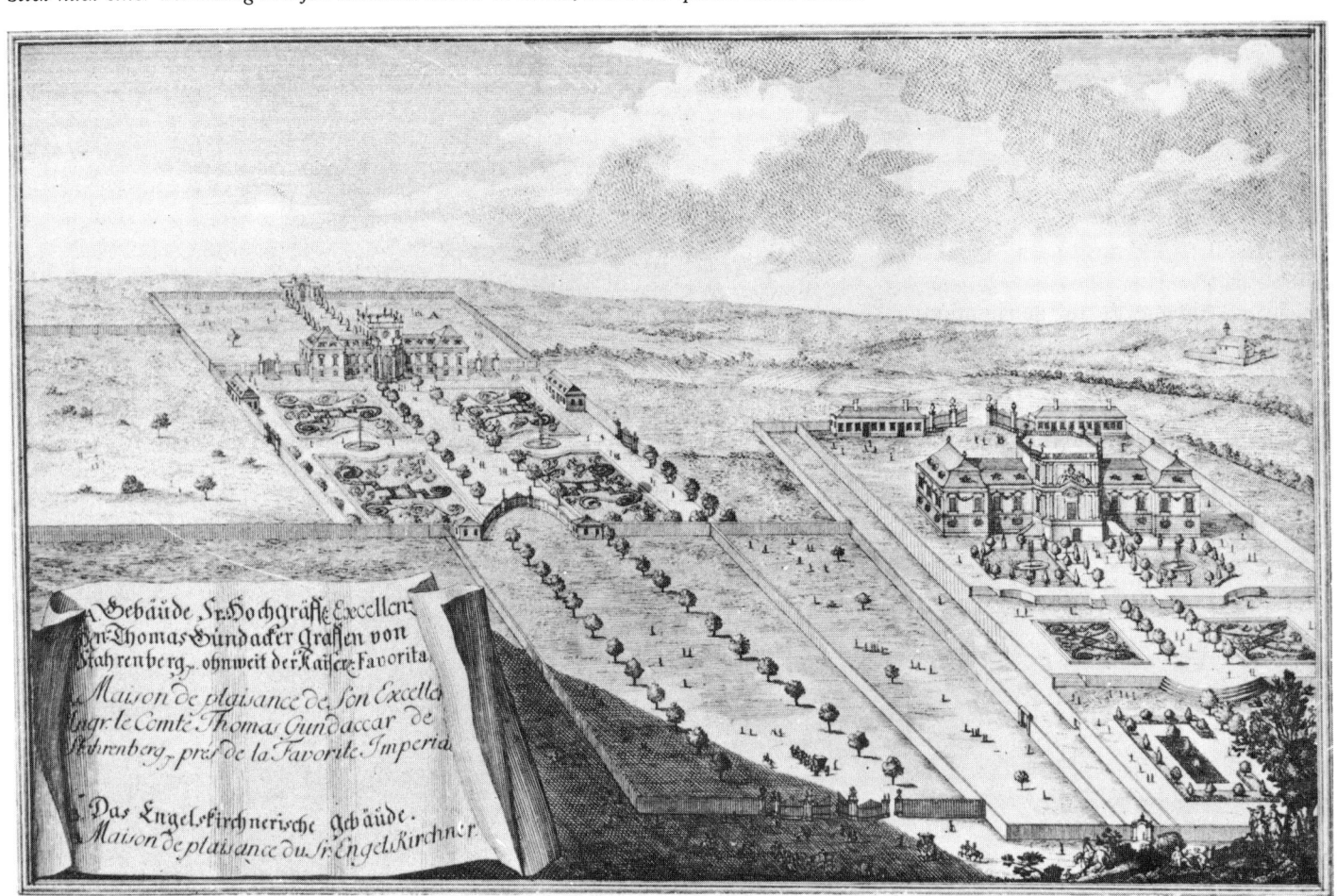

Ein Bürohaus aus Glas und Stahl von monströsem Ausmaß verleiht dem Areal Wiedner Hauptstraße — Schönburggasse — Rainergasse heute seinen Akzent. Ein Zubau von erschlagender Wirkung gegen die Ecke Schaumburgergasse — Rainergasse schiebt sich an die bröckelnden Gemäuer des einst so schönen Palais Schönburg-Starhemberg heran. Es scheint fast unglaublich, daß sich auf diesem Gelände einst ein reizvolles und geschichtsträchtiges Palais befand, das erst 1957 dem Erdboden gleichgemacht wurde.

Ursprünglich gab es hier nichts als Weinrieden. Seitdem aber die kaiserliche Familie die „Neue Favorita" zu ihrem Sommersitz gemacht hatte, drängten sich die Großen und diejenigen, die dafür gehalten werden wollten, in der Nähe der kaiserlichen Gnadensonne ein Gartenpalais zu besitzen. *Leopold von Engelskirchen* war vermutlich ein typischer Neureicher der Barockzeit. Als Hoflieferant und Großhändler wollte er es dem Hofadel in der Lebensführung gleichtun. Anfang des 18. Jahrhunderts ließ er auf dem Grundstück ein prächtig ausgestattetes Sommerhaus bauen. Statuen von *Matielli* zierten die Dachbalustrade. An Stelle der Weinrieden kam ein in drei Terrassen gegliederter Garten in zeitgemäßer französischer Manier. Eine Zeichnung von Joseph Emanuel Fischer von Erlach gibt ein anschauliches Bild von dem ursprünglichen Aussehen des „Engelskirchnerschen Lustgebäudes". Die Version, Kaiser Karl VI. habe dieses Palais für die von ihm so geschätzte Gräfin Althan erbauen lassen, dürfte das Produkt des Hof- und Gesellschaftstratsches gewesen sein, besaß die „schöne Althan" doch gleich in der Nähe ein eigenes, noch dazu der Favorita näher gelegenes Sommerpalais.

Portal, Aufnahme 1943

Verschieden sind auch die Angaben über das weitere Schicksal dieses „Lustgebäudes". Engelskirchner soll sich bei dem Bau finanziell übernommen haben. Groner berichtet von einer Pfändung des Sohnes und Erben im Jahr 1724. In anderen Darstellungen ist davon nicht die Rede. Sicher ist jedoch, daß der erste Leibarzt Karls VI. *Pius Nikolaus Garelli* die Liegenschaft 1724 erwarb und sich bis zu seinem Tode 1739 daran erfreute.

Seine Tochter verkaufte Palais und Garten der kaiserlichen Familie. *Kaiser Franz Stephan*, der Gemahl Maria Theresias, ließ vor allem im Garten Verschönerungen vornehmen.

Zwei Jahre nach seinem Tod wurde das Palais für einige Wochen zum Brennpunkt des öffentlichen und politischen Interesses. Wiederum grassierten die Pocken in Wien. Dieser schlimmste Feind des Erzhauses, wie Maria Theresia

diese Krankheit einmal nannte, machte auch diesmal nicht Halt vor der kaiserlichen Familie. Die Kaiserin selbst wurde von der damals meist tödlich endenden Krankheit befallen, nachdem sie ihre Schwiegertochter Josepha besucht hatte. Wie ein Lauffeuer verbreitete sich die Nachricht von der Erkrankung der Kaiserin in der Stadt. Viele Wiener eilten zur Hofburg, um allerneueste Nachrichten über das Befinden ihrer Monarchin zu erfahren. Doch Maria Theresia hielt sich seit den Morgenstunden des 23. Mai 1767 bereits in dem Palais auf der Wieden auf. Am Höhepunkt der Krankheit Anfang Juni wurde in allen Kirchen der Stadt das vierzigstündige Gebet anbefohlen und das Allerheiligste ausgesetzt. Aber die robuste Natur der Kaiserin überstand die tödliche Gefahr. Joseph, ihr ältester Sohn und Mitregent, weilte ständig bei ihr. Er ließ sich im Vorraum des Krankenzimmers ein Bett aufstellen. Um seine ungeliebte häßliche Josepha kümmerte er sich kaum. Unbeweint und ohne Begleitung mußte sie ihren letzten Weg in die Kapuzinergruft antreten.

Groß hingegen war die Freude über die allmähliche Genesung der Regentin in der Stadt. Der Obersthofmeister Fürst Johann Joseph Khevenhüller-Metsch war zusammen mit den anderen obersten Hofchargen am 10. Juni für elf Uhr zur Kaiserin bestellt. Im Bett liegend empfing sie ihre Getreuen in dem abgedunkelten Raum. Khevenhüller ging in die Knie und bekundete mit Tränen in den Augen seine Freude über die Genesung seiner Herrin. Am 14. Juni konnte Maria Theresia ihr „Quarantäne-Palais" verlassen. Eine allgemeine Erleichterung bemächtigte sich der Residenz. Die Freude erreichte am 22. Juli

Reitschule im Park, Aufnahme 1957

ihren Höhepunkt. An diesem Tag fuhr die Kaiserin in großer Gala, begleitet von ihren Kindern und umbrandet von Tausenden Vivat-Rufen, in den Stephansdom, um an einem Dankgottesdienst für ihre Genesung teilzunehmen. Sie selbst schrieb ihre Gesundung der Kunst van Swietens zu. Zum Dank überhäufte sie ihn mit Geschenken. Er erhielt ein in Brillanten gefaßtes Porträt der Kaiserin und dreitausend Dukaten. Auch die anderen behandelnden Ärzte Hummelauer und Störck gingen nicht leer aus.

Drei Jahre später veräußerte die Kaiserin das Palais an *Graf Joseph von Windisch-Grätz*. Sie hatte anscheinend kein Interesse mehr an diesem Besitz. War es die Erinnerung an die große Gefahr? Wer vermag es heute schon zu sagen. Einmal aber in kaiserlichem Besitz gewesen, hieß das Palais im Volksmund aber weiterhin das „Kaiserhaus". Die nächsten fünfzig Jahre wechselte das Palais häufig die Besitzer. Unter ihnen findet man Adelige wie einen *Graf Wilczek* und *Graf Nadasdy-Fogaras* sowie Großhändler wie *Johann Tost* und *Jakob von Boesner*.

1824 erwarb ein interessanter Mann die Liegenschaft. Als Vorbild für den Verschwender in Raimunds gleichnamigem Theaterstück sollten seine Eskapaden der Gesellschaft Gesprächsstoff liefern: *Johann Heinrich Freiherr von Geymüller*. Das Bankhaus Geymüller war in der Biedermeierzeit ein Begriff wie später der Name Rothschild. Die beiden Brüder Geymüller aus Basel machten in der Kaiserstadt ihr Glück. Ihr Name glänzte bald gleichrangig neben denen der Arnstein, Eskeles und Sina. Außer den großen Kreditnehmern und Geschäftspartnern gab es viele Kunden aus dem

Hauptfront vor dem Abbruch, Aufnahme 1957

Situation 1984, Bürogebäude

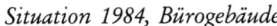

Bürgertum. Auch Ludwig van Beethoven gehörte zu ihnen. Seine Honorare aus dem Ausland wurden an das Bankhaus Geymüller überwiesen. Der sagenhafte Reichtum ermöglichte es dem Brüderpaar Paläste, Villen, Grundstücke zu erwerben, darunter das Palais Caprara in der Wallnerstraße und die heute noch unter dem Namen Geymüller-Schlößl bekannte Biedermeiervilla in Pötzleinsdorf. In den Geymüllerschen Salons gaben sich die Prominenten des Biedermeier, ob sie der Politik, Wirtschaft oder Kultur angehörten, ein Stelldichein. Im Winter 1820—1821 lernte Franz Grillparzer in einem Geymüller-Salon Kathi Fröhlich kennen.

Der Neffe des Brüderpaares Johann Heinrich war offenbar in jeder Beziehung maßlos. „Das ist ein Kerl von Balzacschen Ausmaßen gewesen. Den Kopf voller gekrauster Haare, mit einem mephistophelischen Gesicht, hat er das Geld ausgestreut wie der König Midas, hat mit der berüchtigten Gräfin Desfours, einer der großen Kurtisanen des Wiener Kongresses, eine Tochter gehabt, hat das ,Tausend-Gulden-Kräutl', die Marie Preindl, im Preindl-Salettl ausgehalten und hat mit seiner schönen Frau Rosalie, die das Geld erst richtig zum Fenster hinauswarf, wie Hund und Katz gelebt."[1]

Dieser „Flottwell" brachte 1824 das Palais auf der Wieden an sich und baute es um. Aus den Randvignetten des Grafen Vasquez wissen wir, wie Palais und Garten 1825 ausgesehen haben:

„Das Hauptgebäude ist terrassenförmig aufgebaut. Das flache, mit Balustraden gezierte Dach gibt dem Ganzen ein imposantes Ansehen, die beiden Seitenflügel treten mit dem Mitteltrakt gleichmäßig hervor. Das Ganze ist mit einem englischen Park umgeben, der bis zur Hauptstraße hervortritt; doch ist derselbe noch von der Straße durch lebende Hecken getrennt. Erst einer späteren Zeit war es vorbehalten, die alte, bei dem Haupteingang zur Rechten und zur Linken befindliche Gartenmauer rings um diese Realität zu verlängern."[2]

Der Hoftheaterdirektor Ignaz Franz Castelli hielt in seinen Memoiren Einzelheiten über die Gesellschaften bei Geymüller fest.

„Es herrschte ein Glanz, ja ich muß sagen eine Verschwendung in diesem Haus wie in wenigen fürstlichen. Die Diners und Soupers waren von der größten Feinheit und Vielfältigkeit, es wurden Schauspiele, sogar Opern gegeben. Ich weiß mich eines Balles im Kaiserhaus (später Palais Erzherzog Rainer, Anm. d. Verf.) zu erinnern, zu dem bei dreihundert Personen geladen waren und bei welchem der Champagner in Strömen floß. In der Christnacht wurden die näheren Freunde des Hauses so reichlich beschenkt, daß ich einst bei solcher Gelegenheit einen Fiaker mußte holen lassen, weil ich die Geschenke nicht alle tragen konnte…"[3]

Die Kehrseite der Medaille sah Castelli aber auch:

„Ich glaube nicht, daß er (Geymüller) mit Rosalie glücklich war, ebensowenig sie mit ihm; allein man merkte ihm nie eine Unzufriedenheit an, wohl aber ihr. Ein Beweis dafür aber ist wohl, daß er ein Nebenverhältnis mit der Gräfin Desfours und sie mit meinem Freunde Ha-saurek und, wie man behauptete, noch mit einem anderen haben soll."[4]

1832 machte das Palais des Herrn von Geymüller aus einem ganz anderen Grund von sich reden. Als erstes Haus Wiens erhielt es eine Gasbeleuchtung. Sogar die Laternen im Hof, im Stall und auf der Straße wurden auf die technische Neuerung umgestellt. In diesem Jahr war eine private Aktiengesellschaft für Gasbeleuchtung gegründet worden, die dieser sensationellen Neuerung (dem aus Harzöl entwickelten Gas) in den Häusern und auf den Straßen zum Durchbruch verhelfen wollte.

Zehn Jahre später stand der Bankrott ins Haus. Der Baron wurde steckbrieflich verfolgt. Alle seine Besitztümer wurden versteigert. Das Palais auf der Wieden erwarb 1843 die *Direktion der Ersten Österreichischen Spar-Casse.* Wieder wechselten die Besitzer in rascher Folge. (1844 *Graf Ferdinand Leopold Palffy von Erdöd,* k. k. Kämmerer; 1848 *Sidonia Gräfin von Palffy,* geborene Lobkowitz).

1854 ging der ganze Besitz schließlich in die Hände *Erzherzog Rainers* über. Der Neffe Kaiser Franz' nahm bedeutende Um- und Ausbauten vor, das ursprüngliche Engelskirchnersche Lustgebäude blieb aber als Kern der ganzen Anlage erhalten. Neu waren vor allem der Bibliothekstrakt und das Stallgebäude.

Der Erzherzog gehörte zu den populären, als liberal geltenden Mitgliedern des Kaiserhauses. Franz Joseph berief ihn zum Präsidenten des ernannten Reichsrates. 1861 bis 1865 war Erzherzog Rainer als nomineller Ministerpräsident Haupt des liberalen Kabinetts Schmer-

---

[1] Weyr (Zauber) 373.

[2] Kisch (Vorstädte Bd. 2) 82.
[3] Weyr (Zauber) 374.

[4] Weyr, ebenda.

ling. Militärisch nahm er den Rang eines Oberkommandierenden der Landwehr ein. Er förderte die Wissenschaften und schenkte seine wertvolle Papyrussammlung der Hofbibliothek. In seinem Palais verlebte der Erzherzog sechzig Jahre. Es war ein ruhiges Glück inmitten seiner Familie. Von hier aus ging er gern zu Fuß zum Naschmarkt hinüber, wo die sonst bekannt hantigen „Sopherln" den „Herrn von Rainer" mit allem Charme grüßten. 1913 starb der Erzherzog im Alter von 86 Jahren.

Nach dem Ersten Weltkrieg fand sich für das Palais keine geeignete Verwendung. Es stand bereits in der Zwischenkriegszeit jahrelang leer. Der Verfall griff um sich. Im Zweiten Weltkrieg erlitt der Bau Schäden, die aber nicht irreparabel waren. Nach 1945 richtete die sowjetische Besatzungsmacht hier ihr Offizierskasino ein. Exzesse der Soldaten waren an der Tagesordnung. Angstvoll mieden die Wiener die Umgebung des Palais. Die Abneigung übertrug sich automatisch auf den einstigen Prachtbau. Nach dem Abzug der Besatzungsmächte stellte sich die Frage nach dem weiteren Schicksal des Rainer-Palais. Abbruch war damals die einfachste Lösung. Eine darauf spezialisierte Firma erwarb den ganzen Gebäudekomplex. Die verwertbaren Teile der Einrichtung kamen an den Meistbietenden. Ein Quadratmeter Parkettboden wurde um 50 Schilling verkauft, wenn er aus Buchenholz war. Sechzig Schilling zahlte man für ein Quadratmeter Eichenparkett. Lediglich die Figuren am Dach wurden vom Denkmalamt geborgen. Sie stehen heute vor der Hofburg in Innsbruck. Alles andere fiel der Spitzhacke anheim. In der Arbeiter-Zeitung hieß es damals:

„Das Rainer-Palais ist heute von den Mauern moderner Wohnbauten umgeben. Sehr bald wird es gänzlich in die Erinnerung versinken und dem neuen Wien seinen Platz abtreten. Eine Tragödie? Nicht ganz. Eine Notwendigkeit."[5]

Ob diese selbstsichere Behauptung auch heute noch ihre Gültigkeit hätte?

---

[5] AZ vom 18. 1. 1957.

Rothschild-Palais 1 und 2

IV, Theresianumgasse Nr. 16—18, Prinz-Eugen-Straße Nr. 20—22

Hauptfront Theresianumgasse mit Gittertor Ecke Argentinierstraße

In der Gründerzeit erwählte sich der Geldadel nicht nur die Ringstraßenzone als Baugrund für seine Paläste, sondern auch das Viertel westlich des Belvedere. In der Gegend um die Heugasse (heute Prinz-Eugen-Straße) und die Alleegasse (heute Argentinierstraße) entstand vornehmlich in den siebziger Jahren des vorigen Jahrhunderts ein Palais nach dem anderen. Von diesen Bauten dürfte das Palais des Barons Nathaniel Rothschild in der Theresianumgasse das prachtvollste gewesen sein.

Geld! Noch heute verbindet man damit den Namen Rothschild. Durch unglaubliches Geschick wußten sich die Söhne von Meyer Amschel Rothschild, dem jüdischen Wechselhändler aus dem Frankfurter Ghetto in ihrer Vaterstadt, in London, Paris, Wien und Neapel eine einzigartige Machtstellung zu verschaffen. Von ihnen wurde das Schicksal so mancher europäischen Regierung entscheidend mitbestimmt. So auch in Wien, wo Salomon zum bedeutendsten Financier der Regierung des Fürsten Metternich wurde. Architektonisch trat die Machtfülle des Hauses Rothschild im Wiener Stadtbild lange nicht zu Tage. Denn noch war es Juden, auch wenn sie so wie die Rothschilds längst in den Freiherrenstand erhoben worden waren, nicht erlaubt, Realitäten zu erwerben. Sie konnten bloß Häuser mieten. Erst Salomons Enkeln Nathaniel und Albert war es vergönnt, sich ihre eigenen Häuser zu bauen. Beide wählten Baugründe im Viertel westlich des Belvedere.

Als Bauherr im 4. Bezirk trat zuerst Nathaniel hervor. Obwohl ältester Sohn Anselms, des Chefs des Wiener Hauses nach Salomon, verzichtete Nathaniel auf

Heutige Situation, Bildungszentrum des ÖGB

die Leitung des Bankhauses zugunsten seines jüngsten Bruders Albert. Unverheiratet und völlig den schönen Künsten ergeben, konnte *Nathaniel Rothschild* darangehen, ein Palais nach seinem Geschmack auf dem Grundstück Theresianumgasse — Argentinierstraße — Plößlgasse — Schmöllerlgasse zu errichten. Nach den Plänen des Pariser Architekten *Jean Girette* entstand in den Jahren 1871 bis 1878 ein Prachtbau, der sich im wesentlichen in drei Teile gliederte. Die Seite, die der heutigen Argentinierstraße zunächst lag, beherbergte die besonders wertvollen Kunstsammlungen des Hausherrn. Daran schloß sich in der Theresianumgasse das zwei Stock hohe Wohngebäude. An der Ecke zur Schmöllerlgasse befand sich der Ver-

Gartenfront, Aquarell

waltungstrakt. Das Palais vermittelte dem Besucher einen überwältigenden Eindruck vom Reichtum eines Rothschild und der Großartigkeit europäischer Kultur:

„Durch die Toreinfahrt gelangt man in ein in weißem Marmor gehaltenes Vestibül, in welchem ein Portrait Kaiser Josephs II. von Josef Hickel aus dem Besitze der Herzogin von Berry, ein männliches Portrait von Moroni, ein ovales Bronze-Relief Ludwigs XV. und eine Marmorbüste der „Komtesse de Pange" von Houdon (1780) besonders schön sind. Im Parterre befinden sich zwei kleine und ein großer Salon sowie ein Speisezimmer, deren Wände mit Grau in Grau abgetönter Boiserie Louis XVI. bekleidet sind. Die Panneaux des ersten Entreesalons sind mit lichtgrüner Seide bespannt, auf welchen die Porträts der Madame und der Mademoiselle de Courcelles von Greuze, das der Herzogin von Orleans, Mutter König Louis Philippes von Lampi, und „The laughing girl" von Reynolds sowie zwei Superporten und ein Dessus de Glace in Grisaillemalerei von Prudhon besonders zur Geltung kommen. Auf dem weißen Marmorkamin stehen zwei herrliche Vasen aus dunkelblauem Sèvres-Porzellan in reicher Goldbronzefassung von Tomir. Ein kleiner Louis XVI.-Schreibtisch aus Rosenholz in Marqueterie mit reichen Bronzen, auf welchen eine Schreibmappe aus Kalbsleder mit dem fürstlichen Wappen Khevenhüller-Metsch in Goldpressung (Ende des 17. Jahrhunderts) liegt; ein kleiner ovaler Louis XVI.-Tisch mit Porphyrplatte von „Jacob" stammt aus dem Besitze der Königin Marie Antoinette und trägt ihr Monogramm mit Krone; eine hohe Louis XVI.-Standuhr aus Rosenholz mit reichen Bronzen von Lepaute und zwei Paar Louis XVI.-Wandleuchter aus vergoldeter Bronze Louis XVI. von „Feuchère" vervollständigen die Einrichtung dieses Raumes, von welchem man in den großen Mittelsalon tritt. Die Vorhänge und der Bezug einzelner Möbel sind aus altem blaßroten, weiß ramagiertem Damast, zwei Terrakottagruppen von Clodion schmücken den Marmorkamin, zwei wundervolle Superporten von Fragonard die Türen, zwei Gobelins füllen die Panneaux neben dem Kamin, ein Aquarell von Eugène Lami, eine Ausfahrt Ludwigs XIV. aus dem Schloß Versailles darstellend, prangt auf einer Staffelei neben einer Marmorgruppe von Houdon, „le baiser donné". Ein Louis XVI.-Schrank für Musiknoten in Vernis-

Martin, von Meuse gemalt, mit Bronzen verziert, ein kleiner Tisch aus Ahornholz für Strickerei, mit Bronzen, aus dem Besitz der Königin Marie Antoinette, mit ihrem Monogramm verziert, ein Markiertablett für Billard aus Sèvres-Porzellan (18. Jahrhundert) sind sehr interessant. Ein moderner Flügel füllt die eine Ecke des Salons aus. Der dritte Salon ist in gelb und blau ramagierten Velour de Gênes dekoriert, die eine Wand schmückt das lebensgroße Porträt der Fürstin Christiane Lichnowsky, geborenen Gräfin Thun, von Grassi gemalt.

Daran stößt der Speisesaal mit vier in die Boiserie eingelassenen Bildern von Vanloo, symbolisch die Musik, die Malerei, die Architektur und die Bildhauerkunst darstellend, im Auftrage der Marquise de Pompadour für ihr Schloß Bellevue gemalt. Von diesen sogenannten Sommersalons, deren Parkett mit japanischen Matten bespannt ist, führen die Glastüren auf die große, von blühendem Rhododendron eingefaßte Terrasse, über die man in den wundervollen Garten gelangt, in welchem Baron Nathaniel seine schönen Feste und wöchentlichen Tennispartien gegeben, die unvergeßlich bleiben und bei welcher Gelegenheit Fürstin von Metternich-Sandor gewöhnlich die Honneurs gemacht hat.

Vom Vestibül gelangt man über eine mit herrlichen Gobelins geschmückte Marmortreppe in den ersten Stock auf einen Vorplatz mit einem schönen Louis XVI.-Schreibtisch und einer hohen Louis XV.-Standuhr aus Rosenholz, reich mit Bronzen verziert, aus dem Besitze des Marquis Santa Cruz in Madrid. Links führt eine Türe in das große Appartement, welches mit einer Louis XIV.-Galerie und einem Salon im selben Stil beginnt, darin zwei Bronzegruppen

Salon

von Pigalle, eine Marmorstatuette der Diana von Houdon, eine runde Wanduhr mit dem Wappen der Fürsten Pignatelli und vier Gobelin-Panneaux nach Audran (18. Jahrhundert) zieren die mit rotem Damast bespannten Wände...

Daran schließt sich der Régencesalon in braungoldener Boiserie und karmoisinrotem Brokat gehalten, die Wände schmücken die Porträts der Prinzessin Sophie von Hannover von Lawrence, das der Lady Hamilton und der Mrs. Pringle von Romney, das große Porträt des Grafen von Zinzendorf von Rigaud, des Prinzen Wilhelm von Oranien zu Pferd mit Suite von Metzu, August des Starken, Königs von Polen, von Largillière, der Eleonora Gwynn von Peter Lely. Ein großes Landschaftsbild von Wy-

nants ziert die Wand ober dem Flügel, daran reihen sich die Porträts einer Prinzessin von Oranien von Weenix, des Erzherzogs Leopold von Teniers, Rebekka am Brunnen von Tiepolo und zwei Ansichten von Venedig von Guardi. Den Platz vor dem monumentalen Fenster nimmt ein großer Régenceschreibtisch aus Amarantholz mit reichen Bronzecornamenten von Cressent ein, darauf unter vielen kostbaren Nippes eine Mappe aus rotem Leder mit dem Monogramm König Ludwigs XIII. von Frankreich; diesen Tisch erhielt in der ersten Hälfte des 18. Jahrhunderts Mademoiselle de Mortemart zu ihrer Verlobung mit dem Fürsten Belgiojoso. Zu beiden Seiten zwei Münzenschränke mit kleinen Laden im gleichen Stil mit

Wandbrunnen im Garten

Straßenfront, Prinz-Eugen-Straße

Bronzen von Cressent. Die Pièce de résistance ist ein wundervoller Eckschrank Louis XV. aus Satin- und Königsholz in Marqueterie mit reichen Bronzeverzierungen und einem etagèreförmigen Aufsatz, welcher eine Uhr trägt, von Dubois. Dieser Schrank stammt aus dem Besitze des Grafen Branicki, Hetman des Königreiches Polen in Warschau, und repräsentiert heute einen unschätzbaren Wert. (Heute befindet sich dieser Schrank als teuerstes Möbelstück der Welt im Getty-Museum in Malibu in den USA, Anm. d. Verf.)

Vor dem Kamin ein kleiner Louis XVI.-Schreibtisch aus Rosenholz in Marqueterie mit reichen Bronzen von Dénizot, welchen Königin Marie Antoinette ihrer Schwester Erzherzogin Marianne schenkte, ein historisches Stück, welches immer große Bewunderung hervorgerufen hat; neben der Eingangstüre die schöne Marmorbüste der Mademoiselle Duthé von Houdon (Ende des 18. Jahrhunderts).

Aus diesem Salon tritt man durch eine Glastür in den großen, durch zwei Stockwerke reichenden Renaissancesaal, ein imposanter Raum, welcher die herrlichsten Schätze der Renaissance und des Cinquecento beherbergt, der auch mit Recht „Museum" genannt wird, gleichzeitig bietet er aber durch die um den monumentalen Kamin gruppierten bequemen Möbel einen traulichen Aufenthalt nach den großen Diners. Die Wände sind mit spanischen Ledertapeten, altem venezianischem, rotem Brokat und herrlichen Gobelins aus der Zeit bekleidet — hier hängen die Porträts des holländischen Gesandten Anton Coopal von Rembrandt, des Bischofs Altobellus Averoldus von Francia, der Marchesa Brigida Grimaldi von van Dyck, der Königin Elisabeth von Valois, Gemahlin Philipp II. von Spanien, von Antonio Moro, die Miniaturporträts der Königin Maria Stuart und des Kurfürsten Georg I. von Sachsen auf Holz gemalt. Ein monumentales Ziborium, welches ungefähr die Mitte des Saales einnimmt, aus weißem Marmor von Desiderio da Settignano ist besonders interessant; es hat die Form eines achteckigen Tempels und stammt aus der Kirche S. Pier Maggiore in Florenz. Eine Büste in weißem Marmor von Donatello ist von größter Schönheit...

Rechts von der Stiege kommt man in den Haager Saal, der für kleine Bälle benützt worden ist und so genannt wird, weil seine reiche weißgoldene Boiserie aus dem Haag stammt — ein Gobelin und Panneaux aus Velours de Genes grün-rote Ornamente auf weißem Grund schmücken die Wände und fünf venezianische alte Kronleuchter lassen ihn in feenhafter Beleuchtung erstrahlen; daran schließt sich ein kleines Kabinett in creme Stuck Louis XV., das kleine Speisezimmer mit vier auf Holz gemalten Panneaux von Prudhon, allegorische weibliche Figuren, den Reichtum, die Vergnügungen, die Musik und die Philosophie darstellend, dann der große Speisesaal mit zwei Friesen „Bacchantenzug", vier Panneaux und zwei Superporten in Grisaillemalerei aus dem Palais der Königin Hortense, Mutter Napoleons III., in Paris und ein Louis XV.-Salon mit reicher Boiserie in Weiß und Gold und zwei besonders schönen Superporten von Boucher, welcher als Versammlungsort vor den Diners dient.

Der zweite Stock des Palais enthält die Schlafzimmer und eine wundervolle Bibliothek mit anschließendem Louis XVI.-Salon, in der ersteren ist das lebens-

Situation Prinz-Eugen-Straße während der Abbrucharbeiten 1955

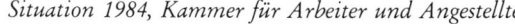

Situation 1984, Kammer für Arbeiter und Angestellte

Stiegenhaus mit NS-Reichsadler, 1943

große berühmte Porträt von Boucher der Marquise de Pompadour in blauer Hoftoilette in die Boiserie eingelassen, im Louis XVI.-Salon hängen die Porträts der Gräfin Helene Potocka-Massalska von Madame Vigée-Lebrun, der Herzogin von Chevreuse von Nattier und der Gräfin Potocka-Mniszek von Lampi, dann zwei reizende Genrebilder von Fragonard und ein Dessus de Glâce in Grisaillemalerei von Prudhon, zwei farbige Kreidezeichnungen von Boucher, eine Sammlung der schönsten antiken, mit Diamanten besetzten Taschenuhren, wertvollen Dosen in Gold, Email und mit Perlen umrahmten Porträts, seltenen Spazierstöcken mit kostbaren Griffen und Miniaturen, darunter zwei Porträts von Daffinger, Baronin Anselm und Baronin James Rothschild darstellend, zu beiden Seiten des Kamins, der zwei Herzoginnen von Devonshire von Cosway, der Königin Marie Antoinette von Petitot, der Großfürstin Alexandra Pawlowna von Rußland von Ritt und sieben hervorragende Miniaturporträts von Füger. Sehr interessant ist das Reisenecessaire aus Gold in einer Kassette aus Rosenholz mit dem Wappen Napoleons I., welches er nach der Schlacht von Waterloo in seinem Reisewagen vergessen hatte und welches von Salomon Rothschild, Großvater des Baron Nathaniel, an Ort und Stelle angekauft worden ist.

Unter den zahlreichen kostbaren Möbeln dieses Salons verdienen ein Louis XVI.-Ofenschirm aus den Tuilerien mit den Bourbonschen Lilien, eine hohe Standuhr aus Ebenholz, ein Sekretär, „Bonheur du jour", aus Rosenholz mit Sèvres-Platte, zwei Kommoden aus Ebenholz mit „Vieux laque"-Platten und reichen Bronzen und ein runder Tisch aus Rosenholz mit Sèvres-Platten und reichen Bronzen besonders genannt zu werden. Die Sammlung antiker Musikinstrumente ist auch sehr interessant, ebenso wie die Silber- und Porzellankammer, in letzterer eine Anzahl der kostbarsten Vieux Saxe-, Vieuxe Vienne- und Sèvres-Speiseservice, die bei großen Diners benützt werden."[1]

Zur Einweihung seines Palais gab Baron Nathaniel 1878 ein glanzvolles Fest. Doch nicht nur den Augen, auch den Ohren seiner illustren Gästeschar wußte Nathaniel Außerordentliches zu bieten. Eigens für dieses Fest hatte er eine Musik-Kapelle ins Leben gerufen, die vom Komponisten Wilhelm Rab zusammengestellt und dirigiert wurde. Das eigentlich Außergewöhnliche daran war, daß die Musiker auf sehr alten, wertvollen Instrumenten spielten, die Nathaniel in ganz Europa hatte aufkaufen lassen.

Viele Feste folgten in den nächsten Jahren und von ihnen sprach die Wiener Gesellschaft noch lange.

Staunend und manchmal sicher mit wehmütigem Neid mag so mancher Gast aus den Familien des alten Adels bei Nathaniels Festen die Überfülle an Reichtum und erlesenem Geschmack auf sich wirken haben lassen. Die feudalen Zeiten waren vorbei, die Einkünfte flossen spärlicher. Viele Aristokraten wollten aber ihre gewohnte kostspielige Lebensführung nicht aufgeben. Was lag daher näher, als sich bei Rothschild Geld zu borgen. Nicht wenige der bekanntesten Adelsfamilien standen oft mit Millionen Guldenbeträgen bei Rothschilds in der Kreide.

Nathaniel Rothschild machte sich neben der Förderung von Kunst und Wis-

Musiksaal, Zustand 1941

---

[1] Fritsche 234 ff.

145

Runder Salon, an der Wand Adolf-Hitler-Bild, 1943

senschaft auch einen Namen durch großartige Stiftungen für wohltätige Zwecke. Im Laufe der Jahre wurden die Feste im Palais in der Theresianumgasse immer seltener. Nathaniel zog sich mehr und mehr zurück. Ein alternder, kränklicher Mann lebte hier umgeben von seinen Kunstsammlungen, bis 1905 schließlich ein Toter sein Palais verließ.

Dann zog Nathaniels Neffe, *Baron Alfons Rothschild* mit seiner Frau Clarice, geborene Sebag-Montefiore, in die Theresianumgasse ein. Die Überfülle an Kunstschätzen und die Zahl der Kinder machte eine Erweiterung des Hauses notwendig. So wurde ein neuer Seitenflügel angebaut.

Kaum waren die Bauarbeiten in der Theresianumgasse beendet, begann 1879 ganz in der Nähe Ecke Heugasse (Prinz-Eugen-Straße) — Plößlgasse ein anderes Rothschild-Palais aus dem Boden zu wachsen. *Albert Rothschild,* jüngster Sohn Anselms und von seinem Vater zum Chef des Wiener Bankhauses bestimmt, beauftragte ebenfalls einen französischen Architekten mit dem Bau seines Palastes. *M. Destailleur* mußte bei seinen Planungen spezielle Auflagen des Bauherrn berücksichtigen. Sein Leben lang vergaß Albert nicht die Nacht im Revolutionsjahr 1848, in der er als Vierjähriger Wien fluchtartig verlassen hatte müssen. „Holt mich der Teufel, so holt er Sie auch", hatte Metternich zu Salomon Rothschild gemeint. Ein halbes Jahr nach der Flucht des Staatskanzlers suchte auch Salomon mitsamt seiner Familie Hals über Kopf das Weite, um dem Zorn der aufgebrachten Volksmenge zu entgehen. Das Kind hörte die Drohrufe gegen Metternichs Hauptgeldgeber, verstand nicht den Grund, spürte nur die Angst.

Jahrzehnte später, als die Rothschilds in Wien wiederum fest im Sattel saßen, wünscht sich Albert ein Haus, das von der Straße nicht leicht angegriffen werden kann. Der von Destailleur gewählte, für Wien ganz fremde Typus des Pariser Renaissance-Hotel entre cour et jardin bietet Gelegenheit, Repräsentations- und Sicherheitsbedürfnis miteinander zu verschmelzen. Der Hauptteil des 1884 fertiggestellten Palais wird deutlich hinter die Flucht der Straße zurückgeschoben. Ein stabiler, zweieinhalb Meter hoher Gitterzaun aus Schmiedeeisen schließt den 30 Meter tiefen und 45 Meter langen Ehrenhof von der Straßenseite ab — auf der Straßenseite flankiert durch kleine Pavillons mit Wohnungen für die Dienerschaft. Der festungsartige Charakter der Palastanlage ruft selbst innerhalb der Familie Spötter auf den Plan. Die englische Verwandtschaft spricht von diesem Palais nur als vom „Albert Denkmal". Im Inneren offenbart sich dem Besucher ein von anderen Kriterien bestimmter Geist:

„Das Palais hat ein imposantes, mit großer Raumverschwendung angelegtes, in Marmor gehaltenes Vestibül von besonderer Höhe. Links kommt man in ein Billardzimmer mit dunklen Boiserien und in eine daran schließende Bibliothek, rechts ist ein mit rotem Damast dekorierter Salon, der herrliche alte Portraits französischer Meister enthält, darunter ein sehr schönes, wenig bekanntes Bild der Marquise de Pompadour von Nattier. Diesen Salon mit daranschließendem Schlafzimmer bewohnte in früheren Jahren öfter die schöne Madame Beatrice Ephrussi-Rothschild, Schwester der Baronin Bettina, die zu den vielumworbensten Erscheinungen der Gesellschaft gehörte.

Auf die große Gartenterrasse münden die Sommersalons, mit farbigen Kupferstichen und Aquarellen geschmückt, und die Steingalerie, die an heißen Tagen einen luftigen, erfrischenden Aufenthalt bietet.

Am Fuße der prächtigen breiten Marmortreppe, die in kühner Anlage in zwei Armen in die Appartements des ersten Stockwerkes führt, fallen eine kostbare „chaise à porteur" in „Vernis Martin" und ein antiker Schlitten auf, zwei Dekorationsstücke von großer Schönheit.

Die Hauptwand der Treppe ziert ein wundervoller Louis XIV.-Gobelin (auf dem Foto durch den NS-Hoheitsadler ersetzt), und die alten Goldbronzeluster, welche das Stiegenhaus beleuchten, sind im Régence-Stil.

Der große Tanzsaal gehört zu den geräumigsten und großartigsten der Wiener Paläste und nimmt den ganzen Mittelbau ein. Rechts reiht sich ein großer Empfangssalon an, mit reicher Boiserie in Weiß und Gold, welcher als Versammlungsraum vor den großen Diners diente. Die Panneaux der Wände, die Vorhänge und Bezüge der Möbel sind aus großramagierten „Velour de Gênes" in bunten Farben auf weißem Grund von prächtiger Wirkung.

Links tritt man in einen Speisesaal in rosa Stuck, mit reichen, besonders zart gearbeiteten Silberornamenten, nach Motiven eines Saales im Schlosse zu Versailles. Bei großen Diners bietet er mit seinem Schmuck von weißem Flieder und Rosen einen feenhaften Anblick.

Ein rundes Boudoir in Lichtbraun abgetönter Boiserie mit kunstvollen Goldreliefs, die reizendste Zusammenstellung, die man träumen kann, stammt aus dem Kloster „aux petits oiseaux" in Pa-

ris, ein Prachtstück aus dem 18. Jahrhundert von bezaubernder Schönheit.

Unter den in den Nischen des Getäfels eingelassenen Portraits ist das einer Gräfin Khevenhüller besonders schön. Ein großer, dunkler Marmorkamin mit Spiegel ziert die eine Wand, im Frühling waren die prasselnden Holzscheite durch blühende Blumen ersetzt. Das war das „Morning-Room" der Baronin Bettina, da hatte sie ihren Schreibtisch bei dem großen nach dem Garten gehenden Fenster stehen, und da empfing sie ihre täglichen Besuche. Das kleine, in Weiß und Grau abgetönte Speisezimmer hat wundervolle Gobelins und der daran stoßende mit altrotem Brokat bespannte Rauchsalon eine Sammlung der kostbarsten Bilder, Bronzen und Münzen. Er erhält sein Licht durch einen Glasplafond, den Boden bedeckt ein antiker Perserteppich in verblaßten Farbtönen von seltenem Kolorit und an der einen Wand steht ein Konzertflügel.

Eine weiße, mit Kupferstichen, Ölbildern und Marqueterieschränken ausgeschmückte Galerie stellt die Verbindung der Salons des rechten und linken Flügels her und gewährt einen erfrischenden Blick auf den reichen Blumenschmuck des Gartens.

In diesen Räumen haben Baron Albert und Baronin Bettina Rothschild viele große und kleine Diners gegeben und am 2. Mai 1891 einen prachtvollen Ball für die ganze Hofgesellschaft. Die Enfilade der Salons war mit Flieder, Maiglöckchen und Rosen geschmückt, ein Anblick von unvergleichlichem Zauber und feenhafter Pracht. Beim Kotillon kamen außer herrlichen Blumensträußen reizende Souvenirs zur Verteilung...

Es war das erste und letzte Ballfest,

welches in diesen prächtigen Räumen stattgefunden hat, denn bald darauf erkrankte Baronin Bettina an einem ernsten Leiden, von welchem sie sich nicht mehr erholen konnte und von dem sie im März 1892 in der Blüte ihrer Jahre dahingerafft wurde."[1]

Die Ehe Alberts mit Bettina, der Tochter des Pariser Bankchefs Alfonse Rothschild, hatte nur 8 Jahre gedauert. Eine zweite Ehe ging Albert nicht ein. Seine Beziehung zu Helene Odilon, der früheren Frau des Volksschauspielers Alexander Girardi, erregte in der Gesellschaft erhebliches Aufsehen. Die Künstlerin, die vergeblich versucht hatte, ihren Mann in eine Irrenanstalt einsperren zu lassen, suchte das große Glück bei einem der reichsten Männer der Monarchie. Es war vergeblich. Die Liaison mit Albert ging bald in Brüche. Der Baron zahlte ihr nicht einmal eine Abfindung.

In seinem Palais richtete der Hausherr als begeisterter Amateur-Fotograf ein großes Atelier für sich ein.

Mit dem Tode Alberts 1911 avancierte — wie bereits eine Generation vorher — wiederum der jüngste Sohn zum Leiter der Wiener Rothschild-Bank und zum Hausherrn in der Heugasse. In die Zeit *Louis Rothschilds* fallen die grundlegenden Umwälzungen im Bereich von Politik, Gesellschaft und Wirtschaft durch zwei Weltkriege. Am Ende gibt es weder das Wiener Bankhaus Rothschild noch die beiden Palais mehr.

Die Stellung des Wiener Hauses Rothschild wurde durch den Zusammenbruch der Donau-Monarchie erschüttert. Auch sie mußten bedeutende Vermögensverluste durch Effekten- und Geldentwertung hinnehmen. Männern

vom Schlage eines Castiglioni schien die Zukunft zu gehören. Das Ende der Inflation und die tatkräftige Hilfe der anderen Rothschild-Verwandten im Ausland halfen, die Krise des Wiener Bankhauses zu überwinden. Auch Feste wurden wieder in den beiden Palais gegeben, bis die Weltwirtschaftskrise zu Beginn der dreißiger Jahre die kurze Blüte rasch beendete. In ihrem Gefolge mußte die Creditanstalt die Zahlungen einstellen, nachdem sich Rothschild als Hauptaktionär von der Regierung überreden hatte lassen, die bankrotte Boden-Creditanstalt zu übernehmen. Rothschild kann nicht zahlen! Dies schien damals wirklich das Ende aller herkömmlichen Wertvorstellungen zu sein. Der totale Zusammenbruch konnte nur durch Stützungen und die Hilfe der Verwandten in London und Paris vermieden werden. Louis selbst entschloß sich als Folge der Creditanstalt-Krise, sein Palais gegen eine bescheidenere Heimstatt zu tauschen. Er übersiedelte in das kleine, benachbarte Palais Hugo Ernst in der Plößlgasse. Den Bau im Stil deutscher Renaissance hatten die Rothschilds wie andere Häuser der Umgebung in ihren Besitz gebracht. Von ihm ist ebenfalls nichts mehr übriggeblieben. Das große Palais in der Prinz-Eugen-Straße blieb bis 1938 gleichsam eingemottet.

Die merkbare Klimaveränderung in Europa seit der Machtergreifung Hitlers in Deutschland ließ auch innerhalb der Familie Bedenken aufkommen, ob die Stellung in Österreich auf Dauer zu halten ist. Zögernd begann man damit, Bilder und Kunstgegenstände ins Ausland in Sicherheit zu bringen. Aber noch immer gab es Kunstschätze in Hülle und Fülle, als 1938 der Anschluß Österreichs an Hitler-Deutschland vollzogen wurde.

Alfons und Eugene Rothschild konnten ihre Familien rechtzeitig dem Zugriff der neuen Machthaber entziehen. Louis dagegen wurde am Flughafen Aspern verhaftet und im berüchtigten Hotel „Metropol" gefangengesetzt. Heinrich Himmler reiste persönlich nach Wien, um dem prominenten Häftling für das Versprechen der Freiheit so viel wie möglich abzupressen. Ein Jahr später war das Ziel erreicht. Louis Rothschild wurde unter erheblichen finanziellen Opfern freigelassen.

Die beiden Rothschild-Palais suchte die SS mit ausgiebigen Plünderungen heim. Die wichtigsten Kunstschätze waren für Hitlers geplante Galerie in Linz bestimmt.

In das Palais in der Prinz-Eugen-Straße zog im August 1938 die „Zentralstelle für jüdische Auswanderung" unter der Leitung des späteren Judenreferenten des Reichssicherheits-Hauptamtes Adolf Eichmann ein. Sie hatte die Aufgabe, vermögenden Juden die Ausreise unter Zurücklassung ihrer sämtlichen Sachwerte zu ermöglichen. Im Palais waren auch eine Expositur der Israelitischen Kultusgemeinde und je eine Zweigstelle der „Gildemeesters-Hilfsorganisation" und der „Schwedischen Mission für nichtmosaische Juden" untergebracht. Diese drei Organisationen versuchten, auch armen Juden zu helfen und jene Geldmittel aufzubringen, die für ein Verlassen Deutschlands notwendig waren. Mit der „Endlösung" erübrigte sich die Auswanderung. Das Palais in der Prinz-Eugen-Straße wurde Sitz eines unter deutschem Protektorat stehenden Europäischen Post- und Fernmeldevereins. Das Palais in der Theresianumgasse machten hohe Beamte der Gestapo zu ihrem Quartier.

---

[1] Fritsche 227 ff.

Die Bombenangriffe der Alliierten im Herbst 1944 verursachten bei den beiden Rothschild-Palästen teils schwere Schäden. Die Familie Rothschild fand bei ihrer Rückkehr nur noch eine Ruine des Palais in der Theresianumgasse vor. In den noch begehbaren Räumen waren Blutspuren von den Opfern der Gestapo-Folterungen zu sehen. Ein Wiederaufbau kam angesichts der Nachkriegslage nicht in Betracht. Die Trümmer des Palais dienten zum Teil einem edlen Zweck. In ganz Wien suchte man damals brauchbare Steine, um mit dem Wiederaufbau des Stephansdomes beginnen zu können. Die verwertbaren Steine der Ruine sind damit in dem neu aufgebauten Dom mitverbaut worden. Das Grundstück erwarb schließlich die Gewerkschaft. Anstelle des Rothschild-Palais errichtete Architekt *Roland Rainer* in den Jahren 1951/52 das *Franz-Domes-Lehrlingsheim,* das ebenfalls bereits der Vergangenheit angehört. Jetzt steht dort das Bildungszentrum des ÖGB mit einem eigenen Theater. Unverkennbar hat der Architekt versucht, in Anknüpfung lokaler Tradition dem neuen Bau palaisartigen Charakter zu verleihen; für manchen Kritiker ein fragwürdiges Unterfangen.

Das Palais in der Prinz-Eugen-Straße wurde im Krieg durch einige Granattreffer beschädigt. Von schweren Bombenschäden – wie in der Wien Chronik immer wieder zu lesen ist – konnte keine Rede sein. Jahrelang diente der Prachtbau den sowjetischen Besatzern für ihre Zwecke. Dann zogen auch sie aus. Da Louis Rothschild sich entschlossen hatte, das Wiener Bankhaus nicht wieder zu errichten und sich auch sonst kein Interessent fand, das einzigartige Palais zu erhalten, war das Schicksal des Hauses besiegelt. Ehe die Mauern barsten, gab es wieder einen kulturellen Ausverkauf. Kaminsimse, Parketten etc. wurden zu Schleuderpreisen an den Mann gebracht.

Dann konnte das Werk der Zerstörung beginnen. Heute steht an dieser Stelle das 1957 bis 1960 erbaute *Haus der Kammer für Arbeiter und Angestellte* von Architekt *Franz Mörth.*

Von der Inneneinrichtung der beiden Rothschild-Paläste sind Teile heute im Museum für angewandte Kunst am Stubenring zu sehen. Louis Rothschild übergab seinen gesamten Besitz, den die Nazis beschlagnahmt hatten und der nach langwierigen Verhandlungen zum Teil wieder zurückgegeben worden war, der österreichischen Regierung. Daran knüpfte er die Bedingung, die Rothschildschen Vermögenswerte in einem staatlichen Pensionsfonds zusammenzufassen, um damit allen ehemaligen Haus- und Firmenangestellten der Rothschilds die gleichen Pensionen zu garantieren wie österreichischen Staatsbeamten. 1955, in dem Jahr, in dem auch sein Palais abgerissen wurde, starb Louis Rothschild kinderlos in den USA.

Palais Miller-Aichholz

IV, Prinz-Eugen-Straße Nr. 28

Straßenfront mit Ehrenhof

Ein Palais für einen Kunstliebhaber und seine Sammlung. *Eugen von Miller zu Aichholz* verwirklichte seinen Traum in der Heugasse Nr. 30 (heute Prinz-Eugen-Straße Nr. 28). Er muß ein Mensch gewesen sein, wie er sich heute nur schwer vorstellen läßt. Eugen entstammte einem aus Tirol gebürtigen Kaufherrengeschlecht, das im Wien des vorigen Jahrhunderts den typischen Aufstieg des Geldadels mitmachte. Sein Vater Joseph erwarb eine der ersten Zuckerraffinerien in Wien, gründete die Erste Österreichische Sodafabrik in Hruschau in Österreich-Schlesien und beteiligte sich an der Tonwaren-, Textil- und Papierfabrikation. Seine Tüchtigkeit brachte ihm 1865 die Erhebung in den Adelsstand. Seine Söhne setzten die Erfolge im Geschäftsleben fort. Das Werk in Hruschau entwickelte sich zur

Situation 1984

größten chemischen Fabrik der Monarchie. Die Familie besaß ein eigenes Bankhaus und Handelsniederlassungen in Triest und anderen Städten.

Interesse an der Kunst war außer dem Geschäftssinn das zweite Hauptmerkmal dieser Familie. Viktor, der jüngste Sohn und Leiter des familieneigenen Bankhauses, legte eine kostbare numismatische Sammlung an, die später dem Münzkabinett des Kunsthistorischen Museums einverleibt wurde. Er war außerdem ein besonderer Freund von Johannes Brahms, der jedes Jahr auf Viktors Sommersitz in Gmunden zu Gast war. Viktor wurde erster Präsident der Brahmsgesellschaft und stiftete ein eigenes Brahms-Museum in Gmunden. Sein Bruder August war einer der Gründer des Wiener Stadttheaters und Direktionsmitglied der Gesellschaft der Musikfreunde. Eugen schließlich widmete sich ganz den bildenden Künsten. Die Einkünfte als Teilhaber der Firma J. M. Miller & Co sowie sein nie aufgegebenes Junggesellentum ermöglichten es ihm, seinen Neigungen voll nachzugehen. Was ihm noch fehlte, war das geeignete Refugium. So erteilte Eugen schließlich dem Architekten *Andreas Streit* den Auftrag, ihm ein Palais auf dem relativ schmalen Grundstück in der Heugasse (neben dem sogenannten Kleinen Rothschildpalais, in dem sich heute die brasilianische Botschaft befindet) zu errichten. Nach dreijähriger Bauzeit war das Palais 1880 vollendet.

Es erinnerte an die Adelssitze vergangener Epochen. Der von der Straße zurückversetzte Mitteltrakt und die beiden anschließenden Seitenflügel umschlossen einen Ehrenhof, der von der Straße durch ein Eisengitter mit prachtvollem Tor in der Mitte abgeschlossen war. Im Inneren spielten die Wohnräume eine Nebenrolle. Für sie war lediglich die Gartenseite vorbehalten. Das Stiegenhaus, das Hauptgeschoß des Mitteltraktes und die Galerien in den beiden Flügelbauten standen im Zentrum der Aufmerksamkeit. Vor den Galerien lagen offene Terrassen, die zu den mit Mansarden-Dächern ausgestatteten Pavillons führten, mit denen die Seitentrakte zur Straße hin abschlossen. Von den Wohn- und Gesellschaftsräumen im Erdgeschoß gelangte man durch eine gedeckte Terrasse in den Garten. Im Erdgeschoß lagen auch die Stallungen, die Remise, die Küche und die Dienerschaftsräume. Prunkstück des Hauses war die Stiege, die eigens für die Anbringung dreier Kolossalgemälde erbaut worden war. Die Bilder stammten aus dem Palazzo Dolfin in Venedig. Sie gehörten zu einer Serie von zehn Gemälden *Giovanni Battista Tiepolos* (1696 bis 1770) mit Darstellungen aus der römischen Geschichte. Fünf Bilder davon gelangten in die Stieglitzsche Zeichenakademie von Sankt Petersburg, die anderen fünf erwarb Eugen Miller-Aichholz.

Dora Stockert-Meynert, die Tochter des bekannten Gehirnanatomen und Psychiaters Professor Theodor Meynert, die zusammen mit ihrem Vater oft Gast bei Eugen Miller war, hat eine anschauliche Beschreibung hinterlassen, die wohl am besten die Eigenart dieses Palais und seines Hausherrn widergibt:

„Gleich beim Eingang lagen steinere Ausgrabungen, und verwitterte Plastiken erweckten, noch ehe man das königliche Stiegenhaus betrat, den Eindruck

Stiegenaufgang mit drei Tiepolo-Gemälden

— eines Museums. Jenes aber war ein Tempel für sich. Bildeten doch seine reichverzierten farbigen Mamorwände die Rahmen für drei Kolossalgemälde, die der geniale Pinsel Giovanni Battista Tiepolos geschaffen. Die Treppe selbst krönte ein durch eine Galerie geschlossenes Peristyl, dem verblichene Möbel etwas Verträumtes gaben.

Bis dahin pflegte der Hausherr seinen Gästen entgegenzugehen und sie dann durch einen kleinen Gang zu geleiten, in dem sich eines der originellsten Stücke seiner Sammlung befand. — Ein Bild *Makarts,* durch das dieser die zeichnerischen Mißgriffe der Malerin Rosa Bonheur parodieren wollte, indem er neben riesige, schwerhufige, mit roten Schleifen an den Schwänzen paarweise zusammengekoppelte Pferde zierliche Miniaturmännchen stellte, die sie temperamentvoll antreiben.

Von hier trat man in das merkwürdigste Schlafgemach der Welt. Denn es gab sich bloß durch ein großes geschnitztes Bett mit blaugemaltem, sternebesätem Himmel, das dem Ruhelager der Margaretha Maultasch nachgebildet war, als solches zu erkennen. Sonst standen außer einem Schrank, einigen Stühlen und einem alt-italienischen Tisch keinerlei dem Auge gewohnte Einrichtungsgegenstände in diesem persönlichsten aller Zimmer Eugens: Wenn man nicht jenen vier Jahrhunderte alten, von Engeln getragenen salzburgischen Majolika-Ofen dazu rechnen wollte, in dessen Nähe ein prachtvoller Studienkopf von Van Dyck lehnte, den dieser nachmals für seine Madonna Borghese verwendet hat. Neben chinesischen Bronzen, persischen Keramiken und anderen exotischen Kunstobjekten trotzte plump und globig als Gruß aus primitivster Vorzeit ein

Gartenfront mit Figur von Rudolf v. Weyr in der Mittelnische

Abbruch, Aufnahme 1961

153

steinerner Opferaltar. Doch teilte, von einem ladenreichen ehrwürdigen Kasten gestützt, noch ein erhabener Gast den Raum: Ein echter Palma-Vecchio, über dessen ganze Fläche ein reparierter Riß ging, und der, in dünnsten Farben angelegt, nur die unbeschreiblich holde Gestalt der Gottesmutter herausgearbeitet zeigte. Alles andere war in unfertigen Anfängen stecken geblieben, als ob der Meister in plötzlicher Selbstverneinung den Pinsel weggeworfen hätte, statt ein Gemälde zu vollenden, das vielleicht zu seinen schönsten gehört haben würde. Ein kleineres Gemach zur Linken war von einer so bunten Menge von Kunstwerken angefüllt, daß der Gedanke an seine Bewohnbarkeit jeden zum Lachen gebracht hätte, würde sich ihm nicht ein lebensgroßer, aus lichtem Holz geschnittener Heiland so ergreifend vom Kreuz entgegengeneigt haben, daß ihn Schauer überliefen.

Von der anderen Seite des Schlafraumes führte ein Durchlaß an prachtvollen Pettenkofens, alten Niederländern und Italienern vorbei in Säle, deren kostbare kassettierte Plafonds auf die mannigfaltigste und wunderreichste Ausstellung niedersahen. Ein ganzes Wirrsal von Kostbarkeiten, die das Herz der Kenner um die Fassung brachten und das der Laien voll Ehrfurcht schlagen ließen. Auch mir ist jedesmal vor Bewunderung so schwindlig geworden, daß ich nur mit der Benommenheit einer Träumenden alle die Bilder, Plastiken, Kirchengeräte, Bronzen, Fayencen und abenteuerlichen alten Kacheln zu schauen vermochte. Von letzteren standen einige eingerahmt in den sammettapezierten Glasschränken. Eine stellte Adam und Eva im Paradies vor, doch die meisten trugen nur in kunstvoller Ausführung die Wappen je-

ner Adelshäuser, für die sie vor Jahrhunderten gebrannt wurden.

Ich habe den Bau dieses vornehmen kleinen Palais, das Eugen nach Entwürfen Eduard (Andreas, Anm. d. Verf.) Streits aufführen ließ, von seiner Grundsteinlegung an verfolgen können, bis es in seiner ganzen reizvollen Vornehmheit fertig dastand, ohne den unschätzbaren Reichtum ahnen zu lassen, den es hinter den Loggien seiner Fassade barg. Die beiden Seitenflügel schienen aufgestellt, um jeden Eintretenden zu beobachten, dem der alte Hauswart das Gittertor öffnete, um ihn an der Schwelle des Allerheiligsten dem Kammerdiener zu übergeben.

Wie oft bin ich mit meinem Vater über die festliche, teppichbelegte Marmorstiege hinaufgeschritten.

Aber auch später verging selten ein Jahr, ohne daß ich den alten, herzlich verehrten Freund inmitten seiner Herrlichkeiten aufgesucht und durch eines der mächtigen Fenster in den Belvedere-Park hinuntergeblickt hätte. Zwischen dessen verschnittenen Gängen konnte man sich einbilden, Rokokogestalten als Gäste eines anderen Eugen auftauchen zu sehen, dessen Haus jetzt ebenso der Kunst dient wie das Zauberschlößchen gegenüber und der im Zwang seines steifen Hofkostümes noch nichts von der Bequemlichkeit jener braunen Klubweste mit Atlasärmeln ahnte, in der Herr von Miller seine Besucher empfing, um ihnen den Cicerone zu machen."[1]

Eugen liebte Stille und Zurückgezogenheit. Große Gesellschaften waren ihm verhaßt. Am liebsten empfing er nur Einzelpersonen, denen er sich voll

---

[1] Stockert-Meynert 88 ff.

widmen konnte. Rudolf von Alt, August von Pettenkofen und Adolf Menzel gehörten zu Eugens Freunden und genossen oft die Gastfreundschaft in diesem Tempel der Kunst. Sie und viele jüngere Künstler konnten auch mit Eugen Millers finanzieller Unterstützung für ihre Arbeiten rechnen. Als 1904 in Sankt Petersburg die große Ausstellung alter Kunstschätze veranstaltet wurde, beteiligte sich Eugen maßgeblich an dieser Schau.

1919 starb dieser eigenwillige Repräsentant einer ausklingenden Epoche. Merkwürdigerweise ging der Besitz nicht an einen der Neffen Eugens über, sondern kam durch Kaufvertrag an *Camillo Castiglioni*. Einen krasseren Gegensatz zur Persönlichkeit Eugen Millers kann man sich schwerlich denken. Sohn eines Rabbiners aus Triest, interessierte sich Castiglioni für die Errungenschaften der Technik und vor allem für die finanzielle Seite ihres Nutzens. Vom Handel mit Autoreifen sattelte er um auf die Flugzeugproduktion. Selbst ein Pilot, der im Tiefflug eine Maschine über Wien steuerte, versuchte er vergebens, die Verantwortlichen im k. u. k. Kriegsministerium den Aufbau einer Luftwaffe einzureden. Als Kampfflugzeuge dann im Ersten Weltkrieg unumgänglich wurden, riefen Castiglionis Maschinen herbe Kritik hervor. Sie erwiesen sich als den feindlichen Flugzeugen nicht ebenbürtig. Mit Kriegsende und Zusammenbruch begann aber erst recht der Aufstieg Castiglionis. Als es darum ging, die sogenannte Sachdemobilisierung der einstigen k. u. k. Armee durchzuführen, griff er zu. Diese Versteigerung der Ausrüstung eines Millionenheeres brachte ihm riesige Gewinne. Geschickt wußte er diese Millionen im Chaos der Inflationszeit beträchtlich zu vermehren und in Aktien anzulegen. So war Castiglioni schließlich an mehreren Konzernen in ganz Europa beteiligt und besaß ab 1921 ein eigenes Bankhaus.

Auch im Kulturleben begann Castiglioni die Fäden zu ziehen. Er protegierte Max Reinhardt und gab ihm das Geld für die Übernahme und den Umbau des Theaters in der Josefstadt und für die Salzburger Festspiele. „Die Neureichen im Wien der Zwanzigerjahre wollten keine Avantgardisten sein, sondern barocker als die Barock-Potentaten leben."[2] Dieser Satz von Hellmut Andics traf auf einen Mann wie Castiglioni voll zu. Ein Palais mit beeindruckender Kunstsammlung war genau das richtige, das er brauchte, um auch privat seinen Reichtum bestaunen zu lassen.

Mit ihm zog in das Palais in der Prinz-Eugen-Straße ein neuer Geist ein, der symptomatisch für den Zerfall alter Werte und die schillernde Geschäftigkeit der Inflationszeit war. Der auf Showeffekte bedachte (Neu)Reichtum machte sich auch im nunmehrigen Palais Castiglioni bemerkbar. Der neue Hausherr ließ die Tiepolo-Kolossalgemälde im Stiegenhaus durch Vorhänge abdecken. Bei Gesellschaften schoben sie sich dann auf Knopfdruck wie im Kino auseinander. Die gewünschten Ah-Rufe der Gä-

ste blieben auch nicht aus. Viele Parties — einem Eugen Miller so verhaßt — rollten nun in diesen einst so stillen Räumlichkeiten ab. Da aber machte sich bereits Krachen im Gebälk von Castiglionis Finanzimperium bemerkbar. Das Ende der Inflation durch die Einführung der Schilling-Währung brachte den auf Spekulationen beruhenden Reichtum zum Einsturz. Auch Castiglioni hatte sich verspekuliert. Die Polizei erschien in seinem Palais, doch er hielt sich im Ausland auf. Das Finanzimperium war dahin, Castiglioni wurde aber deshalb nicht zum armen Mann. Das Palais blieb in seinem Besitz, nur war er gezwungen, Kunstwerke zu veräußern. Zwei große Auktionen brachten den Beweis, daß er in diesem Punkt geschickt gehandelt hatte. Der Erlös brachte bedeutend mehr, als das Palais ursprünglich gekostet hatte! Auf diesem Weg kamen 1930 die beiden kleineren Tiepolo-Bilder in das Kunsthistorische Museum in Wien. Die drei verbliebenen Kolossal-Gemälde bot Castiglioni der jüdischen Familie Mendel, Besitzer der Ankerbrotwerke, als Sicherstellung für einen ihm gewährten Kredit an. Als Castiglioni ihn nicht zurückzahlen konnte, kamen die Gemälde in Mendels Besitz und damit schließlich in die USA. Heute sind sie im Metropolitan-Museum in New York ausgestellt.

Das weitere Schicksal des Hauses spie-

gelt die Geschichte Österreichs im kleinen wider. 1938 wurde das Palais als jüdischer Besitz „arisiert". In seine Räumlichkeiten zog Reichsarchitekt *Professor Dustmann* ein. Er hatte die Aufgabe, architektonisch der „Perle" Wien jene Fassung zu geben, die Adolf Hitler an dieser Stadt noch zu vermissen glaubte. Die Entwürfe, die hier entstanden, sind durch den Krieg auch nur solche geblieben. Wären sie verwirklicht worden, hätte Wien heute eine abgeholzte Ringstraße, riesige Aufmarschplätze und Kolossalbauten an Stelle der Leopoldstadt und entlang des Donauufers. Dustmann zählte nicht zum engeren Kreis der Hitler-Architekten. Die Neugestaltung der Stadt, in der Hitler die Demütigungen seiner Jugendzeit einstecken mußte, interessierte den „Führer" nicht.

Im Krieg erlitt das Palais leichte Bombenschäden. Dann kamen die Russen und beschlagnahmten das Haus als „Deutsches Eigentum". Jahrelang standen die Räume leer. Nach 1955 wußte man im befreiten Österreich wieder einmal nicht, was mit einem solchen Haus anzufangen ist. Abriß hieß damals die Zauberformel, mit der man sich von den Resten einer ungeliebten Vergangenheit zu befreien suchte. 1961 traten die Abbruchspezialisten in Aktion. Das Wohnhaus, das heute an dieser Stelle steht, ist architektonisch gesehen keiner Erwähnung wert.

---

[2] Andics 117.

Palais Wittgenstein

Zwischen der griechischen Botschaft (ehemals Palais Vrints) und einem kleinen Bürgerhaus mit ortsbekannter Bäckerei stand bis nach dem Zweiten Weltkrieg das Palais Wittgenstein (Nr. 16). Es war dies ein einstöckiger, langgestreckter Bau mit Renaissance-Fassade, die ganz in Stein ausgeführt war. Das Palais wurde 1871 bis 1873 von dem Architekten *Friedrich Schachner* für einen Herrn *Pranter* erbaut. Bald ging das Haus jedoch in den Besitz des Stahlindustriellen *Carl Wittgenstein* über, der hier Veränderungen nach seinem Geschmack vornehmen ließ. Nach Vollendung der Bauarbeiten präsentierte sich das Palais als Wohnsitz eines immens reichen Industriellen der Gründerzeit.

Das Stiegenhaus war mit grauem schlesischem Marmor ausgekleidet, die Gesellschafts- und Wohnräume hatten Deckengemälde oder reiche Holzkassetten-Decken. Die Malereien im Herrenzimmer stammten von Fux, im Speisesaal von Schönthaler und im Gartensaal von den Brüdern Jobst. Die Front zum Garten bestand aus einer Rohziegelwand mit glaciertem Terrakottaschmuck.

Außergewöhnliche Persönlichkeiten haben in diesem Palais gewohnt und ihm ihren Stempel aufgedrückt. Der Hausherr Carl Wittgenstein war eines von elf Geschwistern. Kinderreichtum kennzeichnete von jeher diese Familie, die aus Sachsen stammte und jüdischen Ursprungs war. Die verwandtschaftlichen Verzweigungen reichten in die in Wien bekannten Familien Figdor (berühmte Kunstsammlung), Salzer und Breitenecker. Eine Verwandtschaft mit dem Fürstenhaus Sayn-Wittgenstein besteht aber trotz immer wiederkehrender Vermutungen nicht. Mit 17 Jahren riß Carl von daheim aus und ging in die

Straßenfront

USA. Dort sammelte er Erfahrungen als Kellner, Geigen- und Sprachlehrer. Zwei Jahre später kehrte er zu seiner Familie zurück, studierte am Technologischen Institut und arbeitete bei mehreren technischen Firmen. Seine Tüchtigkeit bewies er dann in Böhmen. Ein Verwandter holte ihn zum Bau eines Walzwerkes dorthin. Bereits mit 25 Jahren leitete Carl Wittgenstein den Bau und avancierte bald darauf zum Direktor des fertiggestellten Werkes. Von hier weg führte eine geradezu märchenhaft anmutende Karriere. In den achtziger Jahren regierte Wittgenstein bereits den größten Stahltrust der Monarchie. Zu diesem Stahlimperium zählten die Werke in Donawitz (Vorläuferin der Alpine-Montan-AG), Hainfeld, St. Aegyd, in Böhmen die Hütten in Kladno (Poldihütte) und Königswald (Rudolfshütte), das Walzwerk in Teplitz u. a. Durch die Anwendung des Siemens-Martin-Verfahrens ermöglichte Carl Wittgenstein die Nutzung der phosphathältigen Erze Böhmens.

Als Privatmann zeichnete ihn das Interesse für die Künste aus, zu deren hervorragenden Mäzenen er gehörte. Das Palais in der früheren Alleegasse entwickelte sich so zu einem kulturellen Zentrum Wiens. Für die Künstler und ihre — ihm verständlichen — Anliegen hatte er stets ein offenes Ohr. So ist es ihm zu verdanken, daß die Künstler der Sezession ihr eigenes Haus am Schnittpunkt Getreidemarkt-Karlsplatz errichten konnten. Er schenkte ihnen dazu das Grundstück. Die gegen die in Konventionen erstarrte Kunst rebellierenden Künstler zählten zu seinen Freunden. Viele ihrer Werke schmückten das Palais Wittgenstein. Zu den wichtigsten gehörte das Porträt von Wittgensteins Tochter Margarete, verheiratete Stoneborough von Gustav Klimt aus dem Jahr 1905. Dieses Bild befindet sich heute in der bayerischen Staatsgemäldesammlung in München; ferner der erst 1983 in London zu einem Rekordpreis von 19 Millionen Schilling versteigerte „Goldene Reiter" Klimts. In einem Salon stand die berühmte Czeschka-Vitrine der Wiener Werkstätte. Dieses aus Silber und Halbedelsteinen ausgeführte Kunstwerk war auf der Kunstschau 1907 zu sehen und erzielte den damals enormen Preis von 50.000 Kronen. Außerdem gab es zahlreiche Bilder von Rudolf von Alt, dem Ehrenpräsidenten der Sezession und Freund der Familie.

Eine besondere Rolle spielte die Musik im Haus Wittgenstein. Leopoldine (geborene Kallmus), die Frau Carls, tat alles, um das Musikverständnis ihrer acht Kinder zu fördern. Außer einem eigenen Musiksalon hatte man auch einen eigenen Hausorganisten. Zahlreiche bekannte Musiker verkehrten im Palais. Zu ihnen gehörte Johannes Brahms, der ein besonderer Freund der Familie Wittgenstein war. Die große Rolle der Musik in dieser Familie fiel auf fruchtbaren Boden. Der älteste Sohn Hans komponierte bereits als Bub und beherrschte mehrere Instrumente. Der 1887 geborene Paul Wittgenstein machte sich international einen Namen als Pianist. Keine

Situation 1984

157

Vestibül mit Brunnen von Mestrovič

Geringeren als Franz Schmidt, Richard Strauss und Maurice Ravel schrieben für ihn Klavierkonzerte. Als Paul im Ersten Weltkrieg seinen rechten Arm verlor, hinderte ihn dies nicht, weiterzuspielen. Auch bloß mit der linken Hand bewies er seine Meisterschaft. Theaterspielen und Malerei kamen deshalb nicht zu kurz. Hermine, die älteste Tochter war im Malen besonders talentiert.

Die Atmosphäre des Hauses hatte trotz finanziellem Reichtum und einem Überangebot kultureller Genüsse seine Schattenseiten. Hochgebildet, aber auch hypersensibel endeten drei der fünf Söhne (Hans, Rudolf und Kurt) durch Selbstmord in jungen Jahren. Übrig blieben nur Paul und — Ludwig, der jüngste Sohn, der später als Philosoph Weltgeltung erringen sollte. Von der Kindheit Ludwigs ist wenig bekannt. Er selbst erzählte keine Einzelheiten darüber, betonte nur, daß er damals sehr unglücklich war. In den ersten Jahren sowie alle anderen Wittgenstein-Kinder von Privatlehrern nach den Vorstellungen des Vaters erzogen, zeigte er eine deutliche Vorliebe für die Technik. Er soll nach Familienerzählungen selbständig eine Nähmaschine und eine Drehbank konstruiert haben. Aber auch die Musik prägte Ludwigs Charakter sein Leben lang.

Anfang 1913 starb Carl Wittgenstein an Krebs. Er hinterließ den Kindern ein riesiges Vermögen. Aus diesem Anlaß spendete Ludwig einen Betrag von 100.000 Kronen für wohltätige Zwecke zugunsten von unbemittelten österreichischen Künstlern. So gelangten unter anderem Georg Trakl, Rainer Maria Rilke und Oskar Kokoschka zu Stipendien.

Das Palais ging in den Besitz von Ludwigs Mutter, *Leopoldine Wittgenstein*,

über. Ende · 1913 reiste Ludwig nach
Norwegen, um in totaler Zurückgezogenheit zu sich selbst zu finden. Hier
machte er die ersten Aufzeichnungen
über seine Gedankengänge. Ebenso wie
sein Bruder Paul nahm er als Soldat am
Ersten Weltkrieg teil. Er geriet an der
Südfront in Gefangenschaft. 1919, inzwischen dreißigjährig und Verfasser seines später berühmt gewordenen *Tracta-
tus Logico Philosophicus*, kehrte Ludwig
nach Wien zurück, um ein neues Leben
zu beginnen. Der Verzicht auf sein Erb-
anteil zugunsten der Geschwister sollte
ihn, so hoffte er, von den gesellschaftlichen Zwängen frei machen. Seine Beziehung zum Familienpalais war damit er-
loschen. Ludwigs Weg führte über Dör-
fer, in denen er als Volksschullehrer
wirkte, bis zur Professur der Universität
Cambridge. In dieser Stadt erlag er
schließlich 1951 einem Krebsleiden.

Baugeschichtlich bleibt *Ludwig Witt-
genstein* in Wien durch sein Haus in der
Kundmanngasse in Erinnerung. Der
Bau, den er im Auftrag seiner Schwester
Margarete Stoneborough errichtete, soll-
te Schönheit und Zweckmäßigkeit nach
den Idealen eines *Adolf Loos* in völlige
Harmonie bringen. Heute beherbergt
das Wittgenstein-Haus das bulgarische
Kulturinstitut.

Nach dem Tode der Mutter 1925 teil-
ten sich Paul und Hermine in den Besitz
des Palais. Dann entschloß sich Paul
nach Amerika zu gehen, wo er 1961 in
New York starb. Die unverheiratete
Hermine war nun seit Anfang der dreißiger Jahre alleinige Hausherrin in der Argentinierstraße. Das Leben in dem einst
so kinderreichen Haus war deutlich stiller geworden. Der Zweite Weltkrieg
brachte den Einzug von Gerichtsbehör-
den in einen Teil der Räumlichkeiten

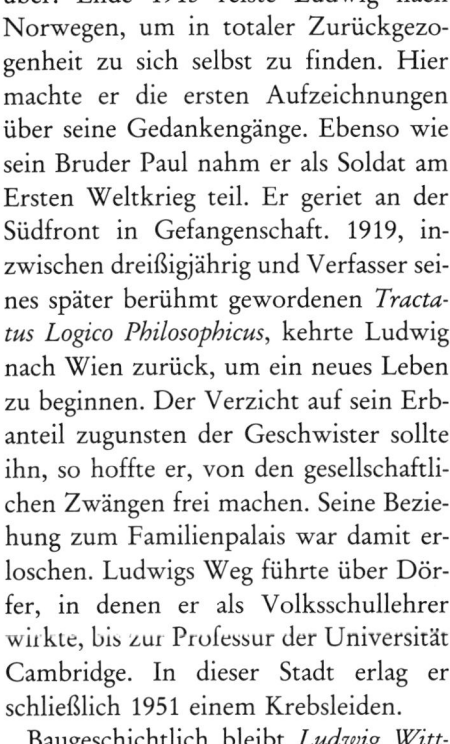

Stiegenhaus

Salon, rechts im Hintergrund die Czeschka-Vitrine

Musiksalon

und Bombentreffer. Das Palais erlitt jedoch keinen Totalschaden. Die Arbeit der Justizbeamten konnte fortgesetzt werden. Nach dem Tod Hermines stellte sich für den Neffen und Erben des Palais, Thomas Stoneborough, die Frage nach der Zukunft der Wittgenstein-Stadtresidenz. Da der vierte Bezirk sowjetische Besatzungszone war, schien der Erhalt solcher Immobilien höchst unsicher und verlustreich zu sein. John Stoneborough entschloß sich deshalb zum Verkauf; nichtsahnend, daß sich nach dem Staatsvertrag 1955 die Situation grundlegend bessern wird. Die *Länderbank* erwarb die Liegenschaft, riß das Palais ab und errichtete auf dem Grundstück ein modernes Wohnhaus, das auch heute noch wie ein Fremdkörper in dieser Umgebung wirkt.

Palais Toskana

Straßenfront

Funkhaus Wien, Argentinierstraße. An jedem Wochentag ist der dem Holzmeister-Bau gegenüberliegende Parkplatz bereits am Vormittag voll ausgelastet. Nichts erinnert mehr daran, daß hier zwischen der Handelsmission der Sowjetunion (einst Palais Doktor Kranz) und einem Wohnhaus das Palais Toskana stand.

Bereits vor der Erbauung dieses Palais war das Grundstück (Nummer 29) ein für Wien geschichtsträchtiger Boden. Das Freiherr-von-Kielmanseggsche Haus, der Vorgängerbau, diente Marschall Alexandre Berthier während der zweiten Besetzung Wiens durch die Franzosen 1809 als Residenz. Der enge Vertraute Napoleons trug damals zusätzlich zu seinen vielen Würden einen neuen Titel, der die Österreicher besonders schmerzen mußte: Fürst von Wagram. Erinnerung an die Schlacht, die den Erfolg bei Aspern zunichte gemacht und Österreich seiner bisher tiefsten Demütigung durch die Franzosen ausgesetzt hatte. Der General, den die Wiener nur zu gut von den Proklamationen der Besatzungsmacht kannten, hatte besonderes Gefallen an dem weitläufigen Garten des Hauses gefunden. Hier empfing er unter strengster Geheimhaltung Napoleon, der von seinem Hauptquartier in Schloß Schönbrunn manchmal in die Stadt kam. Der Maler Heinrich Füger und dann der Schriftsteller Adolf Bäuerle waren später Eigentümer dieser Liegenschaft.

1867 erfolgte ein grundlegender Umbau des Gebäudes. Es entstand ein weitläufiges Palais mit einem dreistöckigen, sechzig Meter langen Straßentrakt, der Aufbauten über den beiden eingeschobe-

Situation 1984, Parkplatz des ORF

Innenhof mit gedeckter Unterfahrt

nen Risaliten besaß. Die Fassade im Stil klassischer Renaissance war in Haustein und Verputz ausgeführt. Unter dem Mittelbalkon befanden sich zwei steinerne Wachhäuschen mit Helmzier. Zwei mächtige, reichgeschnitzte Holztore führten in den von Hintertrakt und zwei Seitenflügeln umschlossenen Innenhof. Auf dem Plateau der mit Rundbogen ausgestatteten Unterfahrt standen vier Steinfiguren. Zum Garten hin betonte eine Säulenvorhalle vor drei Rundbogentüren den Mittelteil der Rückfassade. Der Garten grenzte direkt an den Park des Rothschild-Palais in der Prinz-Eugen-Straße. Alles strahlte klassische Ausgewogenheit und zurückhaltende Vornehmheit aus.

Dieses Palais erwarb Erzherzog Leopold Salvator (1863—1931) aus der Linie Toskana des Herrscherhauses. Er entstammte jener habsburgischen Secundogenitur, die ihren Ursprung auf Kaiser Leopold II. zurückführt und in Florenz bis zur Einigung Italiens regierte. Leopold trug wie alle männlichen Mitglieder dieser Linie als zweiten Vornamen Salvator. Er schlug die Militärlaufbahn ein und wurde 1907 General-Artillerie-Inspektor. Mit Eifer und Erfolg setzte sich der Erzherzog für die Modernisierung der Artillerie ein. Autos und Luftschiffen galt sein besonderes Interesse, er war auch ein begeisterter Ballonfahrer. Sein Bruder Franz Salvator heiratete die Lieblingstochter Kaiser Franz Josephs, Erzherzogin Marie Valerie. Leopold Salvators Ehe mit Prinzessin Blanca von Bourbon entstammten zehn Kinder.

Die Familie übersiedelte 1908 in das eben fertiggestellte Schloß Wilhelminenberg im 16. Bezirk. Dieser Bau war für die Kinder geeigneter und wies bereits allen modernen Komfort der damaligen

Zeit auf. Um das Palais in der Alleegasse nicht ungenutzt zu lassen, wurde der Großteil der Räumlichkeiten vermietet. Lediglich eine Wohnung behielt sich Leopold Salvator für eigene Zwecke.

Nach dem Fall der Monarchie übersiedelte der Erzherzog mit seiner Familie nach Spanien. Nur seine beiden ältesten Söhne Rainer und Leopold blieben in Österreich. An den Besitzverhältnissen am Palais Toskana änderte sich nichts, da zwar die Güter aus dem Hofärar in den Besitz der Republik übergingen, das Privateigentum der Mitglieder des ehemaligen Herrscherhauses aber unangetastet blieb.

Kurz vor seinem Tod 1931 kehrte Leopold Salvator nach Wien zurück. Das Palais in der Argentinierstraße erbte seine Witwe Blanca, die 1938 nach Italien übersiedelte. Mitte der dreißiger Jahre begannen auf dem Areal gegenüber dem Palais die Bauarbeiten am Funkhaus nach den Plänen *Clemens Holzmeisters*. Es war dies der erste Einbruch in das vornehmlich aus Privatpalais bestehende Viertel. Im Krieg erlitt das Palais Bombenschäden. Die Mieter wollten eine Renovierung durchsetzen, um ihre dem Mieterschutz unterliegenden Wohnungen behalten zu können. Die Erben Leopold Salvators empfanden den Besitz unter den erschwerten Bedingungen der Nachkriegszeit als Belastung. Sie erreichten von den Stadtbehörden die Genehmigung zur Demolierung des Palais. Das Grundstück wurde an den Österreichischen Rundfunk verkauft, der darauf (inzwischen verschwundene) Baracken mit Studios und den Parkplatz errichtete.

Erzherzogliche Wagen-Remise

Gartenfront

163

Palais Johann Strauß

43 Nächte dauerte es, dann war die Operette „Die Fledermaus" von Johann Strauß vollendet. Sie wurde auf Anhieb ein durchschlagender Erfolg und hat bis heute nichts von ihrer Anziehungskraft verloren. Was wäre Wien, speziell zu Silvester, ohne die „Fledermaus"! Daß die-

ses Werk in Wien auch architektonische Spuren hinterließ, ist heute kaum bekannt. Von den Tantiemen der „Fledermaus" kaufte *Johann Strauß* 1875 zwei Bauparzellen in der Igelgasse (heute Johann-Strauß-Gasse) auf der Wieden, um hier sein Privatpalais zu bauen. Mit der Durchführung wurde ein Baumeister *Heymann* beauftragt.

1876 bis 1878 entstand in der Igelgasse ein kleines Palais mit einer Fassade im Renaissance-Stil. Um den Fortschritt der Bauarbeiten und die Detailfragen der Ausstattung kümmerte sich Johann Strauß kaum. Sein äußerst komplizierter Charakter wich den Anforderungen des Alltagslebens mit all seinen Belastungen und Entscheidungen so weit wie möglich aus. Jetty (Henriette, geborene Treffz), seine bedeutend ältere erste Gattin, war genau der Typ der mütterlichen Frau, die ihrem „Jean-Buben", wie sie ihn nannte, alle Schwierigkeiten fernzuhalten verstand. So war Jetty es denn auch, die sich mit Bauplänen und Gestaltungsfragen für das neue Heim in der Igelgasse befaßte. Doch noch ehe das Palais völlig fertiggestellt war, erlag Jetty am 9. April 1878 einem Schlaganfall. Von einer geradezu hysterischen Angst vor dem Phänomen Tod geplagt, verlor der Meister des Musisch-Heiteren die Nerven. Hals über Kopf verließ er die Villa in Hietzing, mied auch das neue Palais auf der Wieden und quartierte sich in einem Hotel ein. Am Begräbnis seiner Frau nahm er nicht teil. Das war der einzige Entschluß, den er zu fassen vermochte. Sonst stand er völlig hilflos der neuen Situation gegenüber, suchte krampfhaft nach einem Halt.

Straßenfront

164

Da lief ihm eine junge Gesangstudentin über den Weg. Fräulein Angelika Diettrich aus Köln, blond, blauäugig, dürfte die Art engelsgleicher Frau gewesen sein, bei der der 53jährige Mann liebevolles Verständnis erhoffte. Bereits wenige Wochen nach Jettys Tod war „Lilly" die neue Frau Strauß. Man kann sich leicht den bösartigen Tratsch vorstellen, der in Wien über diese alle Konventionen sprengende Handlungsweise umlief. Voller Hoffnung, seinem Leben jene geregelte Ruhe wieder zu geben, in der allein er schaffen konnte, zog Johann Strauß mit seiner jungen Frau in das fertiggestellte Palais ein. Doch welch eine Enttäuschung sollte ihn erwarten! Lilly konnte und wollte offenbar auch nicht Jetty ersetzen. Das Genie und die Bedeutung ihres Mannes blieben ihr fremd. Auch die in sie gesetzte Erwartung, Strauß vom Alltag zu entlasten, erfüllte sich nicht. Im Gegenteil. Bald schon suchte Lilly „Trost" bei anderen Männern. Jahrelang dauerten die Spannungen in dieser Ehe, bis Lilly dem selbst ein Ende setzte. Sie ging mit dem Direktor des Theaters an der Wien durch.

Johann Strauß war damit von einer Qual befreit, aber wiederum allein. Da trat abermals eine Frau in sein Leben, von der er sich Geborgenheit versprach: Adele Strauß. Diese Frau mit der zufälligen Namensgleichheit entfesselte in ihm ungeahnte Energien. Er wechselte Staatsbürgerschaft und Religion, um Adele als dritte Frau heimführen zu können. Und nun gestaltete sich das Leben im Palais in der Igelgasse unter der Leitung Adeles genau so, wie es sich der hochsensible Mann immer vorgestellt hatte. Mit sicherer Hand gestaltete sie das Alltagsleben und zeigte jedes nur mögliche Ver

ständnis für die sicher oft enervierenden Eigenarten ihres Mannes.

Als typischer Nachtarbeiter schlief Johann Strauß bis spät in den Tag hinein und verlangte dann, im Bett zu frühstücken. Nach der Morgentoilette ging er im karierten Hausanzug in sein Arbeitszimmer, um dort an seinem Stehpult seine musikalischen Einfälle zu Papier zu bringen. „Von dort aus führte ein Läutwerk ins obere Geschoß, damit die Gattin gerufen werden konnte, um zu begutachten. Strauß spielte ihr das, was er soeben konzipiert hatte, auf einem kleinen Harmonium vor. Dann erging er sich meist im Garten, ließ sich seine Pferde vorführen und spielte mit den Hunden. Die Speisestunde vereinigte die Familie: Johann mit Gattin und deren Tochter aus erster Ehe, Alice. Frau Adele hatte nicht vergessen, daß die Liebe auch durch den Magen geht, und hatte sich durch ihre Schwägerin die Rezepte der Lieblingsspeisen aus ihres Gatten Kinderzeit verschafft. Nun marschierten all die Köstlichkeiten aus seligen Tagen in der Igelgasse wieder auf: Das würzige Beuschel mit Knödel, der resch gebackene Rostbraten, der Kipfelbröselstrudel mit Zwetschkenröster und die unvergleichlichen Erdäpfelnudeln mit Weinberln, die Geburtstagsspeise aus Strauß' Kindheit."[1]

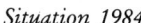

[1] Hennings (Ringstraßensymphonie III) 17 f.

Situation 1984

165

Musiksalon

Billardzimmer

Die Räume waren eher spärlich, aber dennoch ganz im Stil der Makart-Zeit möbliert. Im Garten standen ein Brunnen mit einer Figur von Hans Gasser „Das Donauweibchen" und ein Gartenhäuschen.

Gastlichkeit wurde im Palais Johann Strauß großgeschrieben. Viel Prominenz des damaligen Kulturlebens verkehrte hier: Johannes Brahms und Karl Goldmark, Ludwig Bösendorfer und Alfred Grünfeld, Franz Jauner und Alexander Girardi, Ludwig Ganghofer und Viktor Tilgner. Aber auch die Namen von Anton Bruckner, Wilhelm Kienzl und Giacomo Pucchini waren im Gästebuch zu finden. Die Tafel war immer reichlich gedeckt, der Sekt kam nie zu kurz. Nach dem Essen spielten die Herren Billard oder Tarock. Nicht selten kam es dabei vor, daß Strauß plötzlich auf dieses Vergnügen vergaß, einen der überall umherliegenden Zettel zur Hand nahm und zu notieren begann. Der „musikalischste Schädel", wie Richard Wagner Strauß einmal genannt hat, hatte wieder einmal eine musikalische Eingebung und brachte sie rasch zu Papier. Nachdem der letzte Gast das Palais verlassen hatte, nahm Strauß das Komponieren in seinem Arbeitszimmer wieder auf, was oft bis zum Morgengrauen dauerte.

Die harmonische Atmosphäre des Hauses trug ihre Früchte. Der „Zigeunerbaron" wurde hier geschaffen, allerdings nicht in 43 Nächten wie die Fledermaus, sondern in einer Dauer von zwei Jahren. 1885 fand am Abend vor Johann Strauß' sechzigstem Geburtstag die Uraufführung des „Zigeunerbaron" im Theater an der Wien statt. „Das Publikum hatte das Gefühl, einem Niegehörten beizuwohnen, das zugleich aber verständlich war. Die Zuhörer schluchzten, rasten und schrien."[2]

Die Wiener kannten „ihren" Strauß nur von der heiteren Seite, seine Schrullen waren weitgehend unbekannt. Mit zunehmendem Alter verstärkten sich hypochondrische und neurotische Züge. Wochenlange Wortkargheit und jäh aufschäumender Zorn bei irgendwelchen Störungen machten auch Adele das Leben schwer. Von Oktober 1898 bis Pfingsten 1899 verließ Strauß überhaupt nicht mehr sein Palais. Eingesponnen in düstere Gedanken saß er in seinem Arbeitszimmer, nicht ahnend, daß die letzten Monate seines Lebens verrannen. Erst am Pfingstmontag, dem 22. Mai 1899, dirigierte Strauß wieder die Ouverture seiner „Fledermaus" in der Hofoper. Völlig erhitzt kam er nach Hause, wo bereits der Pianist Leschetitzky und der Klavierproduzent Bösendorfer auf ihren Freund warteten, um mit ihm eine Partie Tarock zu spielen. Wenige Tage später erkrankte Strauß an einer beiderseitigen Lungenentzündung, der er am 3. Juni in seinem Palais erlag.

Die Leiche wurde der Zeit entsprechend im Salon aufgebahrt. Mehrarmige Girandolen mit hohen Kerzen erleuchteten den Raum. Auf sechs Samtkissen, die im Halbkreis vor dem Sarg aufgelegt waren, lagen alle Orden und Ehrenzeichen, die Johann Strauß im Laufe seines Lebens erhalten hatte. In der Mitte ruhte auf einem eigenen Kissen die Geige mit gesprungenen Saiten und der Bogen. Am 6. Juni trug man den Walzerkönig zu Grabe. Nach der Abschiedsrede von Bürgermeister Karl Lueger setzte sich der Leichenzug mit 161 Kränzen auf sechs Blumenwagen in Bewegung Richtung Zentralfriedhof, wo der Tote in einem Ehrengrab der Stadt Wien beigesetzt wurde.

Das Palais in der Igelgasse vermachte Johann Strauß testamentarisch der Gesellschaft der Musikfreunde. Aber bereits im nächsten Jahr wurde das Haus an Private veräußert. Im Herbst 1944 machten Bomben das Palais völlig zunichte. Die Reste wurden abgetragen und an ihrer Stelle ein moderner Wohnbau errichtet. Anläßlich der Hundert-Jahr-Feier der Uraufführung des Donauwalzers brachte man 1967 an diesem Neubau eine Gedenktafel an. Im Hof steht eine Skulptur von Max Melcher, „Kunsteleve", einen Jüngling mit Geige darstellend; eine letzte Erinnerung daran, daß hier einmal ein Haus stand, in dem Musikgeschichte gemacht wurde.

---

[2] Hennings (Ringstraßensymphonie III) 19.

Palais Kaunitz

VI, Amerlinggasse Nr. 6

Revirement des alliances — dieses Kunststück, scheinbar unveränderbare Bündnissysteme zu revidieren und Habsburgs alten Erbfeind Frankreich als Verbündeten zu gewinnen, verdankte Kaiserin Maria Theresia Graf Wenzel Kaunitz-Rietberg. Als Menschenkennerin wußte sie um das Genie dieses eleganten, frankophilen Mannes. Und sie verstand es auch mit sicherem Griff, Kaunitz an der geeigneten Stelle für ihre Zwecke einzusetzen — in Paris. Dort gelang ihm dieses Meisterstück diplomatischen Geschickes, Habsburg und Bourbon zu verbünden gegen den Unruhestifter Friedrich von Preußen, dem Maria Theresia den Raub Schlesiens nie vergeben hatte. Die Grundlage für den Siebenjährigen Krieg war geschaffen. Noch

Ausblick vom Palais Kaunitz über die Gartenanlagen auf die Mariahilferkirche und die Innenstadt; Gemälde von Canaletto 1759/60

einmal setzte die Kaiserin alles daran, das Fait accompli, vor das Friedrich sie gestellt hatte, nun unter glücklicheren Ausgangsbedingungen als 1741 rückgängig zu machen.

Mitten im Krieg, zur Zeit als es durch die österreichischen Erfolge fast schien, als würde Friedrich als „Marquis de Brandenburg" enden, kaufte *Graf Kaunitz* 1760 mehrere Grundstücke zwischen der Mariahilfer Straße und dem Wienfluß. Hier befand sich bereits ein Sommerhaus des Besitzvorgängers *Herrn von Albrechtsburg*, das Kaunitz durch Umbauten gründlich veränderte.

In den siebziger Jahren des 18. Jahrhunderts ließ Kaunitz noch zwei Seitenflügel anbauen. Sie waren vermutlich ein Werk des Elsässer Architekten *Jean Baptiste Kleber*, den Kaunitz' Sohn Franz Wenzel nach Wien berufen hatte und der vor allem die Westfassade des Sommerpalais neugestaltete. Die Lieblichkeit dieses Gebäudes und seiner Umgebung hat Canaletto mit seinem Pinsel festgehalten. Weit schweifte der Blick hinauf zur Mariahilfer Kirche und über das Wiental mit seinem damals noch ganz ländlichen Charakter gegen die Stadt. Friedrich Nicolai war begeistert von diesem Palais, das er in seinen Reiseschilderungen besonders hervorhebt:

„Es ist so schön, so wohlgeordnet, in allen seinen Theilen so einfach, und übereinstimmend, daß ich es allen Landhäusern in den Vorstädten von Wien vorziehe. Es giebt dort viel prächtigere Gartenpalläste, aber keinen der das Angenehme und Anziehende hätte, das dieser zeigt. Die Lage auf einer kleinen Anhöhe ist gesund und reizend. Der Garten ist zwar mit geschnittenen Hecken, aber ungekünstelt und mannichfaltig angelegt, und hat vor dem Abhange der An-

Deckengemälde von Antonio Marini „Götter im Olymp"

höhe, wo er mit einem eisernen Gitter eingeschlossen ist, eine sehr ländliche Ansicht über den niedriger liegenden Magdalenengrund und die Widen weg, in die Gegend um Wien. Das Gebäude liegt am Garten auf der Seite eines geräumigen Vorhofes. Es ist zwey Geschoß hoch, ohne besondere Pracht, aber so wohl angelegt, daß wenn, wie man sagt, der Fürst selbst die Anlage dazu gemacht hat, es, ob dieß gleich von Seinen großen Verdiensten das geringste ist, Seinen guten Geschmack in die Baukunst beweiset. Der Gesellschaftssaal, der durch zwey Geschosse durchgeht, ist schön. Die Meublierung ist ganz modern, ohne alle gesuchte Pracht, aber überaus niedlich, und zeuget auch von dem feinen Geschmack des Besitzers."[1]

---

[1] Knofler 87.

Der mittlerweile zum Staatskanzler und Fürsten erhobene Kaunitz machte sein Palais zu einem der Brennpunkte des politischen und gesellschaftlichen Lebens in Wien. Hier empfing er Gesandte, lud berühmte Männer aus dem In- und Ausland zu seiner Tafel und gab glanzvolle Feste.

Während seines Besuches in Wien im Jahre 1782 kam auch Papst Pius VI. in das Palais Kaunitz. Er hoffte auf eine Aussprache mit dem Staatskanzler, der am liebsten die päpstliche Visite in Wien verhindert hätte. Doch welch eine Enttäuschung sollte Pius erwarten! Kaunitz ließ den hohen Gast durch seine beiden Söhne empfangen, erschien erst verspätet, drückte dem Papst freundschaftlich wie bei der ersten Begegnung die Hand und führte ihn dann durch seine Gemäldegalerie. Dauernd begleiteten Erzher-

Straßenfront des Gymnasiums, 1903

zog Maximilian und der holländische Gesandte die beiden Männer, sodaß es zu keiner Aussprache kam. Ohne das geringste erreicht zu haben, verließ der Papst das Palais, abermals nur von den Söhnen des Fürsten begleitet.

Die Gemäldesammlung war Kaunitz' besonderer Stolz. Immer wieder ergötzte er sich an den zusammengetragenen Kunstschätzen, einmal aber soll er vor einem seiner Bilder wie angewurzelt stehen geblieben sein:

„Kaunitz war ein Freund von Porträts schöner Frauen. Die berühmtesten Schönheiten besass er in der Bildergalerie in seinem Sommerschloss zu Mariahilf! Unter anderen ließ er die berühmte Tänzerin ‚Anna Eberle' im Eva-Costume malen...Maria Theresia, die Schöpferin der Keuschheitscommission...ließ auf geheimem Wege, während der Winterszeit, als das Palais zu Mariahilf unbewohnt blieb, das incriminirte Bild abholen; bei einem vertrauten Maler der Tänzerin einen Pelz hiezu malen, wie ihn beiläufig die Frau des Tizian oder Rubens hatte, und das derart vertugendhaftete Bild wieder auf seinen früheren Platz an die Wand hängen. — Als nun Kaunitz im nächsten Frühjahr seine Gallerie wieder besichtigte, war er über die barbarische Metamorphose nicht wenig betroffen. Zornglühend unterzog er jetzt alle seine Diener der strengsten Un-

tersuchung, die aber leider zu keinem Resultate führte. Der Schuldige konnte nicht eruirt werden, die ganze Sache blieb jahrelang ein unaufgeklärtes Räthsel, bis endlich Maria Theresia selbst das Geheimnis löste!"[2]

Ob diese Begebenheit der Wahrheit entsprach oder nur Gesellschaftsklatsch war, läßt sich heute nicht mehr feststellen. In die Zeit und zur Beziehung Maria Thersesias zu Kaunitz paßt sie jedenfalls exzellent.

Stolz war der Fürst auch auf seinen Pferdestall. Die edelsten Pferde aller Rassen standen in seinem Marstall. Einen kostbaren Schimmel und einen Scheck aus dem Trautmannsdorffschen Gestüt in Böhmen zog er allen anderen vor. Er selbst bildete sich ein, die beste und eleganteste Figur zu Pferd zu machen. Im Park und in seiner Reitschule ließ er sich als Reiter gerne bewundern.

Mit zunehmendem Alter nahm die Mischung zwischen Genialität und Kleinlichkeit, grenzenloser Eitelkeit und Hypochondrie immer skurrilere Formen an. Nach Maria Theresias Tod fuhr er überhaupt nicht mehr „zu Hofe". Der Verkehr mit Joseph II. wickelte sich größtenteils schriftlich ab. Manchmal kam der Kaiser selbst hinaus. Kaunitz empfing ihn öfter auch im Bett liegend. Krankhaft bedacht auf seine Gesundheit, aß er nur mehr „Poulard mit Reiß", das er sich auch bei Einladungen aus seiner eigenen Küche nachbringen ließ. Ohne Hemmungen begann er nach dem Essen in aller Öffentlichkeit die Zähne mit einer immer von ihm mitgeführten Bürste zu putzen und den Erfolg dann mit einem Spiegel zu prüfen. Niemand durfte es wagen, das Wort „Tod" in seiner Ge-

[2] Kisch, Vorstädte, II, 328 f.

170

genwart auszusprechen. Der Tod Josephs II. wurde Kaunitz mit den Worten mitgeteilt: „Der Kaiser unterzeichnet nimmer." Sein Einfluß schwand zusehends. Kaunitz erlebte noch die ersten Wogen der Französischen Revolution, den beginnenden Krieg gegen Frankreich und damit die Zerstörung seines Lebenswerkes. Am 27. Juni 1794 starb er in seinem Mariahilfer Palais.

Ein Jahr später entschied sich im Kaunitz-Garten eine für Österreichs weiteren Werdegang bedeutsame Frage. Ein junger adeliger Emigrant aus dem Rheinland eilte hierher, um Ernst Christoph Kaunitz um die Hand seiner Tochter Lorel zu bitten. Graf Clemens Metternich hatte es nicht leicht gehabt, dieses Ziel zu erreichen. Die Franzosen standen im Rheinland, die Familie Metternich hatte den Großteil ihrer Güter verloren. Aber Lorel setzte sich den hinreißend aussehenden und noch dazu sehr charmanten Clemens in den Kopf — bis aller Widerstand gegen den „Habenichts" gebrochen war. Als Mann der Enkelin des großen Kaunitz eröffnete sich Metternich eine glänzende Karriere, die jener eines Kaunitz um nichts nachstehen sollte.

1809, als Wien zum zweitenmal von den Franzosen besetzt wurde, war das Palais Residenz des französischen Stadtkommandanten General Andreossi. „Der berühmte Mai von Anno neun sah den französischen General Grafen Andreossi, dunkelblau, von oben bis unten mit goldenem Eichenlaub bestickt im Palais Kaunitz, die Wiener Bürger zitterten zur Tür herein. Um Christi willen, nicht weiter auf die Stadt schießen. Die eleganten hellblauen Ordonnanzoffiziere, die den General silberschimmernd umstanden, lachten über die verschreck-

ten Magistratsräte. — So sah die Weltgeschichte in Mariahilf aus."[3]

Bis 1812 blieben Palais und Garten im Besitz der Erben des Staatskanzlers, dann erwarb sie der Großhändler *Jacob Löwenthal* für die Dauer von drei Jahren. Schließlich kaufte *Fürst Nikolaus Esterházy* die ganze Liegenschaft. Das Palais barg von nun an eine andere, nicht minder wertvolle Gemäldesammlung. Die Ära Esterházy bedeutete noch einmal ein letztes Glänzen dieses schönen Besitzes vor dem Zugriff der Gründerzeit. Schon im Vormärz schoben sich die neu entstehenden Wohn- und Gewerbe-

3 Weyr, Zauber 233.

viertel immer dichter an das Palais heran. Die sogenannte Lauswiese im Gebiet von Gumpendorf mit dem bis zur Wien reichenden Kaunitzschen Obstgarten wurde schon 1843 verbaut. *Fürst Paul Esterházy* verlor immer mehr das Interesse an seinem Palais. Bereits 1865 ließ er seine Gemäldegalerie nach Budapest bringen. Einige Jahre später kaufte die Gemeinde *Wien* das Palais, um hier das Mariahilfer Gymnasium und Kanzleien des Bezirksamtes Mariahilf unterzubringen. Aufstockung und mehrere Umbauten nahmen keine Rücksicht auf die ursprüngliche Harmonie dieses Baues.

„Die Schätze und Sammlungen aber zerstoben in alle Winde und von all den

Situation 1984, Neubau des Amerling-Gymnasiums

Herrlichkeiten blieb nichts mehr übrig, als nur noch einige wenige alte Bäume im Esterházy-Park, die ihre knorrigen Häupter melancholisch zur Erde senken und an die Pracht vergangener Tage erinnern, so wie auch das gegen die Mariahilferstrasse gekehrte Wohnhaus, welches aus einzelnen Trümmern nur noch mühsam errathen läßt, daß hier ein Grandseigneur einst seinen Sitz aufgeschlagen..."[4], schrieb Wilhelm Kisch bereits vor 100 Jahren!

Nur im Inneren blieb das Deckengemälde des Florentiner Malers *Antonio Marini* im Mittelsaal als Relikt adeligen Glanzes zurück. Es zeigt die Versammlung der Götter im Olymp. Ganymed reicht Zeus den Göttertrank. Auf Wolken schweben die Horen, die Göttinnen der Eintracht und der Ordnung. Iris beleuchtet die Szene mit einem Regenbogen, dem Sinnbild der Heiterkeit.

Anfang der siebziger Jahre unseres Jahrhunderts beschloß man den Neubau des Mariahilfer Gymnasiums anstelle des alten Baues, der mittlerweile fast 100 Jahre als Schule gedient hatte. Es war bereits die Zeit, in der der Widerstand gegen die Kulturbarbaren, die jeden Abbruch im Namen eines vergötzten Fortschrittes durchführten, erstarkte. Aber noch war die Stimme der Mahnenden zu schwach. Es wurde wieder einmal demoliert, um „modern" zu gestalten. Eine Exil-Wienerin schrieb dazu in einem Leserbrief:

„Was für ein Wahnsinn, solche Gebäude abzureißen, die mit großer Tradition und künstlerischen Werten verbunden sind. Andere Länder wären froh, solche Werte zu besitzen. Ich protestiere auf das schärfste gegen den Abbruch dieses historischen Gebäudes und damit gegen die mutwillige Zerstörung des harmonischen Stadtbildes von Wien. Damit spreche ich auch im Namen unzähliger Amerikaner, die von Wien ebenso begeistert sind wie ich. Müssen denn die Kunstschätze Wiens weiter dezimiert werden?"[5]

---

[4] Kisch, Vorstädte II, 324 f.

[5] Presse v. 15. 12. 1970.

Palais Königsegg

Unter den Palästen gibt es Fixsterne und Kometen. Die einen glänzen durch Jahrhunderte, die anderen erstrahlen ein einziges Mal und verlöschen dann rasch. Lange bevor ihre Mauern fallen, üben sie keine Faszination mehr aus, werden unansehnlich und grau. Solch ein Bau war das Palais Königsegg in Gumpendorf.

1688 kaufte *Graf Leopold Wilhelm von Königsegg-Rothenfels* die Gründe des von den Türken zerstörten Frauenkonventes. Der Graf entstammte ursprünglich einem schwäbischen Rittergeschlecht, das in den Jahrhunderten unaufhaltsam aufstieg. Mehrere Feldherren und Kirchenfürsten kamen aus dieser Familie. Leopold Wilhelm selbst war kaiserlicher Gesandter am englischen Königshof gewesen und wurde später Reichs-Vizekanzler am kaiserlichen Hof.

In einem großen Garten entstand sein Sommerpalais mit der Hauskapelle „Zum Heiligen Abendmahl". Zehn Jahre nach seiner Erbauung stand das Palais im Mittelpunkt der Aufmerksamkeit, denn es diente Zar Peter dem Großen während seines fünfwöchigen Wien-Besuches als Residenz. Wochen vor der Ankunft des Zaren waren die Vorbereitungen in vollem Gang. Kaiser Leopold I. ließ das Palais Königsegg mit kostbaren Möbeln ausstatten, um Peter mit einem Teil seines Gefolges würdig unterzubringen. Im Garten wurden Orangenbäumchen und exotische Gewächse aufgestellt.

Die erste Auslandsreise des jungen Herrschers aus dem Osten war eine Sensation, die damals in ganz Europa höchste Erwartungen und viele Fragen hervorrief. Was wollte Peter damit bezwecken? Waren es außenpolitische Gründe oder mehr seine Neugierde auf die Welt des Westens? Später sollte sich herausstellen, daß die Außenpolitik im Vordergrund gestanden war. Bevor der Zar noch aus Moskau aufgebrochen war, hatte er mit Kaiser Leopold und der Republik Venedig ein neues Defensiv- und Offensivbündnis geschlossen, das sich gegen die Türken richtete. Nach langen Aufenthalten in Holland und England hielt der Zar am 26. Juni 1698 in Wien seinen feierlichen Einzug.

„Dreissig goldstrotzende Carossen fuhren entgegen, um die hohen und höchsten Gäste aufzunehmen. Ganz Wien war herbeigeeilt, die Bürgerschaft hielt die Wache zu Pferd und zu Fuss. Der Zug ging durch die Leopoldstadt, über die Schlagbrücke durch die Rothethurm-Strasse bei den St. Stefanern vorbei zum Kärntner Thor hinaus, in die bereits zubereitete Wohnung zu Gumpendorf. Zwei Schwadronen Reiterei und die Stadtguardia deckten den Zug, an den sich ein prächtiger Fackelzug anschloss. Im Hauptgalawagen sass Lefort als Grossbotschafter Russlands, an seiner Seite als Gesandtschaftscavalier der Czar, der sein Incognito auf das strengste beobachtete... Um 9 Uhr abends war er in dem hellbeleuchteten Palaste in Gumpendorf angelangt. Seine Umgebung wollte ihm Ruhe gönnen und sich zurückziehen, aber sein reger Geist ließ ihm nur kurze Rast, denn er brannte vor Ungeduld noch in derselben Nacht den Kaiser zu sehen und zu sprechen. Leopold kam seinem Wunsche auf das Bereitwilligste entgegen und noch um 10 Uhr wurde Czar Peter nebst Lefort von dem Grafen Thomas Czernin durch den Favoritengarten über eine geheime Treppe zum Willkommen und zu einer Unterredung in das Kabinett des Kaisers eingeführt. Der Empfang des mächtigen Czaren... war von Seite des Kaisers äußerst herzlich, und die würdevolle Güte des Kaisers machte den tiefsten Eindruck auf den 25-jährigen Czaren... die Unterredung währte bis Mitternacht."[1] Peter war neugierig. Alles wollte er sehen und kennenlernen. Bereits am nächsten Tag nahm er die Besichtigung der Stadt auf, ließ sich die Kampfstätten des Türkenkrieges von Ernst Rüdiger von Starhemberg zeigen. Unterhandlungen, Feste, Empfänge, neuerliche Besichtigungen füllten die kommenden Tage und Wochen aus. Drei Tage nach seiner Ankunft wurde der Namenstag des Zaren groß gefeiert.

„Am 29. Juni erschien der gesamte hohe Adel in grosser Gala im Königseggschen Gartenpalast um ihn zu beglückwünschen, was er auch, trotz seines angenommenen Incognitos, mit Vergnügen aufnahm. Überhaupt war er an diesem Tage sehr heiter, sang russische Lieder, scherzte mit seinem Gefolge und

[1] Kisch, Vorstädte II, 294 f.

den ihm aufwartenden Gästen. Mittags war Tafel bei König Joseph und abends veranstaltete der König ihm zu Ehren in dem festlich erleuchteten Königseggschen Gartensaale zu Gumpendorf ein ausgezeichnetes Conzert. Es produzierte sich die herrliche Hof-Capelle des Kaisers unter der Leitung ihres Hof-Capellmeisters Fux mit 170 auserlesenen Musikern. Es wurden bei dieser Gelegenheit mehrere Compositionen aufgeführt, die Kaiser Leopold I. selbst componierte. Bei dem Conzerte erschienen 319 Damen und ebenso viele Cavaliere, also alle zusammen 638 Personen, alle in höchster Gala! Gegen 10 Uhr abends wurde unter Paukenschlag und Trompeten ein imposantes Feuerwerk abgebrannt, wo die Schlußfront zu Ehren des Czaren in Brillantfeuer die Buchstaben zeigte: V.P.Z.M., das hieß: Vivat Peter Zar

Moscoviae. Ein herrliches Souper beschloss das ganze bis gegen 5 Uhr des Morgens andauernde Fest... am 30. Juni war er bereits wieder um 8 Uhr morgens auf den Beinen, obgleich er kaum zwei Stunden geschlafen hatte..."[2] heißt es in einem Tagebuch, das die damaligen Ereignisse im Detail festgehalten hat.

Weniger erfolgreich waren die Verhandlungen Peters am Wiener Hof über das Bündnis gegen den Sultan. Nach dem neuen Sieg Prinz Eugens bei Zenta 1697 war Kaiser Leopold nur mehr an einem raschen Friedensschluß interessiert, um sich im Westen wieder gegen Ludwig XIV. freie Hand zu verschaffen. Der Friede mit den Türken kam endlich ohne Rußlands Beteiligung zustande.

Die Tage vor der Abreise aus Wien ließen die Wiener wieder einmal auf ihre Kosten hinsichtlich der Schaulust kommen, dem Zaren bescherten sie eine unangenehme Überraschung:

„Ebenso herzlich wie beim Kaiser war die Abschiedsvisite auch bei den übrigen Mitgliedern des kaiserlichen Hofes. Am Abend trafen die Geschenke des Zaren aus Russland hier in Wien ein. Am 27. Juli begab sich Kaiser Leopold aus der Favorita in die Hofburg, um die kostbaren Geschenke entgegenzunehmen. Sie bestanden aus köstlich angeschirrten Pferden, kostbaren Säbeln, seltenen Pelzen und Teppichen etc. Unter den Pelzen befand sich auch ein äußerst kostbarer, schwarzblauer Zobel, der nach allen Richtungen Strich hielt. Die Geschenke wurden aus dem Gumpendorfer Palast abgeholt und in die Hofburg feierlichst übertragen. 48 ansehnliche Bürger Wiens in schwarzem Samt

[2] Kisch, Vorstädte II, 296 f.

Palais Königsegg als Residenz Zar Peters des Großen 1698

gekleidet, trugen auf weichen Kissen die Geschenke öffentlich, dass sie jeder sehen konnte. Um zehn Uhr setzte sich der Zug vom Königseggschen Schloss in Bewegung; Militär eröffnete ihn, dann kamen die Bürger mit den Geschenken, diesen folgten hierauf die kostbaren Pferde, geführt von russischen Wärtern und endlich die prächtigen Hofwägen mit dem russischen Großbotschafter Lefort und an dessen Seite wieder als Gesandtschaftscavalier der Czar incognito. Bewaffnete schlossen den Zug, der sich kaum durch die Menge durchwinden konnte. Die Annahme der Geschenke fand ganz nach dem strengen Ceremoniell statt, und der Kaiser ließ den Czar seiner nachbarlichen, freundschaftlichen Gesinnungen versichern. Am 29. arbeitete der Czar fast den ganzen Tag über in Staatsgeschäften und bereitete alles zur Abreise nach Italien vor, worauf er sich besonders zu freuen schien. Allein dieser Wunsch sollte nicht erfüllt werden, denn er sass eben wohlgemuth und fröhlich abends beim Souper, als um 11 Uhr nachts der Kurier Fedor Golowyn eintraf. Seine Nachrichten lauteten höchst betrübend. Der langen Abwesenheit des Czaren, der durch ein und ein halbes Jahr aus Rußland abwesend war, ermutigte seine Feinde, nämlich die alt-russische Oppositionspartei, jene Reaktionäre, die jeden Fortschritt feindlich gesinnt waren, um eine Revolution anzuzetteln. Revolutionare Zuckungen durchbebten Moskau und wieder waren es die unruhigen Strelitzen, deren man sich als Werkzeug dieser Umtriebe bediente... der Entschluß des Zaren war rasch gefaßt. Er gab die Reise nach Italien auf und entschied sich zur Abreise nach Moskau. Er selbst wollte sehen und richten und diese ewig widerspenstige

Als Zinshaus im 19. Jh.

Prätorianerschar der Strelitzen vernichten. Noch am Vormittag des 30. Juli reiste der Czar mit 30 unterlegten Postpferden von Wien ab."[3]

Von neuen innen- und außenpolitischen Problemen überschattet, endete der Besuch des Zaren. Damit erlosch auch der Glanz im Palais Königsegg. Nach dem Tod des Feldmarschalls Graf Lothar Königsegg kaufte *Kaiserin Maria Theresia* 1754 den Besitz und installierte hier die k.k.Ingenieurschule, die 1760

---

[3] Kisch, Vorstädte II, 298.

von ihr in den Rang einer k.k.Akademie erhoben wurde. Im 19. Jahrhundert erwarb der *Wiener Magistrat* das neben dem Schloßgarten 1689 errichtete Gumpendorfer Brauhaus mit den Nebengebäuden und parzellierte das ganze Areal. Das alte Palais Königsegg stand damit nun Ecke der Gumpendorfer Straße und der Esterházygasse. Die Fassade wurde immer unansehnlicher. Das einstige Palais beendete sein Dasein als Zinshaus, das im Juli 1886 demoliert wurde. An seine Stelle kamen neue Zinshäuser. Die Königsegg-Gasse erinnert heute noch an dieses längst entschwundene Palais.

Amerling Schlössel

VI, Mollardgasse Nr. 90

Amerlingschlößl

„Das seltsame Schloss, mitten in dem prosaischen Häusermeere, muthet uns so befremdend an, daß wir fast glauben könnten, plötzlich, wie durch ein Wunder auf eine Zauberinsel versetzt zu sein. Eine gar wunderlich geformte Klingel, an einer schmalen Thür, ladet uns zum Eintreten ein. Schon im Vorhofe begrüsst uns eine längst entschwundene Welt von alterthümlichen Raritäten! Hier sehen wir Balustraden, abenteuerliche Figuren, eiserne Gitter und steinerne Ritterwappen umherliegen, wie sie einst in alten Burgen und Klöstern die Wände zierten. Treten wir aber ins Haus ein, dann werden wir vollends von der Menge zahlloser Kostbarkeiten überrascht, die hier auf Stiegen, Gängen, Corridoren, in Stuben und Sälen in bunter Reihe zerstreut liegen. Neben einer lebensgrossen Statue von Thorwaldsen (die vielleicht den Wert des ganzen Gebäudes übersteigt) sehen wir einen alten zerbrochenen Krug und neben dem wunderschönen Porträt der Prinzessin Eboli, ein hässliches Fratzenbild aus Japan, alte Schwerter, Rüstungen und Schilder an den Wänden und die Fenster mit kostbaren Teppichen aus Persien oder Smyrna behangen. In den Winkeln bemerken wir alte Säulenknäufe, phantastische Rauchfässer, Majoliken und allerlei Hausgeräthe verflossener Jahrhunderte. — Aber erst wenn sich die uralten holzgeschnitzten Kästen und Schränke öffnen, die einst vielleicht den Schmuck längst verfallender Ritterburgen bildeten, welch ein Reichthum von Kostbarkeiten kömmt da nicht allenthalben zum Vorschein! Alte Dogenhandschuhe, kostbare Nonnenschleier, goldene Hauben polnischer Jüdinnen, Rosenkränze, auf dem Heiligen Grabe Christi geweiht, schön gebundene Bücher und Incuna-

Interieur. Aquarell von Rudolf v. Alt

beln, prachtvolle Breviere, altvenezianische Gläser und Flaschen, kostbare Spitzen und Bänder, originelle und seltsame Stickereien und Gewänder aller Art. Aber so originell und so seltsam auch das Haus und seine Schätze waren, so originell und seltsam war auch der Mann, der jene Schätze sammelte und dieses reizende Künstlerheim zu schaffen wußte. Es war dies der jüngst verstorbene und gefeierte Künstler, der Nestor der Wiener Malergilde — Friedrich Amerling."[1]

Der beliebte Porträtmaler des Vor- und Nachmärz hat 1858 das Gumpendorfer Schloß erworben. Es war dies das älteste Gebäude des sechsten Bezirkes. Schon im 12. Jahrhundert wurde es urkundlich erwähnt. Durch viele Jahrhunderte saßen hier die Geschlechter derer

---

[1] Kisch, Vorstädte II, 371 f.

von Capellen, Muschinger, Mollard und Meraviglia. Schließlich waren auch hier die Zeiten der „Herrschaften" vorbei. Der Magistrat der Stadt Wien machte aus dem Schloß ein Militärtransporthaus und ließ die alte Schloßkapelle entweihen. Dann kaufte der ursprünglich aus ärmlichen Verhältnissen kommende Friedrich Amerling die gesamte Liegenschaft. Aber er behielt auf Dauer nur das alte Herrschaftshaus für seine Zwecke, das neue Schloßgebäude veräußerte er wieder, weil es Ärger mit den Mietern gegeben hatte. Den ihm verbliebenen Bau direkt am Linienwall ließ er in der Art eines Ritterschlössels umbauen.

Die Schönheit von Amerlings Porträts und Historienbilder war weithin berühmt. Kaiser Franz ließ sich von Amerling im Ornat für Schloß Laxenburg malen. Damit war das Glück des Malers gemacht. Jetzt drängte sich die ganze „erste" Gesellschaft, sich von ihm in Öl festhalten zu lassen. Hier in diesem Haus, für das sich bald die Bezeichnung „Amerling Schlössel" einbürgerte, lebte er in seiner eigenen, sehr harmonischen Welt.

Die stürmische Entwicklung der Gründerzeit betrachtete Amerling mit Skepsis. Deutlich erkannte er die Schattenseiten des vielgepriesenen Fortschrittes. Und wäre es nach ihm gegangen, Wien hätte seine Stadtmauern behalten. 1860 übergab er dem Kaiser persönlich eine Bittschrift, in der er mit folgender Begründung gegen die Stadterweiterung Stellung nahm:

„Euer Majestät beabsichtigen, die Glacien zu verbauen, zwecks Errichtung von Wohngebäuden und um dadurch eine Einnahme zu erzielen. Dadurch aber werden der Spekulation und Gewinnsucht die Tore geöffnet. Die Gegenwart ist in ihren Anforderungen zu materiell, als daß ein Architekt — welch letztere auf dem niedrigsten Standpunkt angelangt sind — ein schönes Werk schaffen könnte. Paläste, Herrenhäuser wie die eines Fürsten Trautson, Liechtenstein, Schönborn, Pallavicini und anderer haben aufgehört, mit ihnen die Architekten und so alles Edle in der Form."[2]

---

[2] Hennings, Das barocke Wien II, 70

Die Ringstraßenbauten gefielen ihm nicht, für ihn waren sie eine „steinerne Speisenkarte". Doch die Entwicklung war nicht aufzuhalten. Die Großstadteuphorie stieg ins Unermeßliche, riß alles weg, was sich ihr und dem Fortschritt in den Weg stellte — schließlich auch das Amerling-Schlössel, in dem der Maler 1887 im Alter von 84 Jahren gestorben war. Sein Haus wurde das Opfer der zweiten Stadterweiterung. Sie bescherte Wien den Gürtel und die Stadtbahn. Das Schlössel am Linienwall war im Weg. Heute donnern die Züge der Stadtbahn über die Stelle hinweg, wo einst das denkwürdige Amerling-Schlössel stand.

Dreisonnenuhr-Palais

VI, Sonnenuhrgasse

Drei Sonnenuhren — eine auf dem zurückgeschobenen Mitteltrakt und zwei am Übergang zu den Seitenflügeln — haben diesem einfachen, aber reizenden Palais seinen Namen gegeben. Seine Existenz ist völlig vergessen. Es stand ungefähr dort, wo heute die Sonnenuhrgasse gegenüber der evangelischen Kirche in Gumpendorf verläuft. Als Besitzer scheinen im 18. Jahrhundert Reichshofrat Joseph Freiherr von Bartenstein und der Großhändler Jakob von Roux auf. Um 1827 gehörte es einem Johann Kanzler. Irgendwann, aber noch in der ersten Hälfte des 19. Jahrhunderts, ist das Dreisonnenuhr-Palais verschwunden. Der dahinterliegende langgestreckte Garten wurde in Bauparzellen verwandelt. So gut wie alles ist Geheimnis geblieben an diesem Palais, sogar sein Versinken geschah lautlos und der Neugier späterer Generationen verhüllt.

Stich Ende des 18. Jahrhunderts

In der Vorstadt Gumpendorf N.° 152 und 153.

179

Palais Hockge

VIII, Areal Kupkagasse —
Hamerlingplatz

Palais Hockge, Stich nach Salomon Kleiner

Prospectus HORTI *et* DOMICILII *in Suburbio Josephino ad* DN. HOCKGE *Prospect eines Garten und Hauſſes in der Joſephs Stadt, H. Horkge Landſchreibern scribam provincialem pertinentis.* *Zugehörig.*

Die Josefstadt gilt heute als einer der grünärmsten Bezirke Wiens. Die besonders dichte Verbauung läßt nicht vermuten, daß auch auf diesen Gründen barocke Gartenpaläste gestanden sind. Die „großen" Herren mag im 18. Jahrhundert der schöne Ausblick auf den Alsergrund und Hernals, umschlossen von der Kette der Wienerwaldberge gereizt haben, hier ihren Sommersitz aufzuschlagen. Die Spuren adeligen Vorstadtlebens in der Josefstadt sind längst verweht. Nur das Palais Auersperg an der Lastenstraße und das ehemalige Palais Strozzi in der Josefstädter Straße (heute Finanzamt) haben sich ohne die einstigen Gartenanlagen erhalten.

Auf dem Areal, das nun von Kupkagasse — Josefstädter Straße — Albertgasse und Florianigasse einschließlich des Hamerlingplatzes, der Krotenthaller Gasse und dem Anfang der Skodagasse umschlossen wird, stand einst das Palais Hockge mit seinen Gartenanlagen. „Im hinteren Lerchfeld in den neuen Sätzen, auch Plaich genannt", erwarb 1711 der Jurist *Johann Martin Hockge* acht Ackerparzellen von der Stadtgemeinde Wien. Er war Sohn des Stadtschreibers Nikolaus Hockge, der sich große Verdienste bei der Verteidigung Wiens gegen die Türken im Jahr 1683 erworben hatte. Das Amt des Stadtschreibers würde heute dem eines Magistratsdirektors entsprechen. Johann Martin machte eine ähnliche Karriere wie sein Vater. Er erlangte die Würde des Vorstehers der Kanzlei des niederösterreichischen Landmarschallgerichtes, der für Adelige zuständigen Rechtsinstanz. Im Studienjahr 1697/98 war Johann Martin Dekan der juridischen Fakultät an der Universität. In der Stadt besaß er bloß eine Mietwohnung im Margaretenhof am Bauernmarkt. Nach Erwerb der Gründe in der Josefstadt verwandelte Hockge den neuen Besitz in eine besonders liebliche Anlage. 1717 stand bereits das kleine Palais inmitten eines kunstvoll gestalteten Gartens. Salomon Kleiner hat wenige Jahre später das Palais in seine berühmte Vedutensammlung aufgenommen.

Das Bild zeigt ein Palais mit einem vorspringenden dreigeschossigen Mittelbau. Auf dem mit einem Balustergitter umsäumten Flachdach bilden Statuen den krönenden Abschluß. Die schmalen Seitenflügel schmiegen sich mit ihren Steildächern eng an den Mitteltrakt an. „Ein kleines Plateau vor dem Gebäude mit Vor- und Rückschwüngen schmaler Stufen ist der Auftakt für die ganze Parterre-‚Komposition'. Die zurückweichenden Konturen der Beete greifen diese Schwünge auf und umschließen mit ihren Rabatten geschwungene, spiralige Beetornamente, geradezu eine musikalische Komposition in Linien und Bewegung übertragend. Es ist als ob auch das kleine Orchester, im Vordergrund um einen Tisch versammelt, diese Gartenformen in Musik umzusetzen versuchte."[1]

Wie in vielen anderen Fällen ist auch hier nicht bekannt, wer der Architekt dieses barocken Schmuckkästchens war. Wir wissen lediglich, daß diese wahrhaft aristokratische Schöpfung für den Bauherrn eine beachtliche Belastung brachte. Die im Grundbuch 1717 und 1718 verzeichneten Hypotheken beweisen dies.

Nach dem Tod Hockges konnte die Familie den Besitz offenbar nicht mehr halten. Bereits 1733 — also zwei Jahre später — scheint *Reichgraf Wilhelm Albrecht von Kolowrat-Krakowsky* als neuer Eigentümer auf. Nur wenige Jahrzehnte diente das Palais adeligen Herren als sommerliches Refugium. 1740 trat seine Witwe, *Maria Franziska Kolowrat*, geborene Gräfin Waldstein, das Erbe an. Ihr folgten als Eigentümer 1748 *Graf Georg Adam Haugwitz* und 1764 *Johann Adam Edler von Mayer*. Dann erwarb 1767 die kaiserliche Hofkanzlei die Liegenschaft für ihre Zwecke. Im Garten entstand ein Stallgebäude. Mit der Übernahme durch das k. k. Militärärar kam das Ende allen barocken Liebreizes auf diesem Grund. 1772 begann der Bau einer Reiterkaserne, Mitte des 19. Jahrhunderts wurde hier die neue Josefstädter Kavalleriekaserne errichtet, die ein halbes Jahrhundert Bestand hatte. Dann mußte auch die riesige Militäranlage weichen, um dem heute bestehenden Wohnviertel Raum zu geben.

---

[1] Neubauer 41.

Palais Althan — Pouthon

IX, Roßau, Julius-Tandler-Platz

Wien, Franz-Josephs-Bahnhof. Das moderne Gebäude aus Stahl und Glas beherrscht erst seit wenigen Jahren den Julius-Tandler-Platz. Der alte Bahnhof, in dem es einen eigenen Hofwarteraum gegeben hatte, war mehr als hundert Jahre hier gestanden. Nach den ursprünglichen Planungen hätte der Kopfbahnhof in Heiligenstadt erbaut werden sollen. Aber die Bezirksbehörden am Alsergrund wollten den Bahnhof, von dem aus die Züge nach Eger sowie über Gmünd nach Prag gingen, auf ihrem Gebiet haben. Die Wiener Stadtbehörden erklärten sich einverstanden und übernahmen die Mehrkosten für die verlängerten Gleisanlagen. Es wurde entschieden, den neuen Bahnhof am damaligen Althan-Platz zu errichten. Dies bedeutete das Todesurteil für das barocke Gartenpalais Althan. Die ungewöhnliche Anlage *Johann Bernhard Fischer von Erlachs* stand genau im Weg und mußte weichen.

Fischer von Erlach hat diesen reizenden Bau etwa um 1693 für den Obersthofmeister und Landjägermeister *Christoph Johann Graf von Althan* errichtet. Für seinen Auftraggeber ließ sich der berühmte Barockarchitekt etwas Besonderes einfallen. Der Mittelsaal bildete im Erdgeschloß ein Tiefoval, im ersten Stock ein Queroval. Daran fügten sich vier Seitentrakte in der Form von Windmühlflügel. In den gegen den Althan-Platz gerichteten Ehrenhof führte eine Freitreppe. „Das Gebäude ist ziemlich klein und steht ohne Stufenübergang direkt am Ende der Hauptachse, die mit einer Seitenachse das übliche Achsenkreuz bildet, in welches große Ornamentbeete gelegt sind. Der Garten mündet im selben Niveau auf einen breiten Donauarm, der hier den sonst weiten Ausblick auf eine Landschaft ersetzt.“[1]

Ansicht ca. 1720 mit Donaukanal im Vordergrund; Stich nach einer Zeichnung von Jos. Emanuel Fischer v. Erlach

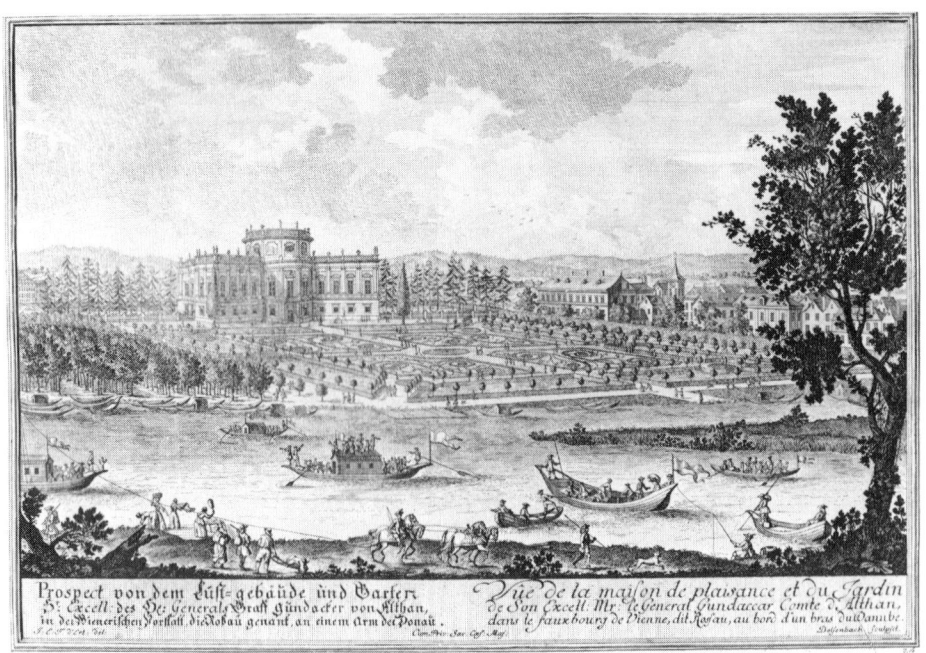

Prospect von dem Lust-gebäude und Garten S. Excell: des H. Generals Graff Gundacker von Althan, in der Wienerischen Vorstatt, die Roßau genant, an einem Arm der Donau.

Vue de la maison de plaisance et du Jardin de Son Excell: Mr: le General Gundaccer Comte d'Althan, dans le fauxbourg de Vienne, dit Roßau, au bord d'un bras du Danube.

---

[1] Neubauer 44.

Im Garten soll sich eine Platane befunden haben, die so groß war, daß hundert Personen in ihrem Schatten speisen konnten.

Christoph Johanns Sohn und Erbe *Gundacker* fand keinen Gefallen an dem Besitz. Am 30. Juni 1713 verkaufte er Palais und Garten um 30.000 Gulden dem Magistrat. Die damals wieder ausgebrochene Pest und allzu häufige Überschwemmungen dürften das Motiv für diesen Entschluß gewesen sein. Der einflußreiche Höfling, der als Generalhofbaudirektor das Baugeschehen in Wien entscheidend mitbestimmte, ließ sich später von Joseph Emanuel Fischer von Erlach ein neues Sommerpalais auf der Landstraße errichten.

In den Wirtschaftsgebäuden etablierte *Johann Georg Schuller* 1714 eine Kattunfabrik. Die Gemeinde als Besitzerin der Liegenschaft ließ einen Teil des Gartens als Baugrund parzellieren. Dann erwarben die *Freiherren von Pouthon* das Palais in der zweiten Hälfte des 18. Jahrhunderts. Unter ihnen vollzogen sich tiefgreifende Veränderungen an dem Gebäude. Der Mittelbau wurde aufgestockt und erhielt als Abschluß eine Laterne. Die Flachdächer der Seitenflügel mit ihrem Steinfigurenschmuck wichen den in unseren Breiten üblichen Steildächern, wodurch der Gesamtanlage viel von ihrem italienischen Charakter verloren ging. Der Mode der Zeit entsprechend ersetzte ein englischer Landschaftsgarten die französischen Anlagen. 1810 wurde der Garten durch Aufschließung neuer Bauparzellen weiter verkleinert. Bis zuletzt im Besitz der Familie Pouthon endete das Palais als Opfer des Eisenbahnzeitalters.

Zustand Mitte 19. Jh.

Der alte, bereits durch einen Neubau ersetzte Franz-Josefs-Bahnhof um die Jahrhundertwende

Palais Brenner

IX, Ecke Währinger Straße — Schwarzspanierstraße

Straßenfront, Stich nach Salomon Kleiner

Es war ein prächtiges und großes Palais, das der kaiserliche Hof- und Kammerjuwelier *Johann Caspar Brenner* vor dem Schottentor besaß. Die Straßenfront wies neun Fensterachsen auf, die Tiefe betrug sechs Fensterachsen. Der Bau war insgesamt dreigeschossig mit starker Betonung des ersten Stockes über dem gebänderten Sockel. Über dem Rundportal in der Mitte schwebte ein geschwungener Balkon. Riesenpilaster markierten die Seitenrisalite. Die Gartenmauern zur Straße hin setzten zu beiden Seiten den gebänderten Sockel fort

und trugen auf der Balustrade je sechs Steinfiguren.

Der Bau, der Anfang des 18. Jahrhunderts entstanden war, erfüllte nur wenige Jahrzehnte den Zweck als elegantes Wohnhaus. Bereits 1785 kaufte der Ärar insgesamt drei Realitäten Ecke Währinger Straße — Schwarzspanierstraße (Nr. 11 bis 13a), darunter das Palais, das sich seit 1767 im Besitz eines *Grafen Batthyany* befand. In den „adaptierten" Gebäuden wurde die k.k. Gewehrfabrik eingerichtet. Nahezu siebzig Jahre lang deckte die „Flintenschifterei" den Ge-

wehrbedarf der kaiserlichen Armee. 1852 übersiedelte die Gewehrfabrik in das neuerbaute Arsenal. Dann zogen verschiedene k.k. Ämter in das einstige Palais, so die Kriegsschule, eine Abteilung der Militär-Polizeiwache und die Kunstgewerbeschule des Museums für Kunst und Industrie. Auch die Hörsäle der medizinischen Fakultät der Universität Wien wurden hier eingerichtet. 1886 riß man das alte Gebäude ab. An seine Stelle kam das Anatomische Institut.

Situation 1984, Anatomisches Institut der Universität Wien

Literaturnachweis

Hellmut Andics, 50 Jahre unseres Lebens. Österreichs Schicksal seit 1918 (Wien/München/Zürich 1968)

Atlas der historischen Schutzzonen in Österreich. Bd. II: Wien Hrsg. vom Bundesdenkmalamt u. Kulturamt der Stadt Wien (Wien 1981)

Alfred von Baldass, Wien. Ein Führer durch die Stadt und ihre Umgebung, ihre Kunst und ihr Wirtschaftsleben (Wien/Leipzig 1928)

Heinrich Baltazzi-Scharschmid u. Hermann Swistun, Die Familien Baltazzi-Vetsera im kaiserlichen Wien (Wien/Köln/Graz 1980)

Moriz Bermann, Alt- u. Neu Wien. Geschichte der Kaiserstadt und ihrer Umgebungen (Wien/Pest/Leipzig 1880)

Viktor Bibl, Erzherzog Karl. Der beharrliche Kämpfer für Deutschlands Ehre (Wien/Leipzig 1942)

Ernest Blaschek, Mariahilf einst und jetzt (Wien 1926)

Hans Bobek/Elisabeth Lichtenberger, Wien. Bauliche Gestalt und Entwicklung seit der Mitte des 19. Jahrhunderts (Wien/Köln 1978)

Antonio Bormastino, Historische Beschreibung von der Kayserlichen Residendz-Stadt Wien und Ihrer Vor-Städte (Wien 1719)

Egon Caesar Conte Corti, Metternich und die Frauen. 2 Bde. (Wien/Zürich 1948)
Der Aufstieg des Hauses Rothschild (Wien 1953)

Virginia Cowles, Die Rothschilds. Geschichte einer Familie (Würzburg 1974)

Felix Czeike, Das Große Groner Wien Lexikon (Wien/München/Zürich 1974)
Der Neue Markt. Wiener Geschichtsbücher Bd. 4 (Wien/Hamburg 1970)

Dehio-Handbuch, Die Kunstdenkmäler Österreichs: Wien, von Justus Schmidt u. Hans Tietze (Wien/München 1954)

Franz Feldkirchner, Johann Strauß und sein Palais auf der Wieden, in: Österreichische Musikzeitschrift 22 (1967)

Rupert Feuchtmüller, Die Herrengasse. Wiener Geschichtsbücher Bd. 28 (Wien/Hamburg 1982)

Rupert Feuchtmüller/Wilhelm Mrazek, Biedermeier in Österreich (Wien/Hannover/Bern 1963)

Victor von Fritsche, Bilder aus dem österreichischen Hof- und Gesellschaftsleben (Wien 1914)

Fürstin Nora Fugger, Im Glanz der Kaiserzeit (Wien/München 1980)

Franz Gräffer, Kleine Wiener Memoiren und Wiener Dosenstücke 2 Bde. (Wien 1918)

Bruno Grimschitz, Wiener Barockpaläste (Wien 1947)

Richard Groner, Wien wie es war (Wien/Leipzig 1922)

Gustav Gugitz, Bibliographie zur Geschichte und Stadtkunde von Wien 5 Bde. (Wien 1947—1958)

Häuser-Kataster der Bundeshauptstadt Wien. Zusammengestellt auf Grund amtlicher Daten v. J. Wolfgang Salzburg 8 Bde. (Wien 1927—1929)

Brigitte Hamann, Rudolf Kronprinz und Rebell (Wien/München 1978)

Paul Harrer, Wien. Seine Häuser, Menschen und Kultur 7 Bde. (1951—1957)

Fred Hennings, Das barocke Wien 2 Bde. (Wien/München 1965)
Das Josephinische Wien (Wien/München 1966)
Ringstraßensymphonie 3 Bde. (Wien/München 1963/64)

Emil Hoffmann, Wiener Wahrzeichen. Der schulmündigen Jugend als Erinnerungsgabe dargeboten vom Gemeinderathe der k.k.Reichshaupt- u. Residenzstadt Wien (Wien o. J.)

Fritz Judtmann, Mayerling ohne Mythos. Ein Tatsachenbericht (Wien 1968)

Wilhelm Kisch, Die alten Straßen und Plätze Wiens und ihre historisch interessanten Häuser (Wien 1883)
Die alten Straßen und Plätze von Wiens Vorstädten und ihre historisch interessannten Häuser Bd. 1 (Wien 1888) Bd. 2 (Wien 1895)

Salomon Kleiner, Das florierende Wien. Vedutenwerk in 4 Teilen 1724—1737. Nachwort von Elisabeth Herget. Die bibliophilen Taschenbücher (Dortmund 1979)

Monika J. Knofler, Das Theresianische Wien. Der Alltag in den Bildern Canalettos (Wien/Köln/Graz 1979)

Wilfried Konnert, Landstraße (Wien 1980)

Paul Kortz, Wien am Anfang des 20. Jahrhunderts. Ein Führer in technischer und künstlerischer Richtung. Hrsg. Österreichischer Ingenieur-und Architektenverein 2 Bde. (Wien 1905/1906)

Helmut Kretschmer, Landstraße. Geschichte des 3. Wiener Gemeindebezirks und seiner alten Orte (Wien/München 1982)

Johann Basilius Küchelbecker, Allerneueste Nachricht vom Römisch-Kayserlichen Hofe... (Hannover 1732)

Hans Kühner, Lexikon der Päpste. Von Petrus bis Johannes XXIII. (Frankfurt 1960)

Karl Graf Lanchoroński, Das Palais Lanchoroński in Wien (Wien 1903)

Die Landstraße in alter und neuer Zeit. Ein Heimatbuch, hrsg. von den Landstraßer Lehrern (Wien 1921)

Ann Tizia Leitich, Maria Theresia Augustissima (Wien/München/Zürich 1963)
Verklungenes Wien. Vom Biedermeier zur Jahrhundertwende (Wien 1942)

Die Leopoldstadt, Ein Heimatbuch verf. und ed. von der Lehrerarbeitsgemeinschaft des 2. Bezirkes (Wien 1937)

Franz Maier-Bruck, Das Große Sacher Kochbuch. Die Österreichische Küche (Herrsching 1975)

Georg Markus, Katharina Schratt. Die heimliche Frau des Kaisers (Wien/München 1982)

Martha Mayerwieser, Ein Beitrag zur Heimatkunde des 9. Bezirkes (Wien 1927)

Eugen Meßner, Die Innere Stadt Wien. Ein Beitrag zur Heimatkunde des 1. Wiener Gemeindebezirkes (Wien/Leipzig 1925)

Robert Messner, Wien vor dem Fall der Basteien. Häuserverzeichnis und Plan der Inneren Stadt vom Jahr 1857 (Wien/München 1958)
Mariahilf im Vormärz (Wien 1982)
Die Josefstadt im Vormärz (Wien 1972)

Mitteilungen der k. k. Centralkommission zur Erhaltung und Erfassung der Baudenkmale (1894)

Gerda und Gottfried Mraz, Maria Theresia — Ihr Leben und ihre Zeit in Bildern und Dokumenten (München 1979)

Erika Neubauer, Wiener Barockgärten in zeitgenössischen Veduten. Die bibliophilen Taschenbücher (Dortmund 1980)

Friedrich Nicolai, Beschreibung einer Reise durch Deutschland und die Schweiz 1781, 2 Bde. (Berlin 1?84/86)

Österreich zur Zeit Kaiser Josephs II. Katalog der Niederösterreichischen Landesausstellung im Stift Melk 1980

Österreichische Kunsttopographie Institut für Österreichische Kunstforschung des Bundesdenkmalamtes Bd. XLIV: Die Kunstdenkmäler Wiens — Die Profanbauten des 3., 4. und 5. Bezirkes (Wien 1980)

Österreichisches Biographisches Lexikon Hrsg. Österreichische Akademie der Wissenschaften bisher 7 Bände (1957—1978)

Österreichs Amerika-Ausstellung „Kunstschätze aus Wien" Katalog 1953

Martin Paul, Technischer Führer durch Wien. Hrsg. Österreichischer Ingenieur- und Architektenverein (Wien 1910)

Hans Pemmer, Die Landstraße in alter und neuer Zeit. Ein Heimatbuch (Wien 1921)

Richard Perger, Der Hohe Markt. Wiener Geschichtsbücher Bd. 3 (Wien/Hamburg 1970)

Richard Perger, Der Gartenpalast Hockge in der Josefstadt in: Die Josefstadt. Schriftenreihe des Bezirksmuseums (Sept. 1983)

Johann Pezzl, Skizze von Wien. Ein Kultur- und Sittenbild aus der josefinischen Zeit. Hrsg. *Gustav Gugitz nd Anton Schlossar* (Graz 1923)

Das Rainer Palais und seine Geschichte in: Semperitzentrum (1965)

Realis, Curiositäten- und Memorabilien-Lexikon von Wien, 2 Bde. (Wien 1846).

Oswald Redlich, Das Werden einer Großmacht. Österreich von 1700—1740. (Brünn/München/Wien 1942)

Friedrich Reischl, Erloschene Klöster in Österreich (Wien 1918)

Joseph Rossi, Denkbuch für Fürst und Vaterland, 2 Bde. (Wien 1814)

Hans Rotter, Die Josefstadt. Geschichte des 8. Wiener Gemeindebezirkes (Wien 1918)

Irmgard Schiel, Marie Louise. Eine Habsburgerin für Napoleon (Stuttgart 1983)

Carl August Schimmer, Neuestes Gemälde von Wien (Wien 1837)

Karl Eduard Schimmer, Alt und Neu Wien. Geschichte der österreichischen Kaiserstadt, 2 Bde. (Wien, Leipzig 1904)

Karl Schimmer, Ausführliche Häuserchronik der inneren Stadt Wien mit einer geschichtlichen Übersicht sämtlicher Vorstädte und ihrer merkwürdigsten Gebaude (Wien 1849)

Heinrich Schnee, Rothschild. Geschichte einer Finanzdynastie (Göttingen/Berlin/Frankfurt 1961)

Peter Schubert, Schauplatz Österreich. Topographisches Lexikon zur Zeitgeschichte, Bd. 1 Wien (Wien 1976)

Edmund Seis, Führer durch Wien und Umgebung. Praktisches Handbuch für Reisende und Einheimische (Wien 1880)

Egbert Silva-Tarovca, Familienbiographie Ernst Karl Graf Hoyos-Sprinzenstein 1830—1903, 3 Hefte (Horn 1960/61) (nicht publiziert)

Hilde Spiel (Hrsg.), Der Wiener Kongreß in Augenzeugenberichten (Düsseldorf 1965)

Dora Stockert-Meynert, Theodor Meynert und seine Zeit. Zur Geistesgeschichte Österreichs in der 2. Hälfte des 19. Jahrhunderts (Wien/Leipzig 1930)

Günther Stökl, Russische Geschichte. Von den Anfängen bis zur Gegenwart (Stuttgart 1965)

Gustav Freiherr von Suttner, Geschichte des Entstehens des Palais Rainer in: Monatsblatt des Altertumsvereines in Wien (1886) 1. Bd.

Adam Wandruszka, Leopold II., 2 Bde. (Wien/München o.J.)

Siegfried Weyr, Wien. Magie der Inneren Stadt. Eine Stadt erzählt, Bd. 1 (Wien/Hamburg 1968)
Wien. Zauber der Vorstadt. Eine Stadt erzählt, Bd. 3 (Wien/Hamburg 1969)
Wiener Leut, Wiener Leid. Bei Hof und auf der Gassen (Wien/Hamburg 1973)
Liebe und Verbrechen im alten Wien (Wien/Hamburg 1977)

Wien 1848—1888. Denkschrift zum 2. Dezember 1888. Hrsg. vom Gemeinderathe der Stadt Wien. 2 Bde. (Wien 1888)

Der Wiener Kongreß in Augenzeugenberichten, siehe Hilde Spiel

Wiener Neubauten, Hrsg. C. v. Lützow v. Ludwig Tischler 2 Bde. (Wien 1876)

Die Wiener Ringstraße — Bild einer Epoche Bd. 1. Das Kunstwerk im Bild. Hrsg. Renate Wagner-Rieger (Wien/Köln/Graz 1969)

Bd. II: Geschichte und Kulturleben von *Elisabeth Springer* (Wien/Baden 1979)

Hertha Wohlrab, Die Freyung. Wiener Geschichtsbücher Bd. 6 (Wien/Hamburg 1971)

Alfred Wolf, Sagen-, Haus- und Geschäftszeichen vom Alsergrund (Wien 1969)
Alsergrund-Chronik. Von der Römerzeit bis zum Ende der Monarchie (Wien 1981)

Constant von Würzbach Biographisches Lexikon des Kaiserthums Österreich (Wien 1882)

Karl Ziak, Das neue Landstraßer Heimatbuch. Geschichte eines Wiener Bezirkes (Wien 1975)

Erich Zöllner, Geschichte Österreichs. Von den Anfängen bis zur Gegenwart (Wien 1984)

Marianne Zweig, Die Gräflich Althanschen Gartenpaläste in Wien in: Kunstgeschichtliches Jahrbuch der k. k. Zentralkommission (1917)

Stefan Zweig, Die Welt von gestern. Erinnerungen eines Europäers (Wien 1948)

Bildnachweis

Das Bild auf dem Umschlag zeigt nicht das dort angegebene Palais Salm, sondern das Palais Vetsera.

Österreichische Nationalbibliothek, Bildarchiv: 112;
Bezirksmuseum Wien-Landstraße: 5;
Bezirksmuseum Wien-Wieden: 2;
Bezirksmuseum Wien-Mariahilf: 5;
aus Privatbesitz: 9;
Liechtenstein-Archiv: 1;
aus Bruno Grimschitz, „Wiener Barockpaläste": 1;
aus Paul Kortz, „Wien am Anfang des 20. Jahrhunderts": 6;
Michael Oberer: 27.